中国金钥匙服务哲学

世界顶级服务品牌的心法

· 第三版 ·

张 斌　王 伟 编著

五洲传播出版社
China Intercontinental Press

《中国金钥匙服务哲学》编委会

主　　任：魏小安

副 主 任：孙　东

执行委员：张　斌　王　伟

顾问委员：许鲁海　韩　华

中国金钥匙主席 孙东

北京 2022 年冬奥冬残奥组委会函

中国金钥匙接待国际奥委会主席巴赫

金钥匙与法国运动员及团队合影

2020 年东京奥运会男排资格赛

2022 博鳌亚洲论坛

中国金钥匙参加北京 2022 年冬奥会和冬残
奥会授牌仪式暨帮扶工作座谈会

2018 年中非合作论坛北京分会

中国金钥匙参与 2018 年博鳌亚洲论坛
服务工作

中国金钥匙参与 2017 年厦门金砖国家峰会
服务工作

1995 年白天鹅宾馆的金钥匙接待比尔·盖茨

成都空港的"天府之韵，安逸人家"

成都空港大酒店的欢迎礼

河北卓正酒店主题文化

山东舜和酒店之特色文化

大陆桥酒店主题文化

杭州天元大厦主题文化

第一部分 理念篇

第一章　金钥匙与金钥匙服务哲学　/ 10

只要客人提出自己的需要，或者是急需解决的困难，他们都能很快满足和解决，似乎他们有一种无所不能的本领，可以解决各种各样的难题。人们把他们称之为"酒店金钥匙"，在行业内这些人被称作"Concierge"。

第二章　服务与金钥匙服务　/ 26

女儿刚在万里之外的温哥华进入医院待产，外孙即将降临人世。客人希望能得到酒店金钥匙的帮助，尽快赶回温哥华陪伴在女儿身边，分享这个重要时刻。可是客人原来预订的是 3 天后从香港起飞的加拿大航空公司航班。

第三章 先利人，后利己 / 42

荀子指出 ："惟利所在，无所不倾，若是则可谓小人矣。"那我们金钥匙为什么还要提倡"先利人，后利己"，这是不是与我们传统的道德观和价值观相悖呢？如果从哲学角度来思考，我们会追问，"利"与"义"到底是怎么回事？难道"利"就真的那么不可取吗？

第四章 用心极致，满意加惊喜 / 60

处理棘手的事情对金钥匙来说是令人兴奋的。正是这种挑战激励着金钥匙不断前行 ：隔几分钟就转换一个角色，记住最琐碎的细节，表现出无所不能……当面临下一个挑战时，金钥匙总能想出解决办法。

第五章 在客人的惊喜中找到富有的人生 / 76

文新豪说："晚上睡得好不好，就要看白天做没做让客人高兴的事儿。"

金钥匙追求极致的服务不是"疯子"的行为，而是作为富有的人的对象性激情的爆发、爱心的爆发，是金钥匙的本质活动，也是金钥匙的信仰所在。

第六章 中国服务模式探索 / 99

"中国服务"概念提出后，就有中国传统文化精髓中"工匠精神"的传承与融合，国内的很多企业都开始探索自身有特色的"中国服务"模式。

第七章 中国服务标准与金钥匙服务 / 109

成为"中国服务"代表应有四个条件：有实践、有理论、有传承、有创新。中国金钥匙发展历史使其具备了这四个条件。

第八章 金钥匙标杆酒店 / 119

金钥匙虽非无所不能，但必尽其所能。这是每一个金钥匙都在践行的服务意志。这个意志源于何处？必源于酒店的服务理念乃至使命，来自心中的闪光的"信念卡"。而同时我们还要看到，这个意志背后隐含的更加强大的团队支持体系。

第三版序言

　　2022 年，北京携手张家口作为主办城市尽锐出战、全力投入，同国际奥委会、国际残奥委会等国际体育组织紧密合作，克服新冠肺炎疫情等各种困难挑战，向世界奉献了一届简约、安全、精彩的奥运盛会，全面兑现了对国际社会的庄严承诺，北京成为全球首个"双奥之城"。

　　中国金钥匙组织受邀参加了这次冬奥会和残奥会各国贵宾和运动员的接待服务。伴随北京冬奥会、冬残奥会如期安全顺利举办，中国金钥匙也成为全球唯一参与过"双奥服务"的顶级服务组织。这是中国金钥匙值得骄傲和自豪的，也是中国金钥匙的魅力所在。

　　作为中国服务的代表，金钥匙不断开拓创新，将中国金钥匙服务理念延伸到酒店之外的物业、景区、政务、康养、医疗等更多的服务领域。为了进一步弘扬金钥匙极致服务理念、树立行业学习典范，中国金钥匙组织于 2018 年在已完成金钥匙国际联盟品质示范酒店打造推广的基础上，启动了金钥匙标杆酒店创建工作，并于 2020 年 10 月验收了第一家金钥匙标杆酒店。至 2023 年上半年，已经有 5 家中国金钥匙标杆酒店完成验收。这些标杆酒店充分利用了原有的硬件基础，结合金钥匙服务理论和酒店自身特色，充分挖掘个性化文化基因，在战略定位、品牌经营、服务品质等多个方面进行了全方位的提升和创新，分别成为酒店服务细分领域的龙头标杆。

中国金钥匙服务哲学不仅在为服务行业提供实践发展指导，而且也为年轻人实现职业生涯的飞跃提供一种积极的人生参考理念。一些年轻人在成为金钥匙、加入金钥匙组织后，不仅提升了服务理念和服务技能，增加了人脉，开阔了视野，驶上了职场快车道，而且在日常生活中处理各种复杂关系也变得游刃有余。

可以说，中国金钥匙服务哲学不仅是职场哲学，更是一种人生哲学，是一种走向人生圆满的修炼心法，可以帮助人在生活、婚姻、工作和事业等方面实现飞跃的心法。要成为一名真正的中国金钥匙，成为一名拥有爱心拥有智慧利他的人，成为他人心中值得信赖的人，这是一生的修炼，需要不断地学习和修炼大智慧。

在这次修订中，我们增加了冬奥会服务、金钥匙标杆酒店和金钥匙物业服务的内容，以及两份年度报告，修订了部分内容。感谢为本次出版提供大力支持的周慧女士，金钥匙总部的韩华、黄领先生、黄玉娇女士，以及参加冬奥会服务的张婷婷女士、西安金钥匙吕化先生，以及众多给予金钥匙帮助的人，让我们为中国服务发展贡献更多的力量。

编　者

2023 年 10 月

代序

开启"富有人生"　　破解"互害危局"

服务哲学，这一名词的首次出现是在 2002 年 5 月，在孙东、吴伟合著的《中国饭店金钥匙服务》一书里。

先利人，后利己

用心极致，满意加惊喜

在客人的惊喜中找到富有的人生

如上三句，是当时刚刚加入国际饭店金钥匙组织的中国饭店金钥匙提出的服务理念。

当年，中国饭店金钥匙主席孙东，一位二十几岁的年轻人，在广东省府大礼堂举行的广东省青年道德先进事迹报告会上，代表白天鹅宾馆金钥匙发言。他那一段满怀激情、直逼人心的演讲词，一时成为佳话：

　　"我热爱我现在从事的工作，因为我在这份工作中找到了真正的自我。我觉得当我满头白发，还依然身着燕尾服，站在大堂里跟熟悉的宾客打招呼时，会感到这是人生最大的满足。我以我自己能终身去做一名专业服务人员而骄傲，因为我每天都在帮助别人，客人在我这里得到的是惊喜，而我们也在客人的惊喜中找到富有的人生。我们未必会有大笔的金钱，但是我们一定不会贫穷，因为我们富有智慧、富有经验、富有信息、富有助人的精神，富有同情心、幽默感，富有为人解决困难的知识和技能，富有忠诚和信誉。当然，我们还有一个富有爱的家庭。所有这些，构成了我们今天的生活。青年朋友们，富有的人生并不难找，它就在我们生活的每一天中，就在我们为别人带来的每一份惊喜当中。"

　　这段话之所以震撼灵魂，主要是因为它表达的情感既善且智，它表达的是一种"用心极致，利人利己，和谐共赢，避免互害"的人生观、价值观，阐释了一种与前人不同的为人处世的哲学——中国金钥匙服务哲学，一种既可以促进社会和谐，也可以帮助服务业从业人员开启属于他们的"富有的人生"的理念。

　　中国是文明古国，是书香礼仪之邦，在古代思想家的宝库中，各色哲学繁花似锦、车拉船载，然而似乎单单缺了"服务哲学"一技。

　　可是，从某种意义上看，人的一生，从生到死，始终是一个服务与被服务的过程，换言之，人生就是服务，服务就是人生。同时，整个人类社会似乎就是一个庞大的循环服务系统：种田的为做工的服务，做工的为行医的服务，行医的为教书的服务，教书的为当官的服务，当官的为种田的服务，等等。倘若整个庞大的循环服务系统健康运转，整个社会各色人等均可受益，这个世界就会美好；倘若这个庞大的循环服务系统的某个环节（特别是某个重要环节），乃至所有环节都出了毛病，则循环服务系统就如同染了瘟疫，结果是全体受害，无一幸免，直至同归于尽，这就是互害危局的可怕之处。

《中国金钥匙服务哲学》的两位作者中，张斌先生是哲学博士，学识渊博，功力深厚；王伟先生则是酒店管理方面的专家，又是著作等身的学者。两位先生长期跟踪研究中国金钥匙发展，能真正从哲学意义上去探究中国金钥匙服务哲学，能令人信服地回答：是什么样的理论、智慧和实践支撑着中国金钥匙服务哲学的理念和口号？中国金钥匙服务哲学的这些理念和口号为什么能被众多从事服务工作的人所接受，并成为他们确立世界观、人生观、价值观的重要启迪，以及他们人生奋斗的行动指南？总之，两位先生的大作是真正从哲学的高度满足了中国金钥匙服务哲学体系的构建。

我自己是学文学的，对哲学问题，最多只能算一知半解。只是我对"服务"的事有所思考，比如我真切感受到当教师，其实质就是为学生服务。

"富有人生"会实现的！

"互害危局"会破解的！

人们的智慧和良知会解决这些问题的。

或许，中国金钥匙服务哲学就是一把开启"富有（包括物质富有和精神富有两个方面）人生"的金钥匙，也是一把破解"互害危局"的金钥匙。

诸公以为然否？

聊作序。

陈大海

广州中山大学

前　言

中国服务的先行者

什么是中国服务？中国服务将走向哪里？

有人说，当你看到了中国金钥匙就知道什么是中国服务，了解了中国金钥匙服务就知道中国服务将走向哪里。

2008 年，中国金钥匙作为"中国服务"的代表，收到来自北京奥组委的邀请函，在奥运村和媒体村的服务中心为中外运动员和记者提供金钥匙服务。这是奥运会历史上第一次邀请国际顶级服务品牌——金钥匙服务组织提供服务，标志着"中国服务"正式登上历史舞台。

2016 年，G20 峰会在杭州召开，中央电视台的新闻联播里又出现了衣领上佩戴着金钥匙标志的服务人员忙碌的身影。中国金钥匙再次代表中国服务为中外元首来宾们提供了极致服务。2017 年厦门金砖国家峰会、2018 年博鳌亚洲论坛、2022 年北京冬奥会等诸多重大国际会议上，都少不了中国金钥匙的服务身影。

金钥匙服务是世界顶级服务的品牌，被誉为"服务皇冠上的钻石"。20 多年前，一群年轻人把这颗在欧洲诞生的"服务钻石"引入中国饭店业。这些 20 多岁的小伙子们用自己的青春和热情，不断地浇灌这颗种子，直至今天，让它长成了参天大树。他们是中国服务的先行者和实践者。

每一个中国金钥匙都是人们旅途和生活中最可信赖的人，是一个可以感动顾客、感动企业、感动自己的人；每一个中国金钥匙的心中都有着系统的服务哲学理论。他们是中国服务的骄傲和代表，他们探索着中国服务的未来。

中国金钥匙哲学"有实践、有理论、有传承、有创新"。向内承接着中华五千年的文化精髓，融儒释道心法于服务之中；向外汲取国际顶级的服务品牌精神，借助科技通达全球，服务天下。

有人会问，中国金钥匙的服务太高端了，不容易学到吧？

恰恰相反，金钥匙服务理念很简单："先利人，后利己；用心极致，满意加惊喜；在客人的惊喜中找到富有的人生。"

很多人看一遍就能记下来。好记、好学、好用！

简单吗？简单！

大道至简。关键是需要我们把复杂的事情化为简单，再把看似简单的道理弄明白，并把明白的道理运用到实践中。

人生就是服务与被服务的过程，服务就是人生，人生就是服务。悟透了这一点，再把金钥匙理念运用到工作和生活中，一边用一边悟，人生观、价值观、世界观，还有思想境界、服务的本领都会在这个过程中不断提高，最终抵达终极服务、富有人生的境界。这是一个修炼的过程。

这样做的人多了，中国服务就有了发展壮大的支撑点，中国的服务文化就会慢慢增长力量，中国服务就会融入国际服务的潮流并站上潮头，中国服务的品牌在全球广泛传播指日可待。

编　者

第一部分

理念篇

第一章   金钥匙与金钥匙服务哲学

◆   **案例：**

感谢信

国际金钥匙组织中国区总部：

在举世瞩目的第 29 届奥林匹克运动会期间，贵部从全国 1600 多名金钥匙会员中挑选出 36 名金钥匙，参与运动员村、绿色家园媒体村和汇园公寓媒体村住宿服务团队工作。

在国际金钥匙组织中国区孙东主席的领导下，36 名奥运金钥匙经过近一个月的严格培训，分别在运动员村超级居民服务中心、健身娱乐中心，绿色家园媒体村、汇园公寓媒体村接待中心从事了为期 40 天的接待服务工作，他们业务精湛、外语纯熟、遵守纪律、不计得失，表现出高尚的敬业精神，充分展示了中国酒店业服务的最高水准，成为奥运村住宿服务团队各酒店管理集团员工和高校服务生学习的楷模。

北京奥运村的接待服务工作得到北京第 29 届奥运会组委会等各级领导的赞扬，得到国际舆论和国际奥委会第 29 届奥运会 204 个国家和地区参赛代表队的普遍赞扬，这是住宿服务团队全体参与同态共同努力的结果，也凝聚着 36 名奥运金钥匙洒下的辛勤汗水。

住宿服务团队衷心感谢国际金钥匙组织中国区总部对奥运村住宿服务团队的大力支持，衷心感谢 36 名奥运金钥匙为奥运会成功举办做出的奉献，祝愿中国的金钥匙经过北京奥运的洗礼，更加熠熠生辉。

第 29 届奥运会组委会奥运村运行团队

2008 年 1 月，第 29 届奥运会组委会奥运村部正式邀请国际金钥匙组织中国区团队参与奥运村住宿服务工作。这是奥运史上首次将国际金钥匙服务引进奥运村。

2018 年 4 月，中国金钥匙组织再次收到北京冬奥组委运动会服务部的邀请函。

◆　案例：

关于邀请中国金钥匙团队参与北京 2022 年
奥运村和残奥村住宿服务工作的函

孙东主席：

第 24 届冬奥会和第 13 届冬残奥会计划于 2022 年 2 月 4 日至 3 月 13 日在北京、延庆、张家口三个赛区举行。2022 年北京冬奥会和冬残奥会是我国重要历史节点的重大标志性活动，是展现国家形象、促进国家发展、振奋民族精神的重要契机。

鉴于"中国金钥匙"在服务领域中有着较高的水准和丰富的经验，且在北京 2008 年夏季奥运会中提供了优质化、国际化、专业化的服务，成为奥运村服务的一个亮点。北京冬奥组委运动会服务部在此诚挚邀请"中国金钥匙"参与到北京 2022 年冬奥会和冬残奥会的奥运村住宿服务中，为举办一届"精彩、非凡、卓越"的奥运盛会而共同努力。

特此函达，望予合作为盼。

北京冬奥组委运动会服务部

2018 年 4 月 2 日

除了两次北京奥运会之外，中国金钥匙服务多次出现在大型国际会议上。2016年9月G20杭州峰会、2017年9月厦门金砖国家领导人会晤，以及历年的博鳌亚洲论坛等重大国际会议，都可以看到胸前佩戴着金钥匙徽章的服务人员为各国领导人和贵宾们提供极致服务的身影。

第一节　金钥匙与金钥匙服务

一、金钥匙服务的起源

在当今的高端酒店中有这样一群人，他们身着考究的深色西装或燕尾服，衣服上别着两把交叉的金色"钥匙"的标记，彬彬有礼、笑容满面地为客人提供各种委托代办服务。只要客人提出自己的需要，或者是急需解决的困难，他们都能很快予以满足和解决，似乎他们有一种无所不能的本领，可以解决各种各样的难题。人们把他们称为"酒店金钥匙"，在行业内这些人被称作"Concierge"。

《韦伯新世界大学词典》（Wiley Publishing Inc.，2009年）将"Concierge"定义为：名词，公寓楼的看门人、监护人、门房；酒店里帮助客人预订戏票或安排交通的雇员。传说，古时有一些专门照顾穿越荒无人烟的边境地区的旅行商队的人，被人们称作"Concierge"。这种职业在中世纪传到欧洲，每个修道院都仿照客栈划出宾客接待处，配一名僧侣作门房，为旅客提供帮助。出于安全需要，开门纳客前，他们要确认来访者身份、登记姓名和头衔，日常还要做一些琐事，如整点敲钟、悬挂壁毯、点燃篝火、打扫门厅。他们经常一手拿着蜡烛，一手持有钥匙——进入修道院宿舍的钥匙，于是他们被称为"蜡烛伯爵"，或者"钥匙的保管人"。

金钥匙的标志是一对交叉的金钥匙。罗马天主教会的瑞士卫队也采用这一符号作为其标志。传说，此标志源自巴黎古监狱，那里因曾经囚禁过玛丽皇后而闻名于世。负责保管监狱钥匙的是监狱长，所以人们称他为"the concierge"（金钥匙），而金钥匙的标志也由此诞生。19 世纪末，随着豪华酒店的发展，金钥匙这个职位设在了酒店门口，负责迎接宾客、分发房间钥匙。欧洲的金钥匙认为这项职责能够帮他们很快记住客人的名字，熟悉客人的长相，了解客人的服务信息。

从"Concierge"（委托代办）的含义可以看出：金钥匙的本源内涵就是饭店的委托代办服务机构，演变到今天，已经成为对具有国际金钥匙组织会员资格的饭店礼宾部职员的特殊称谓。在现代饭店行业内，金钥匙是饭店内外综合服务的总代理，是个性化服务的标志。在世界各国高星级饭店，金钥匙已成为其服务水准的形象代表。一个饭店拥有了"金钥匙"这种首席礼宾司，就等于在国际饭店行业获得了一席之地。饭店的礼宾人员若获得"金钥匙"资格，也会倍感自豪，因为他的服务代表着所在饭店服务质量的最佳水准，代表着饭店的整体形象。

在今天，金钥匙被誉为服务界的"万能博士"。金钥匙服务内容非常广泛，在合理合法的范围内，能够充分满足客人的各种个性化需求，可以向客人提供最新的各种信息，为客人代购歌剧院和足球赛的入场券，甚至可以为客人把礼品送到地球另一边的朋友手中。金钥匙秉承的信念和精神是："我们虽然不是无所不能，但我们会竭尽所能！"只要找到金钥匙，那么客人从进入饭店到离开饭店，自始至终都能感受到一种无微不至的关怀和照料，常常获得"满意加惊喜"的服务。

二、国际金钥匙服务起源和发展

1929 年，法国饭店中有一群拥有丰富服务经验的世袭委托代办礼宾司们为客人提供各种专业化服务，这些服务包括从代办修鞋补裤到承办宴会酒会、充当导游等大大小小的细致服务，目的是为客人提供一般饭店没有的、有"一定难度"的"额外"的服务。他们中以费迪南德·吉列特先生为代表，率先把委托代办服务上升为一种理念，并把一群志同道合的饭店委托代办成员组织起来，成立了一个城市中饭店业委托代办的组织，并给该组织起了一个很好听的名字——"金钥匙"，两把金光闪闪的交叉金钥匙成为该组织的标志，代表着这个组织的两种主要职能：一把金钥匙用于开启饭店综合服务的大门；另一把金钥匙用于开启该城市综合服务的大门，也就是说，这些饭店金钥匙们成为饭店内外综合服务的总代理。

1929 年 10 月 6 日，法国巴黎 Grand Hotel 酒店的 11 位委托代办建立了金钥匙协会。协会章程允许金钥匙们通过提供服务以得到相应的小费，因为这样可以提高对客服务效率，他们还建立了城市内的联系网络。

二战后，欧洲经济恢复，旅游业随之发展。1952 年 4 月 25 日，来自欧洲多个国家的代表在戛纳成立"欧洲金钥匙大酒店组织"，简称 UEPGH。费迪南德·吉列先生（时任巴黎斯克瑞博酒店 Hotel Scribe 金钥匙）被尊称为"金钥匙之父"，他策划成立了该组织并担任主席，直至 1968 年。欧洲其他的国家也相继开始建立类似的协会。1970 年，随着以色列被接纳为会员国，UEPGH 发展成为"国际金钥匙大酒店组织"，简称 UIPGH，象征着金钥匙的合作领域从欧洲向全世界扩展。1972 年在西班牙举行的第 20 届国际金钥匙年会上，欧洲金钥匙组织发展成为一个世界性的饭店服务专业化组织，其服务理念开始在全球推广。

三、金钥匙在中国

改革开放后，在霍英东先生的提议下，中国酒店引入了金钥匙概念。1990 年年底，广州白天鹅宾馆首开金钥匙（委托代办）柜台。1995 年 11 月初，中国金钥匙在白天鹅宾馆召开第一届年会，标志着国际金钥匙被正式引入中国。1997 年 1 月，在意大利首都罗马举行的第 45 届国际饭店金钥匙年会上，中国饭店金钥匙被接纳为国际饭店金钥匙组织第 31 个成员团体会员。由此，中国金钥匙开始飞速的发展。

经过 20 多年的发展，中国金钥匙服务走出原有的酒店行业，他们提出的"先利人，后利己；用心极致，满意加惊喜；在客人的惊喜中寻找富有的人生"的服务理念已经在更多的服务行业得到推广，形成了一种服务品牌。由中国金钥匙缔造的国际金钥匙服务联盟已经成为由酒店、物业、景区、学院及高端服务企业组成的一个网络化、个性化、专业化、国际化的品牌服务联盟。现今，中国金钥匙覆盖全国 300 多个城市，3100 多家高端服务企业，拥有 5000 多名金钥匙会员，形成中国最大的线上线下品牌服务网络。在北京奥运会、亚运会、G20 杭州峰会、海南博鳌论坛、厦门金砖国家领导人会晤等大型国际会议上，中国金钥匙服务团队闪耀全场。

伴随着中国特色社会主义进入新时代，中国金钥匙也跨入了新的发展阶段，正快速覆盖着更多更广的服务领域。

第二节　中西金钥匙服务文化

一、西方金钥匙服务文化背景

西方金钥匙服务文化是建立在西方基督教文化基础上的。基督教在西方社会已经成为一种"普世性的宗教文化"，是西方文明的精神核心之一，持续影响并渗透到西方的政治、文化、思想和艺术等各个领域。基督教文化有两大来源：希伯来文化和希腊文明。它从希伯来文化得到了一个信仰的上帝，从而继承了犹太教"上帝面前人人平等"的伦理普遍主义传统；又从希腊文明中得到了一种理性逻辑的求知工具，从而继承了"真理面前人人平等"的认知普遍主义。

西方主流文化所体现的价值观，大部分可以在基督教文化中找到其根源。与东方价值观强调集体主义相比，西方价值观偏重个人主义。西方个人主义的根源出自《圣经》的基督教伦理戒命的第二条"要爱人如己。先自爱，次之为爱人如己。"

需要强调的是，现实中往往存在着将个人主义与自私主义联系在一起的误区。其实，真正的个人主义所体现的是一种道德的、政治的和社会的哲学，强调个人的自由和个人的重要性，以及"自我独立的美德"和"个人独立"，是一种以个人为中心，对待社会或他人的思想和理论观点。这种价值观激励着个体的进步，从而带动了整个西方的进步。

从西方文化视域出发，无论是酒店金钥匙还是来到酒店的客人，在精神上都是平等的，这种平等是建立在对上帝的信仰之上。人无论贵贱，都是上帝的迷途羔羊，社会上合法的职业是上帝赋予你获得救赎的机会。所以，大凡工作，其本质都在服务——为上帝服务，为神工作，为救赎自己、荣耀上帝而服务，这是西方职业伦理中的初心或逻辑起点。从这个意义上讲，西方的职业观与服务观中有宗教信仰的支撑，服务是实践信仰的行为。可以说，这种服务文化在某种程度上推动了资本主义社会的发展。西方的金钥匙文化和金钥匙哲学是建立在深厚的服务文化之上。所以，西方金钥匙的传播和发展很稳定，更注重个人因素，组织创新不多，管理相对简单。

二、中国金钥匙服务文化背景

金钥匙在引入中国后快速发展，但也面临一些困惑。旅游专家魏小安教授在比较中外金钥匙的差距时指出："从深层来说，文化培育是最大的不足。饭店文化的基础或者说根本是欧美文化，我们可以有很多中国文化的符号贴在上面，应用过程也可以逐步具有中国特色，但是说到底是欧美的，这种文化基础方面的很多东西，我们现在都不完全懂。比如，我们到欧洲，多数饭店都是小饭店，硬件不如我们，但他们的饭店文化是很难学到的。""我们中国饭店的硬件水平普遍高于欧美，但真正讲文化，我们还是达不到。就是说，我们一流的饭店和人家真正一流的饭店比不了。比如，丽思卡尔顿、泰国东方，我们比不了，不是指我们的硬件差，也不是不如他们的豪华，我们比不了的是文化。所以，这种文化的培育既是我们最大的差距所在，也是我们下一步真正要下功夫的，金钥匙的产生本身就是以饭店文化为基础。正是因为有了这样一个文化基础，才产生了这样一个金钥匙服务体系。"

《晏子春秋》记载，晏子对楚王说："橘生淮南则为橘，生于淮北则为枳，叶徒相似，其实味不同。所以然者何？水土异也。"后来，人们用"南橘北枳"比喻一些事物一旦离开了原来的生长环境，事物的性质也变了。从金钥匙的历史来看，欧洲金钥匙是在资本主义经济发展100多年之后出现的，中国的金钥匙则是在改革开放后，市场经济刚刚启动的时候从国外引进。从文化背景来看，欧美金钥匙是在成熟的市场经济和文化发展之后的产物，而中国金钥匙产生时，我国无论经济还是文化都处于市场经济发展初期。

在我们几千年的传统文化中，社会价值观取向是"万般皆下品，唯有读书高"，所以要"学而优则仕"，而且"劳心者治人，劳力者治于人"。在社会行业排行中，"士农工商"是正业，而做服务的则是伺候人的差事。从事服务业往往被看作低人一等，所以很多父母都不愿意让自己的孩子去做服务工作。随着改革开放，市场经济推进，服务业迅速崛起，"顾客就是上帝"很快成为服务行业从业人员，包括管理者们常挂在嘴边的一句经典。但是，当他们被问："你相信上帝吗？"很多人又会说不信。因为对大多数受过系统学校教育的国人来说，上帝似乎很遥远。这句经典的本质意思就变成了：客人很重要，但我不相信他是上帝，他离我很遥远。还有人认为，上帝是博爱的，就像阳光一样，照好人也照坏人，在没有审判的日子，你对他好与不好，他都关爱着你。在这种前提下，其服务态度与服务质量就可想而知了。

在中国传统服务文化中，曾流行"顾客是衣食父母"的价值观。这是以孝文化为支撑的服务价值观。现代市场经济条件下的这种价值观，已经转化成为企业倡导"客户需求导向"价值观，并将之贯穿于产品研发、销售、制造、服务等企业全流程。在这种现代服务价值观背景下，中国服务业快速发展，具有中国特色的服务文化也逐步确立起来。

第三节　金钥匙服务哲学

一、西方金钥匙服务哲学的提出

近年来，西方金钥匙为了适应时代发展，构建了系统的金钥匙服务理论，在金钥匙服务哲学方面做了一些尝试。例如，曾任美国金钥匙主席的霍利·斯蒂尔女士就出版了《金钥匙服务学》。在此书的第一章，作者提出了"金钥匙哲学"，列举了精神、特征、"六 C"、哲学、金钥匙魔法、奉献、伦理与价值观、直面挑战、常识、幽默感、永葆激情和伴随一生的故事。其中，概括了界定顶尖金钥匙的六大特征（"六 C"）：

Curiosity（好奇心）：金钥匙对他人、世界、旅行和旅游充满好奇。

Creativity（创造力）：金钥匙乐于创新并且积极主动。他们预测客人需求，并针对每一个挑战催生新鲜的思想。

Confidence（自信心）：成功的金钥匙是自信而有把握的，绝不会犹豫不决。

Charisma（感召力）："Charisma"这个词来自希腊语，意思是一个人拥有的魅力天赋。

Competence（胜任力）：金钥匙切实而高效。他们理解自身的角色，并使之与酒店的服务使命密切相符。有胜任力的金钥匙是顾客可以完全信任的。

Courteousness（彬彬有礼）：金钥匙和善、体谅、老练、乐于施与，时时都文明礼貌。

《金钥匙服务学》提出西方金钥匙信奉的哲学：心甘情愿地服务，满怀自豪地服务。金钥匙服务哲学的精髓是：金钥匙会去做任何一件事情，能够做到每一件事情，并且永远不会说"不"。当然，不是所有的要求都能够得到满足。

作者从客观和主观两方面做了论述。在客观现实中，有些餐馆在8点钟的时候确实预订满员，也有些演出确实票已经销售一空。但是，有奉献精神的金钥匙一定会竭尽所能，并总是能够提供备选方案。主观方面则涉及金钥匙的伦理和价值观。书中指出："有一些要求是不能够被满足的，不是因为办不到，而是因为它们超越了金钥匙的道德与诚信的界限。金钥匙的哲学仅仅容忍合法的和友善的服务。赌徒在肯塔基赛马会下赌注，或者在愚人节这一天在其他顾客身上搞恶作剧等，这对金钥匙来说都是不能接受的。"作者进一步论证了金钥匙的价值观："传承友谊，用心服务"。它意味着我们要一贯地相互帮助、相互友善。金钥匙属于一个特殊的群体，他们是其自身所共享的完全独特的工作和经历的共同生存者。"我们一言九鼎，言而有信"；"今天我的客人就是明天你的客人"，描述了世界各地的金钥匙如何携手合作。这些核心价值观是我们积淀的财富，即"遗产"。

《金钥匙服务学》中的金钥匙哲学比较简洁明快，但是彼此之间的逻辑性不是很强，价值观和人生观之间缺少自洽的逻辑。这是因为《金钥匙服务学》的作者是美国金钥匙，其面向的读者大部分是在西方文化环境和成熟的酒店文化背景下成长起来的，有西方宗教文化和西方服务文化的支撑，在理解和应用这种简单的金钥匙哲学存在着自洽性。这种西方简单的服务理论和金钥匙服务哲学，反映在国际金钥匙组织建设上，比较注重个人的因素，团队建设和组织建设相对松散，发展速度比较缓慢。

二、中国金钥匙服务哲学的提出

从历史和成长环境来看，金钥匙起源于欧洲有其深刻的社会、经济和文化发展的必然性，是在资本主义社会和文化背景中出现并成长起来的。中国金钥匙是在改革开放之后，中国经济由计划经济步入社会主义市场经济之后引进的。用西方带有宗教基础的服务文化来指导中国金钥匙的发展，显然是不合适的。中国金钥匙必须找到属于自己的路，这需要文化创新，更需要金钥匙哲学的创新和指导。只有这样，才能够丰富中国酒店文化以及中国的服务文化，为中国金钥匙的发展提供指引和动力。

为了解决文化差异问题，中国金钥匙在加入国际金钥匙组织后不久就提出了"金钥匙哲学"的概念。1999 年出版的《中国饭店金钥匙服务》一书，尝试性地描述了"金钥匙哲学"。书中提出，金钥匙是"在客人的惊喜中找到富有的人生""在服务他人中找到自己人生的价值"，最终达到"理想与现实统一的思维方式"。作者在书中指出，中国饭店金钥匙的服务理念的核心就是在实现社会利益和团体利益最大化的同时，使个人利益的最大化成为现实，追求社会、企业、个人三者利益的统一，也就是个人利益和企业、社会整体的利益一致；实现个人价值、企业价值和社会主流价值的统一，即个人的追求和企业社会的追求和谐统一。但在处理三者的关系时，强调个人的价值、能力和利益是基础和前提，古人说得好："一屋不扫，何以扫天下？"不能"修身、齐家"，何以"治国，平天下"？是的，不关心自己，何以关心别人？更不用说关心集体和社会了。中国金钥匙的服务观正是建立在肯定人性的作用的基础上，把服务他人作为个人快乐之源是服务人员的职业最高境界：有快乐的饭店金钥匙，才会有惊喜的顾客。书中还指出，服务的极致在于给人以惊喜，即服务已超乎客人的想象和预期的结果，现实的服务超过了宾客的期望值，客人因感受到超值的服务而喜出望外，这是一种高附加值的劳动，其核心是高效＋优质＋个性内涵。要使客人满意，高效优质足矣，这可以称为服务的"基本配置"，客人惊喜的根源是服务的个性内涵，这部分的劳动可以称为"创造"，因而饭店金钥匙的服务被认为是一种"艺术"。把一件内容丰富的事情做得有声有色不足为奇，但把一件枯燥无味的工作转换为艺术创作，就会使工作过程充满魅力。

这些论述为金钥匙哲学的建立提供了宝贵的探索经验。从哲学的视角来看，这些内容已经涉及价值论、人生观和方法论等问题。但是，这些还不能满足科学的金钥匙哲学体系的构建。例如，"在客人的惊喜中找到富有的人生"，什么样的服务会给客人带来惊喜？这里有没有"己之所欲，施之于人"的逻辑？孔子讲："己所不欲，勿施于人。"这种双重否定的逻辑，表达了人际交往于社会存在的"黄金定律"。但金钥匙给客人的"己之所欲"就一定是客人之所欲吗？富有的人生一定能在客人的惊喜中找到吗？什么是富有的人生？……这些问题都需要系统的哲学理论来回答。

三、中国金钥匙服务哲学的构建

我们研究金钥匙服务哲学，其目的是要建立有中国特色的金钥匙服务哲学，以指导我们今后金钥匙事业的发展。

研究金钥匙服务哲学，就要了解什么是哲学。

什么是哲学？按照现有教科书的表述，哲学是理论化、系统化的世界观，是世界观和方法论的统一。冯友兰在《中国哲学简史》中提出自己的哲学定义："就是对于人生的有系统的反思思想"。胡适在《中国哲学史大纲》中指出："凡研究人生且要的问题，从根本上着想，要寻求一个且要的解决"，这样的学问叫哲学。

从词源考察，我们现在使用的"哲学"一词最早于19世纪末开始使用，是从日本的汉文"哲学"使用引用过来，是 philosophia（热爱智慧、追求真理）的日本汉文翻译，词义是"以辩证方式，一种使人聪明、启发智慧的学问"，是探索"人与自然""人与社会"和"人与人"关系的一种方式。哲学在英语中是 philosophy，源于希腊语词源"爱智慧"的意思，即中外哲学的产生皆起源于疑问。

按此逻辑，金钥匙服务哲学则是涉及金钥匙服务的一些最基本问题和概念的思考和智慧。例如，我们提倡"先利人，后利己""用心极致，满意加惊喜""在客人的惊喜中找到富有的人生""在服务他人中找到自己的人生价值"等。这些金钥匙口号的概念和理念之间到底有什么关系，背后有什么样的理论和智慧支撑这些理念和口号？我们现有的这些理念能构成当前金钥匙服务哲学的体系并指导金钥匙的发展吗？这就是金钥匙服务哲学所要探讨的。

按照一般哲学理论的构成体系，大致可以分为本体论、认识论和价值论几个方面，也可以分为世界观、人生观和价值观等方面。金钥匙服务哲学则要涉及金钥匙服务的本体论，即要解决作为金钥匙服务最基本和本质性的问题。金钥匙服务哲学的认识论解决的是如何认识面对金钥匙服务背后的真相等；金钥匙服务哲学的价值论试图解决金钥匙服务的价值，以及如何看待人生价值等问题。

提出这个问题，目的是让成为金钥匙的人，或希望成为金钥匙，以及对金钥匙服务感兴趣的人，能够更深刻地理解和看待金钥匙服务的问题。

中国的金钥匙服务哲学的建立，是在中国金钥匙组织成长过程中逐步形成的。这一点也是中国金钥匙哲学与西方金钥匙服务理念最大的不同。西方金钥匙服务理念是深深扎根于宗教信仰之上的自然延伸，或流露出的观念和理念。中国金钥匙哲学的建立则是在中国经济快速发展的大潮背景下逐步摸索并创新出来的。

"先利人，后利己"，"用心极致，满意加惊喜"，"在客人的惊喜中找到富有的人生"这三句话，对于普通服务人员或刚入职的年轻金钥匙来说，其内涵和多年从事金钥匙服务的金钥匙的理解是全然不同的。黑格尔曾说，同一句格言从一个饱经风霜的老人的口里说出，与从一个未经世事的年轻人口里说出，其效果是全然不同的。一个老人口中的格言可能浸透了他所有的人生阅历，他已给这句格言赋予了深厚的切身体验。他口中的格言已非年轻人眼中的一个普通的知性的道理，而是与生命息息相关的理念，其中包含了无数的人世沧桑。

这三句话饱含了中国金钥匙多年的艰苦实践，是从迷茫和困境中逐步摸索和提炼出来，用以指导中国金钥匙的发展的。金钥匙的这三句话逐步从简单的口号演化成一个相对完整的理论体系，已经成为构成金钥匙哲学的有机体。那么，这三句话的内涵是什么？为什么要用这三句话来指导中国金钥匙的发展呢？

从哲学的角度来看，这三句话高度浓缩了金钥匙哲学的本体论、认识论和价值论。"先利人后利己"是金钥匙服务的价值观，也是本体论定位和存在的出发点。"用心极致，满意加惊喜"则是金钥匙在认识论和方法论范畴的修炼路径。通过这个路径，金钥匙可以逐步完成由低到高层次的修炼，最终实现"在客人的惊喜中找到富有的人生"的价值使命，实现完满的人生观。

"先利人，后利己"，"用心极致，满意加惊喜"和"在客人的惊喜中找到富有的人生"，这三句话的提出与实践标志着中国金钥匙及其金钥匙服务哲学的逐步成长和成熟。可以说，中国金钥匙哲学是西方金钥匙理论和组织与"中国服务"具体实践相结合的产物，是当代金钥匙服务理论的创新与发展，必将为中国服务文化和世界服务文化的发展做出较大的贡献。

第二章　服务与金钥匙服务

◆ **案例：**

　　有一次，一位的士司机送过来一本日本客人的护照，说是乘客遗留在他车上的，有可能是入住我们宾馆的客人。我接到护照后，马上查阅了我们宾馆订房客人的资料，结果一无所获。此时，有人建议先保留起来，客人来找的时候再还给他，要不然就交给公安局算了。但职业的习惯使我们感到，客人不见了护照会很焦急，而且也未必会来宾馆查询。于是，我立即打电话到市内各大酒店，逐家查询，最后终于在一家国际大酒店查到了该客人的订房记录，又得知客人尚未入住，于是马上带上护照直奔这家酒店。我们在该酒店的协助下，找到了这位刚到酒店，还未办理入住手续的客人。当我把护照交给客人时，他惊讶不已，因为他还不知道自己的护照不见了。惊喜之余，他连声称赞"金钥匙"的服务真是周到、细心。

——孙东

　　金钥匙服务引入中国后，在国内服务业内引起很大反响。在惊讶于金钥匙高水平的服务时，很多人把金钥匙服务和雷锋式服务联系在一起，甚至认为金钥匙就是酒店业的"雷锋"。"先利人，后利己"，"用心极致，满意加惊喜"与"全心全意为人民"也差不多。两种服务模式到底有什么相同之处和差别，与其他的服务模式间又有什么样的差异？本章我们将从服务的基本概念和相关概念进行分析，进而阐述金钥匙服务的特征。

第一节 服务与服务人

一、服务的解读

我们研究雷锋式服务、金钥匙服务以及服务模式等概念，就要首先追问其中"服务"的概念是什么。因为从逻辑上讲，这些服务模式都是服务概念范畴中的一种。

虽说中华文化源远流长、博大精深，但事实上我们传统文化里并没有"服务"这个概念和用词。"服"和"务"作为独立的两个汉字是存在的，但是它们一直没有作为一个单独的词出现，用于表明我们现在所说的服务的这个意思。

在文献中，比较早的类似于服务概念的记载是《论语》："子夏问孝。子曰：色难。有事，弟子服其劳，有酒食，先生馔，曾是以为孝乎？"子夏向孔子请教关于孝道的问题，孔子回答，最困难的还是态度（颜色、脸色），有事时，晚辈来提供服务，有酒食，前辈（父母）享用，这就是孝道么？这里的"服"其劳，就是提供体力上的服务，在古代，"服"本身就有服侍的意味。

《现代汉语词典》（第6版）中的"服务"基本解释为："为集体（或别人的）利益或为某种事业而工作：～行业｜为人民～。"借助其他词典和网络，可以得到更多关于服务的解释："服务"是指为他人做事，并使他人从中受益的一种有偿或无偿活动；不以实物形式，而以提供劳动形式来满足他人某种特殊需要，例：服务周到。孙中山先生在《民权主义》第三讲中说：

"人人应该以服务为目的，不当以夺取为目的。"除此之外，"服务"也可以代表"任职"的意思。例如，朱自清的《回来杂记》："回到北平来，回到原来服务的学校里。"

从学术上考证，"服务"一词来源于日本。胡平先生在《100个理由：给日本也给中国》指出，服务在日语中读作"fukumu"，写法参照繁体中文的"服務"，按照 Genius 日英字典的解释，含有 service（公务）和 duty（服务的具体规定：职务，职责；职能；责任感，责任心；任务等）的含义。现在的日文里已经很少用到"服务"这两个汉字了，而是改用假名书写，读作"sabisu"。

近些年，我们讨论的服务概念多是在市场经济背景下的使用。现在学术界普遍公认的定义有：① 1977 年霍尔（T.P. Hill）提出的服务概念定义："服务是指人或隶属于一定经济单位的物，在事先合意的前提下，由于其他经济单位的活动所发生的变化……服务的生产和消费同时进行，即消费者单位的变化和生产者单位的变化同时发生，这种变化是同一的。服务一旦生产出来，必须由消费者获得而不能储存，这与其物理特性无关，而只是逻辑上的不可能……"[①]②以研究服务产业而著名的美国经济学家格罗鲁斯（Gronroos，1990）将服务定义为："服务一般是以无形活动的方式，发生在顾客与服务人员之间，涉及有形资源、产品或系统运作的，为满足顾客需求所提供的流程"。③国内一些经济学者将服务定义为：用以交易并满足他人需要，本身无形和不发生所有权转移的活动。这表明，在市场经济中服务具有以下特征：利他性、交易性、无形性（不可储存性或即时性）与所有权的无关性等。服务活动具有以下特性：

1. 利他性。服务是满足他人需要的活动，而不是满足自己需要的活动。

---

① T. P. Hill. On Goods and Service：Review of Income and Wealth, Series 23, No.4, 1977, pp.315,338.

人们满足自己需要的活动,不能叫作服务。服务是一种不能自产自用的东西,只有满足他人需要的活动才有可能是服务。

2.**交易性**。服务是用以交易的活动。在市场经济条件下,满足他人需要的服务只有通过交易才能提供。离开交易,就不存在真正意义上的服务。

3.**无形性**。服务活动本身是无形的或者抽象的,像旅游、美容、娱乐、餐饮、律师、保姆等服务都是无形的。可以说,酒店大堂、餐厅和服务人员是有形的,但这些实体成分只是服务的环境,不是服务的本质。服务的本质是一种无形的商品买卖,一种劳动的买卖。

4.**与所有权的无关性**。服务活动本身不发生所有权的转移。服务是一种人的活动,人的活动能被他人所享受,但不能被他人所占有,因此,服务本身不发生所有权的转移。

上述这些特征也是市场经济环境中金钥匙服务概念所具有的基本内涵,对我们研究什么是金钥匙服务起到了奠基作用。

二、服务人

金钥匙在中国发展的初期,很多人把金钥匙服务当作饭店的“活雷锋”,为什么会这样呢?我们认为,这是由于他们都有共同的一个因素,即都具备同样的人格 ①——以服务为己任。我们把这种具有“以服务为己任”人格的人称为“服务人”。

“服务人”是一个突破并超越了岗位、职位或行业的“服务人员”概念,是指其人格具有强烈的服务意识,以服务他人为己任,甚至以服务为信仰的人。他们通常具有以下特征:

---

① 人格:在心理学中,人格是指一个人区别于他人的心理特征的总称,也指一个人所具有的与他人相区别的独特而稳定的思维方式和行为风格。

1. **感恩心**。感恩心是人类共有的伦理价值基础。在中国传统文化中，感恩心主要体现在孝文化，提倡"百善孝为先"，孝道是维系家庭关系的最低道德底线，也是个人安身立命的行为准则。美国有感恩节，来源于最早的移民对印第安人帮助的感恩，更感谢上帝给予他们的一切。欧洲大部分国家没有感恩节，但是由于国民是基督徒，所以他们更要时时心存对上帝的感恩之心。餐前需要祈祷，为所得到的饮食向神献上感恩。实际上，每个人生存和生活都离不开所在社会给予的服务。一个人从小到大离不开家庭、阳光、空气、水源等客观环境，所以对人生、生活心存感恩是快乐生活、快乐工作的根本。感恩心是利他心和做好服务的逻辑前提。

2. **利他心**。"服务人"无论从事何种事、何种服务工作，他们的行为从不以一己之利为行为出发点。他们视服务为一种生活方式，甚至形成信仰，并以此约束和指导自己的日常思想和行为。例如，创办京瓷、KDDI 两家世界 500 强企业的日本经营大师稻盛和夫，始终把能否"为大众谋福祉"作为创办企业的标准。

3. **责任心**。"服务人"从事任何工作或在生活中，都是将服务视为自己的责任，而不是他人的责任。他们肯用心服务他人，并不懈地从身边的小事做起。福特曾使美国福特公司名扬天下，推动美国汽车产业占据世界鳌头，是改变整个美国国民经济状况的奇迹创造者。他的应聘故事充分说明了"服务人"的精神和意识。

◆　**案例：**

刚从大学毕业的福特到一家汽车公司应聘。和他一同应聘的几个人的学历都比他高，而且面试表现都很优秀，福特觉得这次面试肯定是没有希望了。当他走进董事长办公室时，发现靠近门口的地上有一张纸，于是很自然地弯腰捡起来，看了看，是一张废纸，就把它扔进了垃圾篓。董事长对这一切都看在眼里。福特刚开口说了一句话："我是来应聘的福特。"董事长就发出了邀请："很好，很好，福特先生，你已经被我们录用了。"这个让福特感到惊异的决定，实际上源于他那个不经意的动作。从此以后，福特开始了他的辉煌之路，直到把公司改名，让福特汽车闻名全世界。

4.**事业心**。我们一般这样描述"服务人"：身处服务岗位，其工作不离开具体的"一件事""一个企业""一个行业"。但在工作中，"服务人"不以具体岗位来界定自己的工作与日常行为，而是把服务工作当作实现事业的一部分，其指导理念与心态超越了具体岗位的界定，回归（升华）到了实践服务本质——"大爱"的原点。

"服务人"对服务的本质认知超越了简单的经济学的服务概念，内含着"人际扶助"的一切要素，反映着人类的最基本、最原始的对爱的需求。

"服务人"是普通服务人员修炼成为金钥匙的必要条件和必经途径，也是希望在各种服务行业出类拔萃的人的修炼基础和入门之路。

第二节　服务模式

服务模式是指实施服务的具体形式或方法。不同时代和不同社会背景下有不同的服务模式。自从 1995 年金钥匙引入中国开始，金钥匙服务在中国得到了迅速发展，很多国人常常把金钥匙服务当作雷锋式的服务。对于西方客人习以为常的付小费的消费习惯，国人接受起来就有点困难。中国的金钥匙也会提出疑问，提倡"先利人，后利己"，是不是还需要进一步提倡"全心全意为人民服务"？还有人说，金钥匙服务就是以金钥匙身份做的服务，只要是金钥匙个人所做的一切帮助他人的事情都算金钥匙服务。那么，金钥匙在日常生活中给别人端茶倒水，在大街上扶起摔倒的人算不算金钥匙服务？下面我们分析几种常见的服务模式。

一、"全心全意为人民服务"型服务模式

这种服务模式是以"全心全意为人民"为服务的出发点和落脚点，大家耳熟能详的代表人物是雷锋。人们常说，"雷锋出差一千里，好事做了一火车"。雷锋式的服务模式感动了当时的社会大众，并成为政府持续倡导多年的学习榜样。

◆　**案例：**

一次雷锋要去沈阳，为了赶早车，他早晨5点多就起来了，带了几个馒头披上雨衣便上路了。路上，他看见一位妇女背着一个小孩，手还领着一个小女孩，正艰难地向车站走去。雷锋连忙脱下雨衣披在大嫂身上，又抱起小女孩，陪他们一起来到车站。上车后，雷锋见小女孩冷得发抖，于是又把自己的贴身线衣脱下来给她穿上，还把自己带的馒头给他们吃。火车到了沈阳，天还在下雨，雷锋又一直把他们送到家里。

在人类历史的长河中，我们可以看到一些奉行"全心全意为人民服务"型服务模式的人，如提倡兼爱，"摩顶放踵，利天下为之"的墨子（《孟子·尽心上》）；"先天下之忧而忧，后天下之乐而乐"的范仲淹；"毫不利己，专门利人"，"对工作的极端的负责任，对同志对人民的极端的热忱"的白求恩……在宗教界，有普度众生的佛祖释迦牟尼，为众生受难的耶稣，在霍

乱和麻风病病区不断救助苦难穷人的特蕾莎修女等。

践行这种服务模式的人，具有强烈的服务意识和极高的道德水准，是以服务大众为信仰为己任的服务精英。他们往往突破并超越了自己的身份和职业，超越了"先利人，后利己"，直达"毫不利己，专门利人"的极致境界。他们视服务为实现自己崇高理想的修炼途径，"用心极致"，甚至不惜牺牲生命，以期望实现其最终目的或终极价值观。这些精英不是"在客人的惊喜中找到富有的人生"，更多的是为实现崇高的理想而奋斗。例如，雷锋和白求恩以及很多优秀的中国共产党党员所做的服务更多是践行"全心全意为人民服务"这一核心价值观和宗旨。这种服务模式提倡并奉行单向付出，不谋求金钱、薪酬或者利益的当下回报，在一定程度上也体现了服务的本质特性。

"全心全意为人民服务"的这种具有较高道德水准的服务模式要求个体有一定的生活物质资料作为保障前提，所以这种服务模式多提倡并存在于军队、政府、宗教团体和社会慈善机构等。

二、弗雷德式的服务模式

作为市场条件下的交易性服务，前些年一些企业曾经掀起学习"邮差弗雷德"的精神。在《邮差弗雷德》（后面关于弗雷德的内容引用皆来自该书）一书中，描述了一名叫弗雷德的邮差为作者提供优秀服务的案例。弗雷德工作热情洋溢，关心客户的需求，并为作者提供了体贴细致的邮政服务。

例如，弗雷德主动上门介绍自己，并询问作者所从事的行业。当了解到作者是位职业演说家，要经常出差旅行后，弗雷德提出"既然如此，最好你能给我一份你的日程表。你不在家的时候，我可以把你的信件暂时代为保管，打包放好，等你在家的时候再送过来。"因为"窃贼经常会窥探住户的邮箱，如果发现是满的，就表明主人不在家，那你就可能要深受其害了。"

即使是 UPS（美国联合包裹运送服务公司）误送了包裹，弗雷德也不会因为这不是自己的工作而袖手旁观，而是把它捡起来，送到作者的住处藏好，还在上面留下纸条，解释事情的来龙去脉，又细心地用擦鞋垫把它遮住，以免被人顺手牵羊。

作者深受感动，因为弗雷德已经不仅仅是在送信。作者将弗雷德作为积极服务的榜样，在全国各地举行的演讲中与座谈会上把他的事迹和听众一起分享。每一个人，不论从事的是服务业还是制造业，不论是在高科技产业还是在医疗行业，都喜欢听弗雷德的故事。听众对他着了迷，同时也从中受到激励与启发。

作者认为，弗雷德的服务模式主要体现为四种原则：

原则一：每个人都能有所作为。不管环境的利弊顺逆，最终，超卓的工作表现还是员工自己抉择的结果。没有任何工作是卑微的、不足道的，只要做这项工作的人是杰出的、不同凡响的。人也能给工作以尊严。没有不重要的工作，只有看不起自己工作的人。调高工作的目标，比仅仅维持现状更有挑战性。

原则二：成功的基石是关系。冷淡的人提供服务时总是一副公事公办的态度。只有在服务人员和顾客之间建立某种关系和交往，服务才能人性化。弗雷德花费时间来认识作者，了解作者的需要和喜好，然后利用这些信息为作者提供前所未有的优质服务。

原则三：你必须持续地为他人创造价值，而这不必花费一分钱。即使缺少资源，也要有在不增加支出的同时，为客户创造更大价值的能力。你也可以尝试用想象力代替金钱。你的目标应该是比竞争对手想得更多，而不是花钱更多。

每个职业者面对的竞争对手不是具体的公司员工，而是一种甘于平凡、得过且过的心态。所以，作者提出第四条原则：定期自我调整，振作自己。

作者最终从弗雷德身上得到重要启示：如果弗雷德能赋予邮递员以如此多的新意，那么你和我在工作中难道不能更为奋发，有更多创新吗？有许多日子，你一早睁开眼就感觉沮丧乏力。你已经读过书、听过录音、看过录像、上完培训课程，你觉得自己已经做了能做的一切，但仍然意志消沉，无精打采。处于这样的人生低潮时，当你的工作责任心已经萎缩，当下班回家成为你每天的首要目标，你该怎么办？

作者个人的对策是：想一想那个曾经为自己送信的人。因为，如果邮递员弗雷德能以如此卓越的创新精神和责任心来完成把信放入邮箱这样的工作，那么作者也一样可以调整工作态度，重新焕发青春，使自己生机勃勃，甚至可能做得更好。作者相信，不论从事什么工作，在何种行业，也不论住在何处，每天早晨醒来，都是一个全新的人。我们可以按照自己的选择来塑造自己的工作和生活。

应该说，弗雷德的服务模式的确具有很强的积极性和励志性，能够帮助我们将工作态度和服务水平提升到一个较高的水平。但是，我们认为弗雷德服务与金钥匙服务模式有较大差别，弗雷德服务模式的确给客户以热情、认真并体贴地完成了信件的整理和安全送达，但弗雷德是否通过服务达到提升了自己是未知的。或许这种服务精神就是他的性格和工作态度使然，是一种自发的服务精神，是建立在西方职业信仰基础上的。这种精神和态度是建立在宗教信仰和宗教职业观之上的自我救赎心态，而不是完整的服务哲学的体现。再如，作者强调积极的工作心态，但认为不依赖他人的支持、承认和奖励，完全靠自己的努力做到最好，是带来成就感的决定性因素，这还是将服务囿于自我了。金钥匙完成的卓越服务很大程度上既有自己的努力，也有团队和网络的多方支持和积极合作，金钥匙从来不是孤军奋战在服务一线。

在西方服务文化发达的地区，有很多世界顶级的酒店和著名的酒店集团都有自己的服务理念和服务模式。例如，酒店业服务榜样之一的丽思卡尔顿酒店就有自己独特的座右铭："我们是为绅士和淑女服务的绅士和淑女。"其服务理念和服务模式中蕴含了浓厚的西方文化浸透的服务精神，不了解西方的职业伦理和服务文化是难以参透其中玄机的。

三、"服务人员"的服务模式

"服务人员"，是指在一个企业甚至一个行业从事具体服务工作或服务项目的人。在20世纪80年代前后，我们通常把在餐饮、饭店、商店等职业中专门从事服务工作的人称作"服务员"。随着时代与经济的快速发展，第三产业快速兴起。第三产业提供的产品不同于物质生产部门的产品，不以实物形式存在。服务的提供过程就是购买者对服务产品的消费过程。显然，"服务员"的概念已经不能涵盖从事服务产业的人员了。于是，我们将从事第三产业服务的人员统称为"服务人员"或"服务业从业者"。即使是苹果、三星、华为和格力等大型生产性企业，也会把自己定位成服务客户某种需求的企业。

"服务人员"的服务模式，其特征主要体现在对服务的认知上（或潜意识里认为）：

其一，服务是一种谋生手段，目的是挣取自己的生活资料；

其二，服务是工作性质或工作岗位的要求，岗位仅仅是行业部门运转的一个环节；

其三，服务的责任就是保质保量地完成上级交办或者岗位要求的任务。

这种服务模式是市场经济条件下的服务岗位相对标准服务模式，也是存在于服务行业的最广泛的模式。此外，还有一些服务模式，如产品售后（补偿式）的服务模式、亲情式的服务模式。随着时代的发展，更多的服务模式不断涌现，由于篇幅所限，不再一一介绍。

第三节　金钥匙服务模式

金钥匙服务，是指金钥匙通过掌握着丰富信息的服务网络为客户提供专业化、个性化的委托代办服务。金钥匙服务被行业专家和客户认为是饭店服务的极致。金钥匙的高附加值专业化服务能够为其所在饭店获得更大的经营效益。随着金钥匙的发展，饭店委托代办的经常性工作，例如订机票、送邮件、租车、订宴会、提供行车路线等，开始在金钥匙手中由枯燥无味变得充满魅力，已经将历史上单纯的"看守"工作转换成了具有高附加值的服务艺术形式。

按照金钥匙服务的理念、精神和特征进行的服务称为金钥匙服务模式（Golden key's service model）。近年来，由于金钥匙服务的品牌效应，物业、银行、医院等其他服务行业纷纷学习和引进金钥匙服务模式。

从金钥匙的历史经验和理念发展来看，金钥匙服务模式有以下几个特征：

一、卓越的服务理念

无论西方的金钥匙，还是中国的金钥匙，都有自己追求卓越的服务理念。西方金钥匙以"传承友谊，用心服务"，"一言九鼎，言而有信"等构建服务理念，中国金钥匙则以"先利人，后利己"，"用心极致，满意加惊喜"和"在客人的惊喜中找到富有的人生"等服务理念构建具有中国特色的金钥匙服务哲学。他们共同实践并打造"虽然不是无所不能，但会竭尽所能"的超出常规服务的效果。正是由于有了自己的服务哲学和理念，金钥匙服务才能成为一项事业、一项终身修炼的技能和心法，成为世界顶级的服务品牌。

二、网络协作

网络协作是饭店金钥匙服务与其他服务模式区别的第二大特点。金钥匙成员拥有一张无形的、覆盖范围非常广泛的高效服务网络。当金钥匙针对客人的特殊要求开展服务时，往往是立足金钥匙岗位，辐射所在饭店的各个部门，沟通和调动饭店各个部门的协调运作，如有必要，更会进一步突破自身饭店的限制，将服务延伸到所在城市公共服务的整体中，和其他饭店及相关服务载体相配合，完成令客户满意的服务。如果情况特殊，金钥匙的网络化会进一步突破地域的限制，延伸到其他城市、地区和国家，通过金钥匙全球服务网络完成客户服务。在为国际化客户服务的过程中，金钥匙需要突破地域和时空限制，调动全球的金钥匙服务资源，才能完成难度极高的跨国服务。互联网的兴起使得金钥匙服务模式更具全球化，"互联网＋人联网"使服务变得没有疆界。金钥匙的这个服务网随着客户需要的大小而伸缩。依靠网络协作精神，金钥匙对客户实现着"虽然不是无所不能，但会竭尽所能"的承诺。

三、创造性思维

金钥匙是创造性地解决服务问题的大师。一般常规性服务都可以按照规范的服务流程来解决，金钥匙服务除了常规的服务之外，所面对的客户的问题往往是普通服务人员按照常规服务流程难以解决的，或者说没有常规的服务流程可以依靠。在这种情况下，金钥匙需要以打破常规的创造性思维，精准定位客户需求，然后调动自己日常积累的信息网和各种资源（团队协作），竭尽所能地（突破困境）解决客户问题，获得超出客户需求期待的效果。

四、追求极致

金钥匙的服务要求把简单的服务岗位和服务职业提升到事业的高度，想客户所想，急客户所急，体贴入微，追求极致，以求实现尽善尽美的个性化服务。这种服务效果在多数情况下都超越了客户期待，使客户既满意又惊喜。这种服务模式要求金钥匙把握服务行动的节奏，随缘就物，顺势而为，如庖丁解牛，游刃有余。这种服务已经步入化境，成为服务艺术。在超越了客户期待的互动中，服务者自身在看似天成的服务中超越了自己，实现了自我，在客人的惊喜中找到富有的人生。这种对极致的追求既是一种艺术化的追求，又是一个不断修炼、不断创造自己、不断超越自己的过程。

中国金钥匙组织负责人孙东先生对于金钥匙日常工作的内容曾经有过一段非常形象的描述：如果有客人要一份地图，迅速地找到地图，然后热情地把地图交到客人手里，这就是我们通常认为的好服务。可是作为金钥匙，就不能满足于把地图交给客人，还要征询他的意见，问："请问您想到什么地方？我可以帮您在地图上找到，并给您画出最佳的路线图。如果您需要的话，我们还可以给您准备一辆车……"也就是说，金钥匙的服务模式不会把自己仅仅限制在一般的服务所要求的范围内，而且要善于发现客人真正的需要，并给予竭尽所能的服务帮助。

有人会问，在智能手机普及和流行的今天，客人利用智能手机就能搞定地图和出行问题，那还需要金钥匙做什么？我们来看看下面的案例。

◆ 案例：

这天，金钥匙黄卓材（Ronald）像往常一样，在柜台前忙碌着。一个较为年长的外籍客人带着几分欢欣、几分迷茫的表情进入了他的视野。在问候客人及询问其需求后，这位来自加拿大的客人道出了原委——他就要当外公了！他女儿刚在万里之外的温哥华进入医院待产，外孙即将降临人世。客人希望能得到酒店金钥匙的帮助，使他尽快赶回温哥华，陪伴在女儿身边，分享这个重要时刻。可是客人原来预订的是3天后从香港起飞的加拿大航空公司的航班。

听完客人的讲述后，Ronald马上意识到行程调整将会产生一连串问题。最重要的是航班的更改。加拿大航空公司没有直飞广州的航班，所以机票的更改必须在香港进行。广州机场方面也不会有相关的信息。问题无法马上解决，需要时间多方协调，而客人马上要去合作的中方公司进行会谈。

Ronald请客人留下电子客票的副本和他的联系方式，并请客人先行前往合作公司进行商务活动，并承诺会尽一切可能，让客人尽早归国，享受天伦一刻。送走客人后，Ronald马上致电香港万豪酒店礼宾部，向他们咨询加拿大航空香港办事处的联系方式，上网查询加航从香港飞温哥华的航班时刻表。之后，致电加航香港办事处，查询机票更改的可能性。

幸运地，当天傍晚还有一个航班有两个剩余座位。高兴之余，Ronald按捺着心中的激动，先让对方不要挂线，并用另一个电话拨通客人的电话通知当晚可以成行，询问客人是否可行。客人惊喜地大叫："就今晚飞走！"航班改好了，接下来就是广州到香港机场的交通问题。广州到香港机场有几种方法：铁路，在香港转乘地铁；广州到香港机场大巴；

香港跨境小车。客人中午才能回酒店退房离开，正佳广场旁就有永东巴士到香港机场的专线，刚好 12：40 有班车发出，查询得知这班车尚有余票。虽然这对于赶乘 19：35 起飞的航班来说有点紧张，但还是可行的。与客人确定交通方式后，Ronald 立刻到售票窗口，为客人垫付购票。落实好各项安排后，一切就静待客人回店退房了。

不到 12 点，客人欢喜地回来了。Ronald 促请客人马上收拾行装，准备出发。12：20 左右，客人退房完毕，来到酒店大门前，Ronald 立即提着客人的行李，一同赶往巴士站。临别前，客人感激万分，并表示下次再来广州一定再来找他。

Ronald 将名片留给客人，并再一次提醒他，旅途中有任何需要都可以随时与自己联系。金钥匙必定竭尽全力，为客人的需求待命。三天后，Ronald 收到客人来自加拿大的电邮，说他已顺利回到温哥华，及时与家人见证了这个最重要的时刻。

作为服务专家，金钥匙不但想客人之所想，而且想客人所未想，以服务专家的水平，给客人提供一项或多项可供选择的系统服务方案；不但使客人满意，而且使客人喜出望外。

即使是普通人眼中的端茶倒水，在金钥匙的服务模式中，也能够给客人"端出满意"，"倒出惊喜"。这就是金钥匙服务模式与其他服务模式的最大不同，它必将引领"中国服务"走向未来。

第三章　先利人，后利己

　　"先利人，后利己"是中国金钥匙服务的本体论、认识论和价值论的统一，是金钥匙存在于社会的根本基础，以及金钥匙如何认识社会运行，在社会中保持根本的职业价值取向的统一。"先利人，后利己"也是中国金钥匙的价值观和职业伦理的逻辑起点，其内涵丰富而深刻，无论是个人还是团体组织，按照这个原则行动是取得成功的必要条件。

第一节　金钥匙哲学的本体论

一、"利"是社会本体论基础

　　"先利人，后利己"是中国金钥匙服务理论中的第一句，其重要性毋庸置疑。那么，什么是"利"呢？利人利己有什么重要性呢？

　　人类诸多古文明中唯一没有中断的便是中华文明，原因有很多，其中最重要的一个原因是汉字的传承具有极强的生命力。作为世界上唯一流传至今的象形文字，每一个汉字都有丰富的内涵和信息能量。《淮南子·本经训》记载："昔者仓颉作书而天雨粟，鬼夜哭。"研究和阐述中国的理论和文化是无法离开汉字解读。

　　"利"的基本字义：利，lì，从禾从刂（dao），铦也。从刀，从禾。表示以刀断禾、收获谷物的意思。本义：刀剑锋利，刀口快。引申义：收获谷物、得到好处。从人类历史的生存和发展来看，"利"的本义指刀刃快，引申指人类用刀或者利器割下谷物，维持正常的物质生活。进而"利"又有了以下释义：1. 好处，与害、弊相对：～弊。～害。～益。～令智昏。2. 使顺利、得到好处：～己。～用厚生。3. 与愿望相符合：吉～。顺～。4. 刀口快、针尖锐，与"钝"相对：～刃。～剑。～口巧辩。5. 从事生产、交易、货款、储蓄所得超过本钱的收获：～息。～率。一本万～。

恩格斯在晚年时指出，马克思发现了人类历史的发展规律，即一个历来为繁芜丛杂的意识形态所掩盖的简单事实：人们首先必须吃、喝、住、穿，然后才能从事政治、科学、艺术、宗教等；所以，直接物质生活资料的生产，进而一个民族或一个时代的一定的经济发展阶段，便构成了基础、国家设施、法的观点、艺术以至宗教观念，就是在这个基础上发展起来的，因而，也必须由这个基础来进行解释，而不是像过去那样，适得其反。

"人吃饭是为了活着，但人活着绝不是为了吃饭。"人类的吃、穿、住等物质生活资料和直接物质生活资料的生产是人类社会存在的本体论基础，也是"利"所包含的哲学和文化意义。司马迁在《史记·货殖列传》中讲："仓廪实而知礼节，衣食足而知荣辱。礼生于有而废于无。故君子富，好行其德；小人富，以适其力。渊深而鱼生之，山深而兽往之，人富而仁义附焉。富者得执益彰，失执则客无所之，以而不乐。夷狄益甚。谚曰：'千金之子，不死于市。'此非空言也。故曰：'天下熙熙，皆为利来；天下攘攘，皆为利往。'"可见，物质利益需要的满足是人们知荣辱、德行和礼仪产生的前提基础。

"天下之人，熙熙攘攘；为利而来，为利而往"，表明了"利"为人们生活忙碌的现实目标，"利"是人类社会存在的物质生活基础，是社会存在和运转的本体论基础。既然"利"是人类社会存在的物质基础，那么金钥匙哲学从"先利人后利己"出发，就具有了本体论和生存论上的合法性。

二、义利之辩

中国的传统文化历来强调重义轻利的价值观。众所周知的名言"君子喻于义，小人喻于利"（《论语·里仁》）强调义和利是划分君子与小人的标准。而金钥匙提倡"先利人后利己"，是不是与我们传统的道德观和价值观相悖呢？如果从哲学思路来思考，我们会追问："利"与"义"到底是什么意思？

"义"是儒家君子的内在道德标准，是君子立身之本和行为的最高准则。孔子讲："君子义以为质，礼以行之，孙（xùn）以出之，信以成之。君子哉！"（《卫灵公》），以及君子行事以义为准绳，合于义则做，不合于义则不做。反之，唯利是图的人则是小人。荀子指出："惟利所在，无所不倾，若是则可谓小人矣"（《不苟》）。

那为什么儒家要把义和利对立起来，作为区分君子与小人的界限？因为在孔子生活的春秋时期，整个社会礼崩乐坏，当时的王公贵族卿大夫追逐个人利益已经到了不问合礼还是非礼的地步，所以孔子要"克己复礼"。"名以出信，信以守器，器以藏礼，礼以行义，义以生利，利以平民，政之大节也"（《左传·成公二年》）。儒家认为，遵守礼和义的获利方法才是应该被提倡的。

金钥匙在强调他人利益（社会利益和团体利益）先在性的同时，也强调个人利益的共在性，追求他人（社会、企业）和个人利益的统一。共利共赢，而不是单方的利益获得。这正是遵守现在市场经济条件下的义和利辩证统一的获利方法。对大多数生活在市场经济条件下的人来说，追求利人利己的共赢效果，提倡通过合法劳动获得更多财富，是金钥匙哲学所倡导的。

三、小费问题

金钥匙是国际化的组织，面对的客人来自全球各地。金钥匙经常能给予客人"满意加惊喜"的服务，很多客人出于感激或者出于消费习惯，会给金钥匙一定的小费或者小礼品。但在中国酒店文化中是没有小费文化的，到底该不该收小费，曾经一度困扰着中国的金钥匙。为了弄清服务小费的问题，我们可以看看其他国家的小费文化。

在一些国家，付给服务人员小费是对他们的尊重、奖赏和鼓励，服务人员对这种工资之外的奖励收得心安理得，这已经成为一些西方国家特有的服务文化。在美国，小费是服务人员收入的重要部分，客人支付小费也成为根深蒂固的礼仪传统。但是，如果你去瑞典等北欧国家旅行，就会发现在那里对小费并不看重，很少需要支付小费。在日本、新加坡、澳大利亚等国家也没有必须付小费的传统。

为何各国的小费文化差异会这么大呢？经济学家们解释说：与其他行业相比，美国的服务业靠的是价格低廉的人工。据研究发现，瑞典收入水平最低的 1/10 的人群的平均工资相当于中等收入人群的 75%，而美国只相当于 37%。尽管美国的人均收入比瑞典高 25%，但瑞典最低收入人群的工资却比美国相同群体的工资高 60%。

劳动力价格差异则来自历史传统。长期受基督教影响的欧洲人坚信，运气的偶然性决定了人的命运，普遍不相信"有钱人的财富是他们应得的"。他们认为世界是不平等的，因而倾向于高税率，用制度对收入进行再分配。这种观念来自漫长的封建王朝中君王和贵族对平民的任意盘剥。在那个时代，幸福和成功与个人的努力无关，只取决于家庭出身。而美国则不同，他们的历史是不长，信仰的新教提倡努力工作和敢于冒险，鼓励人们沿着经济阶梯往上攀，自己要对自己的贫穷负责，所以美国人能接受收入的悬殊。也正是这种悬殊，使得低收入行业者需要依靠小费来补贴。

即使在美国，小费文化也受到争议和挑战。一些观点认为，服务生只是尽了自己的本分，社会习惯要求享受服务的人必须给小费，还要主动给，这就不对。服务生有最低收入保障，他们饿不死。麦当劳的员工也一样辛苦，为什么没人觉得该给他们小费？凭什么要听所谓社会习俗"别给那些人小费，但要给这些人"（往往男女服务生收到的小费是不同的）？政府又凭什么要对小费征税，是不是小费的存在确认了服务生不过是不时受到政府欺压的群体之一？越来越多的餐厅开始废除这一制度。例如，美国联合广场餐饮集团（Union Square Hospitality Group）已经牵头行动，从废除小费提高优秀员工的工资做起，试图长远地改变餐饮行业的格局。也有一些餐厅效法其他国家的做法，将服务费按总消费额比例收取并标注在小票上，或干脆算在菜品里，上调每一道菜的价格。

在中国，人们通常认为服务人员既然拿了我们间接付给他们的钱，他们理应为我们提供良好的服务，所以通常不付小费。而且，在国人心中还受"全心全意为人民服务"这一精神的影响，所以小费文化基本上没有存在的基础。

但是面对来自全球各地的客人，感受到了"满意加惊喜"的服务，出于感激或者出于消费习惯，真诚地付给金钥匙小费或者赠予礼品的时候，金钥匙可以采用的原则是"不期待"和"顺其自然"。因为，我们金钥匙的价值观是"先利人后利己"，金钥匙不是清教徒，既然客人对我们的服务给予肯定和奖励，我们可以坦诚接受，但不会停下服务修炼和前行的脚步。

第二节 先人后己的认识论和方法论

当我们讲金钥匙的本体论是"先利人，后利己"时，随之而来的问题是：为什么先利人，后利己，而不是倒过来，先利己，后利人？这涉及金钥匙的认识论和方法论问题，如何认识和处理个人与他人的利益关系？

一、义利合一

◆ 案例：

在某个寺院，年轻的修行僧问老师："听说在那个世界有地狱和天堂，地狱到底是什么样的地方呢？"

老师回答："在那个世界确实既有地狱，也有天堂。但是，两者并没有太大的差异，表面上是完全相同的两个地方，唯一不同的是那儿的人的心。"

"比如吃饭，地狱和天堂里各有一个相同的锅，锅里煮着鲜美的面条。但是，吃面条很辛苦，因为只能使用长度为1米的长筷子。住在地狱的人，大家争先恐后想先吃，抢着把筷子放到锅里夹面条。但筷子太长，面条不能送到嘴里去，所以只能抢夺他人夹的面条。你争我夺，面条四处飞溅，最后谁也吃不到。美味可口的面条就在眼前，然而每一个都因饥饿而衰亡。这就是地狱的情景。与此相反，在天堂，同样的条件下，情况却大不相同。任何人一旦用自己的长筷夹住面条，就往锅对面人的嘴里送：'你先请'，让对方先吃。这样，吃过的人说：'谢谢，下面轮到你吃了。'作为感谢和回赠，帮对方取面条。所以，天堂里的所有人都能从容地吃到面条，每个人都心满意足。"

即使居住在相同的世界里，对他人是否热情、关心，就决定了那里是天堂还是地狱，也决定了获得自己利益最妥当的方法。

孔子讲："君子喻于义，小人喻于利"（《论语·里仁》）。传统儒家之所以强调义对君子的重要性，一方面除了要求处理好自己利益和他人利益的统一关系，共赢关系，另一方面，是强调获利的次序，即先人后己，最终才能达到"义利合一"。

现在的"义"的本源是繁体字"義"。《说文解字》这样释义："義，己之威仪也。从我羊。"这里的"义"读第二声，同"仪"声。"仪"主要是就人的礼仪和风度而言的，"仪者，度也"。所谓"度"就是适度、适当之意也。人之礼容仪容皆得其宜，那当为善也，这也是"义"为"仪"的本义。这就突出了三个概念：一是仪，二是宜，三是善。"义"强调人们对事物进行均等和适度相宜的分配，或者说是对物、对利的适宜分配，从而达到和谐的状态。

《中庸》提出"义者，宜也"。"宜"，适宜，合宜，即"裁制事物使合宜也"。之后的思想家也多是从这个意义上去解释"义"的。例如，韩愈指出："博爱之谓仁，行而宜之之谓义"（《原道》）；朱熹在《集注》中讲："义者，行事之宜"。这里的"宜"表示合宜的应当性与合宜的适当性两重意思。那么，什么样的状态才能算"合宜"呢？当时的思想家给出大致方向："义者比于人心，而合于众适者也"（《淮南子·缪称》）；"义者宜也，断决得中也"（《白虎通义》）；"至平而止，义也"（《管子·水地》）。从中可以看出，"义"是让人们在裁制事物的时候，要遵循"比于心""合于众""止于平""行于正""得于中"的原则。即是说，同于人心，符合大众，安止公平，行使正义，无所偏私的行事原则和道德规范就是义。所以，公平、公正、中正是"义"呼唤的精神。换句话说，公平、公正、中正是由"义"

而产生的精神追求。

先利人，后利己，要在尊重他人、理解他人的基础之上完成，还要注意方法上的公平和正义。它不是一味无私，也不是不管形式或名义，而是尽量达到"义利合一"。"义"的一个最直接和最终的目的一定是要达到"分配"以后的"和谐"之效果。这也是为什么中国传统哲学喜欢将"义"与"和"联系起来的原因，"义者，利之和也"，此之谓也。这也是中国古人追求的至善境界。

二、礼让与治国

孔子提倡"以礼治国""为国以礼"（《论语·先进》），终其一生周游列国，推行恢复周礼，强调"礼让""好礼"，讲究"克己复礼"。

英国伟大思想家霍布斯（1588 ~ 1679 年）在《利维坦》中说，在国家产生以前，在"自然状态"下，每个人都按照自己的愿望和方式采取一切手段来保全自己和争夺物质利益，当怀疑有人有侵害自己的企图时，或者利益被夺去时，便先发制人，立刻进行袭击，出现互相争斗的局面，最终结果是弱肉强食。因为缺乏公共权威，社会处于"人人相互为战的状态"。最终，整个社会就陷入冲突和混乱之中，人人都惶惶不可终日。霍布斯认为，我们人类要生存下去，并生活得更好，就必须让渡我们的基本权利，交给一个公共的机构来管理，这个机构就是"利维坦"，即国家。国家对我们每个人都是必需的，我们也必须服从国家的一切法规，而法规是比礼仪更加严苛的社会行为规范。大家共同让渡自己的部分权利，建立一个无比强大、无比威严的公共权威，以此摆脱险恶无比的战争状态。这就是西方著名的现实国际思想起源。

生活在不同历史时空的孔子则是更早地认识到"为国以礼"的重要性，

并把这一原理运用到治理社会和国家的理念中，指出"礼，经国家，定社稷，序民人，利后嗣者也"（《左传·隐公十一年》）。可见，在正常的社会交往和处理社会关系中，面对利益时先人后己的礼让，其后果要优于先己后人的争夺，因为先己后人的资源争夺只能带来社会的混乱和动荡。

三、利他的层次

虽然我们明白了利人利己次序的重要性，但"先利人，后利己"的利他哲学作为服务指导原则，在实践中仍会有一些困惑。例如，现在的一些家长对自己的小孩子无微不至的照顾、医院的护士对病人的护理、警察和消防人员救助掉进河里的市民、饭店前厅服务人员帮助客人运送行李等，这些现象算不算金钥匙提倡的"先利人，后利己"精神？这就涉及利他的层次问题。从哲学研究的视角，我们可以看到"利他"是有多个层次的。

（一）基础利他

◆ **案例：**

中国台湾著名教育家高震东在演讲《天下兴亡，我的责任》中说：

我在台湾办学校就是这样，如果教室很脏，我问"怎么回事？"假如有个学生站起来说："报告老师，今天是32号同学值日，他没打扫卫生。"那样，这个学生是要挨揍的。在我的学校，学生会这样说："老师，对不起，这是我的责任"，然后马上去打扫。灯泡坏了，哪个学生看见了，自己就会掏钱去买个安上，窗户玻璃坏了，学生自己马上买一块换上——这才是教育，不把责任推出去，而是揽过来。也许有些人说这是吃亏，我告诉你，吃亏就是占便宜，这种教育要牢牢记在心里，我们每个中国人都要记住！

学校更应该训练学生这种"天下兴亡，我的责任"的思想。校园不干净，就应该是大家的责任。你想，这么大的一个校园，你不破坏，我不破坏，它会脏吗？脏了之后，人人都去弄干净，它会脏吗？你只指望几个工人做这个工作，说："这是他们的事。我是来读书的，不是扫地的。"这是什么观念？你读书干什么？读书不是为国家服务吗？眼前的务你都不服，你还能为未来服务？当前的责任你都不负，未来的责任你能负吗？水龙头漏水，你不能堵住吗？有人会说："那不是我的事，那是总务处的事。"这是错误的。

从社会学视角来看，生活在社会中的每个人或企业都有多重的社会角色，每个社会角色都有相应的社会责任。承担相应的社会责任是一个人生存在这个社会上的必要条件。实现社会责任要通过社会劳动，社会劳动的实现形式大部分是具有利他要素的。这种利他行为更多是社会角色或者岗位角色所要求的，利他的结果是通过社会分工的配合与循环，最终达到利己的目的。这种"先利人，后利己"是被动的社会角色要求。这种利他局限在家庭、工作岗位或者职务角色的有限范围。抚育孩子、赡养老人是家庭责任要求的利他，护理病人、救助市民是岗位要求的利他。这些利他行为是为了使人正常生活在当下社会的手段，这种利他是维持社会正常运转的社会行为。承担社会责任的利他也是社会公民的基本道德和素养。

除了社会责任要求的利他之外，从"理性人"或"经济人"的层面来看，利他是一个人存在于市场经济中实现利己目的的手段。

按照传统市场经济学的视角，市场的每个人都是自我逐利的"理性人"或者"经济人"。经济学假设的理性人就是能够合理利用自己的有限资源为自己取得最大的效用、利润或社会效益的个人、企业、社会团体和政府机构。

理性人是对在经济社会中从事经济活动的所有人基本特征的一个一般性抽象。这个被抽象出来的基本特征是：每一个从事经济活动的人都是利己的。古典经济学的集大成者亚当·斯密发展了经济（理性）人的观点，赋予了经济（理性）人两个特质：一是自利，二是理性。也就是说，每一个从事经济活动的人所采取的经济行为都是力图以自己的最小经济代价去获得最大的经济利益。

既然经济（理性）人是自利和理性的，为什么市场经济依然能够良性地发展呢？亚当·斯密认为，每个人虽然是从利己的目的出发，但却需要通过利他的手段去达到利己的目的，即"主观为自己，客观为他人"。历史和实践证明，即使从自利的角度讲，利他也是利己最好的手段，利他是利己的长久之计。因为每个人、企业或者社会团体虽说是从自己利益的最大化出发，但客观上还是在行利他之事，对社会具有整体推动作用，只不过对于自己利益的回报会考虑得非常清楚。

可以看到，无论是社会责任要求的利他，还是"理性人"或"经济人"层面的利他，都是潜在被动性的利他。这种被动性的利他是一个人实现生存和利己目的的手段，也是社会运转和发展的基础，我们称之为"基础利他"。

（二）高级利他

金钥匙提倡的"先利人，后利己"的利他哲学显然不是基础层面的利他，而是相对主动的利他行为。在这个层次，利他是一种纯粹的发心和目的，他们已经不计较自己的利益，利己已经不是目的，而是自然而然的结果。我们称之为"高级利他"。

马云在阿里巴巴10周年的庆典上曾经说："我认为这世界在呼唤一个新的商业文明。旧的商业文明时代是企业以自己为中心，以利润为中心，创造最大价值，希望能够获取更多的利润，以自己而不是以社会为中心。

21 世纪，我们需要的企业是在新的商业文明下，在新的环境下，如何对社会的关系、对环境的关系、对人文的关系、对客户的关系重新进行的思考。"马云提出的在新的商业文明和新环境下重新进行思考的各种关系的模式就是利他的模式。日本的经营大师稻盛和夫提出："求利之心是人开展事业和各种活动的原动力。因此，大家都想赚钱，这种'欲望'无可厚非。但这种欲望不可停留在单纯利己的范围之内，也要考虑别人，要把单纯的私欲提升到追求公益的'大欲'的层次上。这种利他的精神最终仍会惠及自己，扩大自己的利益。"《道德经》中讲："后其身而身先，外其身而身存。以其无私，故能成其私。"老子告诉我们一个道理，道家的思想认为大多数人毕竟是自私的，好像天生万物，人的自私是应该的。不过人要成就其私，必须先要完全否定其私，要以无私行大公之事，才能有所成就。

这个层次的利他之人不会把利他当成一个纯粹的利己手段。他们追求的就是真心服务于顾客、造福于社会，利己只是顺带的结果。

对金钥匙来讲，服务就是一种本能，是不断挑战自我、提升自我的修炼。面对客人的难题和需要，他们头脑中考虑的是用何种办法尽快解决，根本不会考虑自己的利益或者小费等问题。在金钥匙看来，满意加惊喜地解决客人的难题，是他们的天职。

◆ **案例：**

一位美国客人曾经要求一名金钥匙帮助他在饭店前的联合广场上降落一个热气球广告。降落热气球必须得到有关部门的批准，发放热气球准放证，才可以操作。这名金钥匙通过各种关系，找了多个部门，奔波了三个星期，终于为客人申请到了。但是，客人连一声"谢谢"都没有说，而金钥匙所得到的却是完成这项工作所带来的满足感。

推动金钥匙不断前进的动力来自各种各样的挑战。对于金钥匙来说，挑战是一件令人振奋的事情。不停地变换思维，接触各种文化和各色人种；牢记各种令人烦恼的事情，但还不能表现出烦闷情绪；使不可能变为现实。越是奇怪刁钻的难题，获得的挑战和乐趣越大。正是在这种挑战和乐趣中，金钥匙的各种服务能力变得越来越强大，自我满足感也越来越强烈。

（三）顶级利他

顶级层次的利他已经没有了利他利我之分，利他与利己浑然一体，一切只是自然而然的行为。这是一种"毫不利己专门利人"、弃掉"我执"①的利他。这个层次的服务行为主体充分认识到马克思所说的"人的本质不是单个人所固有的抽象物，在其现实性上，它是一切社会关系的总和"②。他们心中没有"他"与"我"之分，"我"的现实存在本来就是"他"的一切关系的综合体。"他"与"我"本来就是一体的。他们认识并真正做到"无我"，达到天下大同、万物一体的心境。所以，他们没有利他这个想法，只是按照自己的清净本心，按照自己的良知去自然行事。这种事自然是利他之事。

作为一个普通人，只要担负起基础利他的责任，认真完成责任要求，就能够适应市场经济时代的生活。但是如果要想有所作为和事业成就，就需要转变自己的价值观，以高级利他为标准，不断地修炼和提升自己的方

---

① 我执，佛教用语。小乘佛法认为我执是痛苦的根源和轮回的原因。佛教认为"我执"是对一切有形和无形事物的执着，是人类执着于自我存在的观点，包括自大、自满、自卑、贪婪等，放不下自己，执着于自己的想法、做法、人格等，提不起自己和他人的义务与责任，自我意识太强而缺乏集体意识和奉献精神，或太关注自己而忽略别人等。消除我执是佛教徒的一个修炼目标，认为没有我执就可以将潜在的智慧显现出来，进而修炼成为有大智慧的人，即"佛"。
② 《马克思恩格斯选集》第 1 卷，人民出版社 1995 年版，第 60 页。

方面面。金钥匙作为"高级利他"层次的代表，要"用心极致"，通过解决各种难题和挑战，不断地增加自己的阅历和智慧，全面提升服务能力和服务心境，最终实现富有的人生。随着阅历和智慧的不断增加，在金钥匙群体中，个别金钥匙通过不断修炼自身，有意或无意地达到顶级利他层次，或者在不断解决极端服务的难题挑战中实现自我超越需求的境界。

第三节 先人后己的价值论

一、金钥匙价值观

"先利人，后利己"不仅是金钥匙的本体论、认识论和方法论，更是价值论的体现，即金钥匙如何运用价值观做出价值取向的思路。价值观是基于人的一定的思维感官之上而做出的认知、理解、判断或抉择，也就是人认定事物、辨定是非的一种思维或取向，从而体现出人、事、物一定的价值或作用。价值观具有主观性和客观性、稳定性和持久性、历史性与选择性的特点，对人的行为动机有导向作用，同时反映人的认知和需求状况。

金钥匙深刻认识到，人类社会离开相互的服务，就没有人类与社会本身；生活离不开服务，服务离不开生活；生活就是服务，服务就是生活。金钥匙对服务的本质认知超越了简单的经济学的服务概念，内含"人际扶助"的一切要素，反映人类最基本、最原始的对爱的需求。

金钥匙提倡的"先利人后利己"不是停留在方法论上的认识，而是"高级利他"层面的价值观。金钥匙以服务为信仰，以服务大众为己任。无论从事何种事、何种服务工作，他们的行为从不以一己之利为行为的出发点。

他们视服务为一种生活方式、一种信仰，并以此约束和指导自己的日常思想和行为。

二、价值观与成功

历史发展告诉我们，无论是个人还是团体、组织或者政党，只有以服务大众、"全心全意为人民服务"为信仰，才能取得最终的成就。

毛泽东在《纪念白求恩》（1939 年 12 月 21 日）中指出，"白求恩同志毫不利己专门利人的精神，表现在他对工作的极端的负责任，对同志对人民的极端的热忱。每个共产党员都要学习他……我们大家要学习他毫无自私自利之心的精神。从这点出发，就可以变为有利于人民的人。一个人能力有大小，但只要有这点精神，就是一个高尚的人，一个纯粹的人，一个有道德的人，一个脱离了低级趣味的人，一个有益于人民的人。"在《为人民服务》（1944 年 9 月 8 日）中，毛泽东进一步指出："我们的共产党和共产党所领导的八路军、新四军，是革命的队伍。我们这个队伍完全是为着解放人民的，是彻底地为人民的利益工作的……人固有一死，或重于泰山，或轻于鸿毛。为人民利益而死，就比泰山还重……中国人民正在受难，我们有责任解救他们，我们要努力奋斗。要奋斗就会有牺牲，死人的事是经常发生的。但是我们想到人民的利益，想到大多数人民的痛苦，我们为人民而死，就是死得其所。"在《论联合政府》一文中，他再一次强调："紧紧地和中国人民站在一起，全心全意为中国人民服务，就是这个军队的唯一宗旨。"从毛泽东当时所提出的要求来看，这是对新四军和八路军的要求，是对广大革命工作者的要求，也是中国共产党的初心。

著名作家王树增在《解放战争》一书中也讲到这一道理。他说，国民党在 1945 年抗战胜利之后，蒋介石的个人威望达到了历史的顶峰，国民党的部队空前强大，军队总人数接近 500 万。国民党军队中主流部队的装备和当时反法西斯战场上的盟军是一样的，就连士兵的鞋带都和美军的一样，轻武器都是盟军装备，重炮都是美式榴弹炮。在重庆谈判时，毛泽东主席兜里也有个清单，是刘少奇从延安发过来的，当作一个谈判的筹码。这个清单上写着的共产党军队总人数是 127 万。其实，这个数字有很大的水分，当时我们的正规部队，抗战期间八路军有 3 个师，新四军基本上没有了，哪里来的 127 万？只能是算上民兵了。但最重要的还不是人数，是武器，我们最好的主力部队装备就是步枪，部队的火炮就是缴获的日本山炮。而我们的民兵甚至还停留在冷兵器时代，手持大刀就上战场。"战争刚刚开始的时候，几乎没有人认为中共会打赢，舆论认为这是不可能的事。"

王树增说："近年来我到台湾访问，突然发现一个问题：台湾的一些学者，甚至蒋介石的高级将领以及他们的后代，总要提这样一个疑问，直到现在他们还是一头雾水，不知道从 1947 年到 1949 年间到底发生了什么事情？怎么国民党好好的一个政权就没有了？坍塌得太迅速了！"通过研究和写作，他得出结论说："解放战争是一个特殊形态的战争。总结国民党失败、共产党胜利的原因，我有三点体会——解放战争的胜利是信仰的胜利；而执政党的腐败堕落导致了政权的迅速垮台；此外，解放战争的胜利是人民选择的结果。"究其根本是共产党的价值观是不与人民争利益，是为人民争利益谋幸福。

"在一场战争里，军人们拥有什么样的信仰很重要，要清楚地知道自己为了什么而战！"解放军的价值观是为了解放全国人民，国民党的部队是为了抢夺和维护自己私人的利益。所以，出现了解放军越打越多，国民党部队越打越少的现象。

服务大众，"全心全意为人民服务"本应是政府的责任，当中国共产党承担起这个责任，并以此作为全党奋斗的信仰和价值观，为天下人民争利益的时候，就已经注定了必然战胜为自己争利益的国民党。

三、正确理解"人不为己"

有人会说，古人还有"人不为己，天诛地灭"的价值观呢，是不是人不以为自己谋私利、谋权等当作价值观，就要招到天地诛杀？

正确理解这句话，必须找到其原本出处。"人不为己，天诛地灭"在《佛说十善业道经》第二十四集："人生为己，天经地义，人不为己，天诛地灭。""为"字在这里发音 wéi，是"修养，修为"的意思。佛经的意思是：人生在这个世界中，要修为自己，这是天经地义的事；反之，人如果不修为自己，是要天诛地灭的。这里的修为是以十善业为主，即不杀生、不偷盗、不邪淫、不妄语、不两舌、不绮语、不恶口、不贪、不嗔、不痴。这样修为才是"为自己"，即不为自己制造新的恶果，不为自己造成新的灾祸。"为己"是要求人不断地修炼自己，提高并遵循道德法则。整句话是说，一个人如果不注重修养的话，很难在天地间立足。

《道德经》中说："圣人不积，既以为人，己愈有，既以与人，己愈多。天之道，利而不害；圣人之道，为而不争。"（《道德经》中的圣人大致是指懂得世间大道运行规律并按照大道行事的人。）圣人是不存占有之心的，而是尽力照顾别人，从而让自己更为充足；他尽力给予别人，自己反而更丰富。自然的规律是让万事万物都得到好处，而不是伤害它们。圣人的行为准则是，给予他人利益而不是与他人争夺利益。

对现在的企业来讲也是这样，哪个企业以"全心全意为员工和客户服务"为价值观,哪个企业就能走上成功大道。而坚持"以产品为导向"价值观的企业最终会被市场淘汰。为什么?以员工和顾客利益和需求为导向,与以产品为导向不一样。以产品为导向,本质上是以自我为主。马云以"让天下没有难做的生意"为价值观,最终成就了"阿里帝国"。

《大学》讲:"物有本末,事有终始。知所先后,则近道矣。"中国金钥匙把握了服务业的核心精髓——先利人后利己,是真正以客人需求为导向,为他人谋福利、谋方便。我为人人,人人为我。以这样合乎大道的精神和理念去做事业怎会不成功呢?

稻盛和夫把守护全体员工现在和将来物质和精神两方面的幸福作为工作的责任和动力,把能否"为大众谋福祉"作为创办企业的标准。他做决策的唯一标准就是叩问自己:"是不是出于私心,是不是有一颗利他之心?"正是坚持奉行利他哲学的价值观,稻盛和夫接连创办了京瓷、第二电信(现KDDI)两家世界500强企业,并成功拯救日航于危难之际。

第四章　用心极致，满意加惊喜

如果把"先利人，后利己"当作金钥匙理论的逻辑起点，"在客人的惊喜中找到富有的人生"当作逻辑终点的话，那么"用心极致，满意加惊喜"则是连接起点和终点的那条大道，是金钥匙哲学中认识论和方法论实践的修炼路径。

第一节　用心极致

一、何为用心？

首先，用心是一种做事的态度。

一些人认为，用心就是我们平常工作中所说的认真。其实，如果把"认真"和"用心"做比较的话，就会看到认真只是照章办事，把事情按照程序完成。我们也可能一边按照程序做事，一边想别的事。而用心则是要求我们在工作中将全部精力和心思专注于所做的事情上，而且要保持一种积极主动、乐观向上的态度。用心是一种脚踏实地、兢兢业业的态度，更是一种竭尽全力、追求完美的态度。所以，金钥匙提倡用心极致，要将全部的心思和精力放在发现、研究客户需要和如何满足客户需要上。

◆　**案例：**

　　庙里的一个小和尚负责撞钟。照他的理解，这种机械单调、简单重复的工作，谁都会干。但是，干了不久，方丈却宣布调他到后院劈柴挑水，原因是他不能胜任撞钟之职。小和尚不服气："我撞的钟不准时、不响亮？！"

方丈语重心长地说："你的钟撞得很响，但钟声空泛疲软，没有什么力量，因为你心中无'钟'。钟声不仅仅是寺里作息的准绳，更为重要的是要唤醒沉迷的芸芸众生，达到激浊扬清、空明心灵的境界。为此，钟声不仅要响亮，而且要圆润、浑厚、深沉、悠远。心中无'钟'，即胸中无佛。"

胸中无佛，自然也就体会不到撞钟工作的神圣，同样也就干不好这项工作。

有时候我们在工作中犯一些低级错误，并不是因为我们目前掌握的知识和技能不够，而是没用心去做。厨师炒菜时用了心，就不会出现今天火候大明天火候小、今天咸明天淡的现象。再比如，一名老司机，开了十几年车，你不能说他技术不过硬，操作不熟练，但为什么还会出事故？一句话，没用心去开车，至少在这一刹那没用心。

用心服务，将心放在对方身上，才能去理解对方，想对方所想，体贴对方的需要。金钥匙服务要求，面对顾客时，要用一颗追求卓越的心，注意到每个客人要求的细微差别，理解客人要求的弦外之音——真正需要的帮助，多问客人一句，才能发现客户真正的需要。

◆ **案例：**

一位日本客人找到一位金钥匙，询问哪里有屠宰场。通常情况下，服务人员只要告诉这位客人屠宰场的地点，或者相关信息就行了。但这位金钥匙寻思，在这个简单要求的背后一定另有缘由，于是就进一步询问客人。原来客人是想要一磅牛胆石。刚开始，这位金钥匙以为客人想要的是牛胆囊，但经过仔细询问，她明白了客人真正想要的东西。她叫来一家牛排餐馆的老板，该餐馆属于一个拥有屠宰场的大牧场。在一番电话之后，这位金钥匙找到了一头患有胆结石的牛，客人最终得到了他想要的那一磅牛胆石，尽管价格不菲。[①]

其次，用心是一种解决问题的方法。

在我们上学的时候，长辈们经常会说："世上无难事，只怕有心人。"用这句话来鼓励我们克服学习中的困难，激励我们在困难面前永不言败。面对生活和工作中的困难，用心才能够专注于事情，静下心来分析解决问题的规律和方法，从而最终找到解决问题的关键之点。

◆　**案例：**

1995 年年底，白天鹅宾馆的金钥匙承接了难度极高的一项服务——世界首富比尔·盖茨应邀从中国香港到广州白天鹅宾馆演讲，金钥匙要保证他顺利到达演讲地点，并准时开讲。

为了避免交通不便而影响比尔·盖茨紧张的日程，中国香港微软公司向白天鹅宾馆提出，最好能调用直升机，开辟从南沙港到沙窖岛的特别航道。中国的空管是很严格的，开辟特别航道，实在难度大。但他们面对困难，没有犹豫，很快与南航直升机公司联系，再根据其要求，经过政府多部门的协助，办理了飞行图的审核手续。金钥匙们对此颇为用

---

① [美] 霍利·斯蒂尔，琳·艾文斯：《金钥匙服务学》，王向宁等译，旅游教育出版社 2012 年版，第 10 页

心，他们和南航的有关人员一起去南沙及沙窖岛踩点，上午在南沙港选择停机的位置、清除地面沙子、沙井盖，并落实当地派出所负责安全保卫；下午到沙窖岛，由于那里建了别墅，要找到一块合适的空地不容易，最后停机坪选在鱼塘边一块开阔地上，用红布铺成停机标志，并用红地毯铺至离码头400米的路口，以便比尔·盖茨下机后用专车送到码头。

体现用心和职业素养的是，金钥匙没有停留在第一套方案上，而是又主动提出了第二套、第三套方案，以防万一。之后的整整一个月内，他们的神经都绷得紧紧的，用心检查各个环节是否有疏漏的地方。

终于，盖茨乘飞翔船抵达南沙，因天气不好，在南沙待命的直升机不能起飞。原计划取消，第二套方案启动：盖茨一行乘坐三辆奔驰，由警车开道，用45分钟到达沙窖岛，立即登上快艇驶向白天鹅宾馆，15分钟后，比尔·盖茨准时出现在白天鹅会议中心的讲台上。

二、用心极致与心流

用心极致，是指人们在服务工作过程中用心的状态。从语义分析，第一是用心，第二是达到了极致的状态。这表明了对待服务的工作态度。工作态度决定了工作的质量，"出色的工作唯有出色的人才能完成"。唯有用心，才能专注，才能由技入道，才能超越自我，逐步进入服务艺术的化境。

心理学认为，在这种用心极致的情况下，人会进入一种"心流"的体验。"心流"是美国著名的积极心理学奠基人米哈里·契克森米哈赖在30多年前基于大量案例研究上提出的概念。"心流"是指，我们在做某些事情时全神贯注、投入忘我的状态——这种状态下，你甚至感觉不到时间的存在，

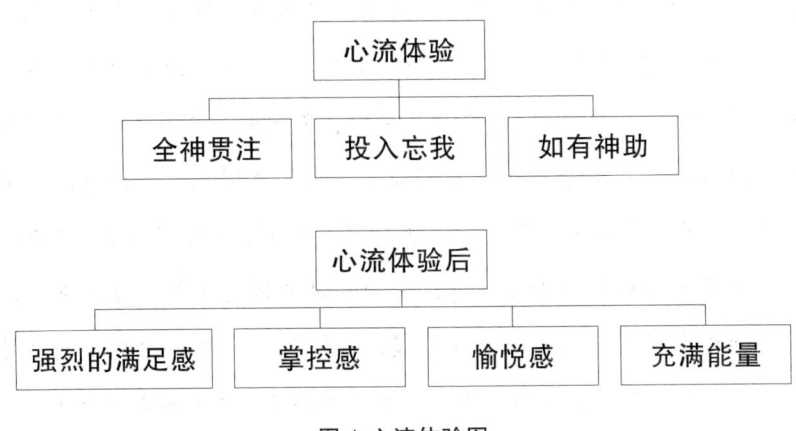

图 1 心流体验图

在事情完成之后，我们会有一种充满能量并且非常满足的感受。米哈里将"心流"的体验称为"最优体验"①，如果你进入了心流状态，那就不一样了。你所有的注意力都集中在当前的任务上，所有的心理能量都在往同一个地方使，那些跟任务无关的念头被完全屏蔽，甚至包括你对世界的意识、对自我的感知，以及对别人评价的患得患失、对物质得失的精心计算，都消失得无影无踪。当然，你并不是只有一个念头，你的大脑仍然在高速运转，但是所有这些念头都是非常有规律、有秩序的，就像一支高度有纪律的军队，井井有条地组织起来，高效率地去完成一个任务。

这时候，你的感觉就跟"心流"这个词的英文 flow 原意一样，心里的念头就像一条钢铁洪流，浩浩荡荡但又井然有序，因你心之所欲，喷涌而出但又不会四处洒落，而是汇聚成一条水龙，冲荡开一切泥石砂砾，创造、奋斗、整合。你不需要特意地控制这个过程，但一切又都在你的控制之中。在这种最佳体验中，你的创造力和各种能力的整合有如神助，得到超水平

①［美］米哈里·契克森米哈赖：《心流，最优体验心理学》，中信出版社 2018 年版，第 4 页

发挥，破解平时看起来很难解决的难题。这种体验会让你获得平时难以企及的幸福感和强烈的满足感。

三、庖丁解牛与心流

《庄子》中庖丁解牛的故事，为我们生动地描述了一幅处于心流状态的工作场景。庖丁"手之所触，肩之所倚，足之所履，膝之所踦，砉然响然，奏刀騞然，莫不中音。合于《桑林》之舞，乃中《经首》之会。"庖丁解牛的动作如同跳舞一般好看，解牛之刀，用了 19 年，宛若新磨出来的一样。为什么？因为，庖丁解牛不是用眼睛看着解牛，而是用心去解牛。庖丁描述自己的用心之道："臣之所好者，道也，进乎技矣。始臣之解牛之时，所见无非牛者。三年之后，未尝见全牛也。方今之时，臣以神遇而不以目视，官知止而神欲行。"用心观而不是用眼看，才能"以神遇"，"官知止"，才能"依乎天理，批大郤，导大窾，因其固然，技经肯綮之未尝，而况大軱乎！"否则，认真努力地分解牛，其结果"良庖岁更刀，割也；族庖月更刀，折也。"在庖丁解牛的过程中，专注之心依然不能少。"虽然，每至于族，吾见其难为，怵然为戒，视为止，行为迟。动刀甚微，謋然已解，如土委地。提刀而立，为之四顾，为之踌躇满志，善刀而藏之。"

《庄子》中"庖丁解牛"的故事也被米哈里也注意到，并在书中做了分析。由于翻译上的文化差异，米哈里将庄子描述的"不计较外在的报酬、自然而完全地投入"的状态称为一种特殊的心流——"遇"。一些批评家认为，心流是意识掌控挑战的结果，"遇"却是在一个人放弃对意识的控制时才出现。因此，他们认为，心流是西方追求最优体验的态度，以改变客观环境为手段；"遇"则是东方式的，无视客观环境，着重的是精神的趣味与对现实的超越。米哈里指出，进入"遇"这种较高境界还得靠发现新挑战和培养新技巧，需要长期的刻意练习（庖丁自述用了三年）。换言之，要达到"遇"的神秘巅峰并非一蹴而就，而要靠逐渐把注意力集中在周遭环境中的行动机会，等到技巧渐臻完美，一切动作就完全像发乎自然，给人出神入化之感。一位出色的小提琴家或者数学家的表现都有可能令旁观者觉得不可思议，其实这都可以用技巧与磨炼来解释。那么，东方的"遇"与西方的"心流"就可以融会贯通，两种文化拥有相同的源泉。

古人提倡由技入道，现在提倡的匠人精神，都是建立在用心极致产生心流的基础之上。"工匠精神"的精髓就是要用心活、用心干、用心经营、用心诠释人生。因为用心，所以他们对自己的产品精雕细琢、精益求精。他们对细节有很高的要求，追求完美和极致，努力把品质从99%提高到99.99%。在以匠人精神著称的许多日本企业中至今还流传着一句话："如果花一个小时能够做完这件事，那么花两个小时做得更好吧！"这种精神的最大奖励不是来源于外部金钱和他人的赞美，而是心流产生的挑战完结之后的狂喜和目标达成的快意。

四、用心极致的实践

拥有两家世界500强公司的日本经营大师稻盛和夫讲述了"用心极致，满意加惊喜"的亲身经验。

> 我找到第一份工作后的工作状况是非常糟糕的。企业濒临破产，迟发工资，同事相继辞职，我也想辞职离开公司，但家里不同意。这时，我感觉"还找不到一个必须辞职的充分理由，所以我决定：先埋头工作。"
>
> 我不再发牢骚，不再说怪话，而是把心思都集中到自己当前的本职

工作中来，聚精会神，全力以赴。这时候我才开始发自内心并用格斗的气魄，以积极的态度认真面对自己的工作。

从此以后，我工作的认真程度真的可以用"极度"二字来形容。

在这家公司，我的任务是研究最尖端的新型陶瓷材料。我把锅碗瓢盆都搬进了实验室，睡在那里，昼夜不分，连一日三餐也顾不上吃，全身心地投入了研究工作。

这种"极度认真"的工作状态，在旁人看来，真有一种悲壮的色彩。

当然，因为是最尖端的研究，像拉马车的马匹一样，光用死劲是不够的。我订购了刊载有关新型陶瓷最新论文的美国专业杂志，一边翻词典一边阅读，还到图书馆借阅专业书籍。我往往都是在下班后的夜间或休息日抓紧时间如饥如渴地学习、钻研。

在这样拼命努力的过程中，不可思议的事情发生了！

大学时我的专业是有机化学，为了求职，我只在毕业前突击学了一点无机化学。可是当时，在我还是一个不到25岁的毛头小伙子的时候，我居然一次又一次取得了出色的科研成果，成为无机化学领域崭露头角的新星。这全都得益于我专心投入工作这个重要的决定。

与此同时，进公司后要辞职的念头以及"自己的人生将会怎样"之类的迷惑和烦恼都奇迹般地消失了。不仅如此，我甚至产生了"工作太有意思了，太有趣了，简直不知如何形容才好"的感觉。这时候，辛苦不再被当作辛苦，我更加努力地工作，周围的人对我的评价也越来越高。

在这之前，我的人生可以说是连续的苦难和挫折。而从此以后，不知不觉中，我的人生步入了良性循环。

不久，我人生的第一次"大成功"就降临了。

实际上，想出这个解决方法的是我自己。然而，看到我那么拼命地工作，那样苦苦思索，可能神都看不过去了，可怜我，赋予了我智慧。我想事情只能这样来解释。

因为类似的经验积累了许多次，所以后来遇到难题时，我就会对员工们说："要让神愿意伸手援助，你就必须刻苦钻研，全身心投入工作。这样的话，不管面临多么困难的局面，神一定会帮你，事情一定能成功。"

可以说，这时的技术和业绩也奠定了日后京瓷公司发展的基础。而且这个"最初的成功体验"让我悟到一个重要的道理：

即使在苦难当中，只要拼命工作，就能带来不可思议的好运。

（摘自《干法》）

由于用心极致，稻盛和夫不仅感动了自己，而且还感动了同事，取得的成绩与好运不仅使公司、客户，更使自己满意加惊喜。

用心极致，以达到心流状态，在心流体验之下工作是发挥人类潜能的最好方法，过去很多宗教或者哲学流派都曾提出过这个观点。对奉行基督教世界观的中世纪人而言，只要是为发扬上帝的荣耀，削马铃薯跟盖教堂的工作同样重要。这既有在上帝面前人人平等为前提的心态，更有一种融入宗教信仰后进入的心流体验。稻盛和夫认为自己的用心极致感动了神，其实就是在拼命工作中全然忘我，进入了心流体验，其创造力得到了无与伦比的发挥，进而打破僵局，取得"大成功"。中国古人讲的"由技入道"也是这个意思。用心极致，才能打破心灵原有的桎梏，才能在绝望中寻找到希望，创造出新的成果，打开一片新境界。

◆ **案例：**

下午3点多，从酒店外跑进来一位女士，神情十分着急。她带着绝望的神情对金钥匙文新豪说："我是来你们酒店准备入住的客人，刚才乘坐出租车在对面的超市门口下了车，但却忘了拿放在后备厢的两个行李，想到的时候出租车已经不见了，请帮我找找好吗？箱子里有我的很多重要物品！"

文新豪听后立即安抚客人别着急，并详细了解了情况。客人是从虹桥车站上的出租车，下车付完钱后没拿发票，也没记住车号，只记得车的颜色可能是蓝、黄、绿三个中的一个。这意味着要在几万辆出租车中找出这辆载有客人行李的出租车，简直是大海捞针。

虽然犹如大海捞针，但对金钥匙来说还是要用心极致，竭尽所能地努力寻找解决问题的办法。

文新豪带着客人来到对面超市，恳请他们能否查看监控，超市的人说监控只能看到人行道；于是他又找到旁边花店老板，老板说十几分钟前他看到这位女士下车，但没注意车号，只看到了车是黄色的，于是文新豪判断应该是强生公司的出租车！

他马上打电话给强生出租车公司监管电话，把上车、下车的地点、时间，以及行李箱的特征等情况报给他们。同时，他安慰客人别着急，在等消息时先办理入住手续。

经过两个多小时的电话催促和焦急等待，在监管中心的帮助下，终于在下午5点多找到了客人的行李。确认无误后，文新豪答应付司机费用，请他帮忙送过来。文新豪第一时间把这个好消息告诉客人，电话那头传来了客人惊喜和感谢的声音。

第二节　满意加惊喜

作为金钥匙，需要思考的问题在于，如何使顾客达到满意？其惊喜从何而来？满意和惊喜的界限在哪里？是否会存在过度服务的问题？为什么会出现不满意？如何实现满意加惊喜的效果？解决这些问题的关键在于有效管理顾客的服务期望。

一、服务期望的含义

服务期望（Service Expectation），是指顾客在接受服务之前对心目中服务应达到和可以达到的一种预期水平。"服务期望"在某种意义上等同于"期望服务"，这种预期不仅包括对结果的预期，还包括对服务过程的预期。了解顾客对服务的期望，对有效的服务效果管理至关重要。因为服务质量或者说服务效果的满意程度是建立在顾客对服务实际的感受与自己的期望进行对比之后的结果。在不了解顾客期望的情况下，如果顾客的期望高于服务者的实际标准，那么，即使服务实际达到服务者的标准，顾客也不会满意；如果顾客的期望低于服务者的标准，那么，服务者就可能因服务标准过高而浪费服务成本，或者进入极端的另一情况。

根据市场调查的经验来看，客户期望受到下面因素的影响：

1.顾客需求：不同层次和不同内容的"需求"是顾客产生服务需求的首要动机，这是企业无法控制的。

2.服务体验比较：顾客会将自己所体验到的服务与之前的经历进行比较，可能是与竞争对手的比较，也可能是与本企业之前服务情况的比较。

3.形象与口碑：人际渠道对于服务企业口碑传播至关重要。顾客在经过某种消费后，如果觉得满意或者不满意，他可能会向潜在消费者诉说。这些潜在消费者就会对企业服务产生期望。企业形象越好，带来的期望值越高，同时也会带来高容忍。反之亦然。

4. **环境因素**：国家环境、经济环境、市场环境、法律环境等，以及服务设备和设施等都会对顾客的心理造成影响。在选择服务和接受服务的过程中，顾客会根据有形的因素，形成对服务印象和服务期望。

5. **服务承诺**：服务承诺是在服务销售之前给顾客的保障项目的承诺，是以顾客为导向制定的。其对顾客的预期具有引导性，与最终服务执行的结果必然形成比较，在很大程度上影响着顾客对服务质量的评价。一般服务承诺的措施可以是：制定高标准；有相当的赔偿代价条款；特殊情况特殊处理；提供简洁的条款说明；简化服务流程和顾客申诉途径。总之，不可脱离实际地制定服务承诺。

二、服务期望的层次

据相关学者研究，顾客对服务的期望、或者说顾客期望的服务，按照期望水平的高低分，可以划分为理想的服务、合格的服务和宽容的服务三类。其中，理想服务的期望水平比较高，合格服务的期望比较低，而宽容服务的期望介于二者之间。

1. **理想的服务**（Desired Service），也称"欲求服务"，是指顾客心目中向往和渴望追求的较高水平的服务。由于顾客心目中理想的服务是一种心理上的期望，希望服务能够达到渴求的最佳水平。但最佳水平是没有上限的，随着不同顾客的情况而变化，因此理想的服务实际上是一个理想水平区，可称为理想区间，其次是服务的宽容区间和服务的合格区间。

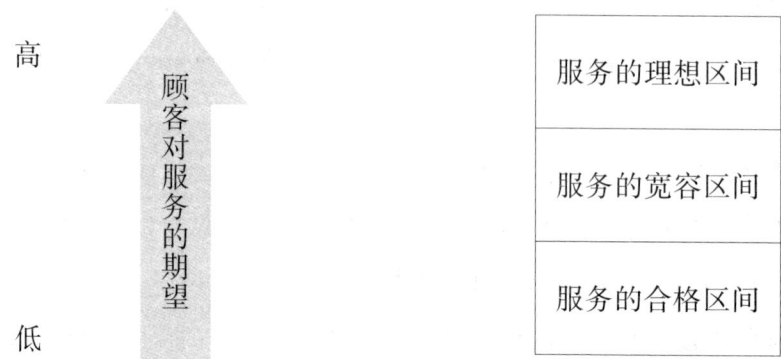

图 2 服务期望的层次

如果客户感受到的服务落在宽容区间，顾客基本上会感到满意；如果顾客感受到的服务水平达到宽容区间上缘，或者接近理想区间，就会感到很满意；如果顾客感受到的服务水平达到或者接近理想区间上缘，那么顾客就会感到惊喜了。

2. **合格的服务**（Adequate Service），指顾客能接受但要求比较一般，甚至较低的服务。例如，一般在麦当劳享受餐饮服务的投诉远远少于一些星级饭店，原因就在于顾客对星级饭店的期望比较高，是"理想的服务"，

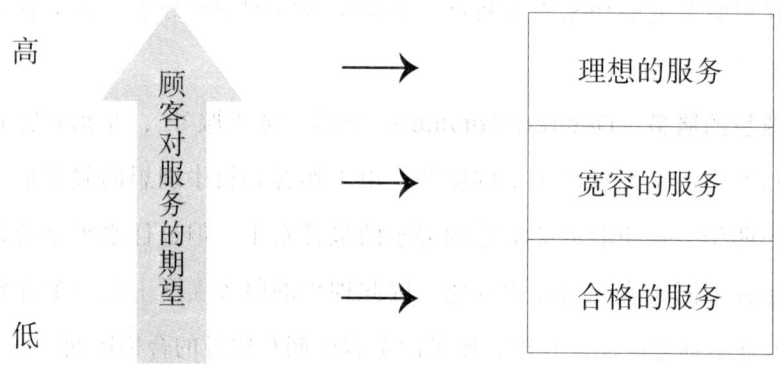

图 3 服务期望的层次区间

因此实现的难度相对大一些；而顾客对麦当劳这样大众化的快餐的期望值不高，是"合格的服务"，因此实现难度相对小一些。在中国，对大排档的投诉比例则更少了。

顾客心目中合格的服务可以被视为期望服务的最低要求。这种主观要求的界限也是很模糊的，因此合格的服务实际上也有一个波动区间，可称为服务的合格区间。如果顾客感受到的服务水平落在合格区间，顾客会因为服务水平较低而感到不满意，不过还能勉强容忍和接受。如果顾客感受到的服务水平落在合格区间的下方，那么顾客会感到难以容忍，不能接受这样低水平的服务。强烈的不满足感导致投诉或者以后不再接受这家机构的服务。

3. **宽容的服务**（Tolerant Service），是指顾客心目中介于理想服务与合格服务之间的服务。在顾客看来，这类服务虽然不那么理想，但是比合格服务要好，是正常的、使人放心和不必去挑剔的服务。"宽容"的意思就是不挑剔和接受。因此，宽容的服务也可以称为不挑剔的服务。

宽容服务的波动范围称服务的宽容区间。宽容区间的上限是理想区间的下限，而宽容区间的下限是合格区间的上限。如果顾客感受到的服务水平落在宽容区间，那么顾客会感到这是正常的，使人满意的服务，其质量也是达到标准的。

例如，一位乘客常乘坐公交车上班。一天，他赶到车站的时候，一辆车刚开走。等了5分钟后，他并不着急，因为按照他的经验，这条线路的公交车正常的间隔时间是5～10分钟，5分钟以内是乘客认可的公交服务的理想区间。但等了10分钟之后，他有点着急了。这段时间是乘客的服务宽容区间。不过，他想着只要车能在15分钟内到，上班还来得及。5～10分钟的时间是乘客认为的服务合格区间。没想到15分钟过去了，车还没来。

他心里开始着急了，并与旁边的乘客一起抱怨起来。这已经超出了乘客认可的服务合格区间。到了 17 分钟，还是没有公交车的影子，他就招手叫了辆出租车。对这名乘客而言，超过 15 分钟就是不合格或者不能接受的服务。

金钥匙在接送服务、订车等方面也要充分了解这些顾客心理上对服务各方面（如等候时间、车辆拥挤程度、车速等）的宽容区间、合格区间和理想区间，这对把握顾客"满意加惊喜"的尺度是很有用的。

◆　**案例：**

客人订票本就是很平常的小事，但在金钥匙文新豪看来，小事也得当成大事来做。除了订票之外，他会告诉客人从酒店出发要提前多长时间，要不要订出租车，还会帮客人留意目的地的天气和温度等。每次他诚恳的"啰唆"都会让客人倍感亲切。他为了服务好客人，连附近的商店都成了他的"附带服务设施"。譬如，几次冒雨到修鞋店帮客人修鞋，帮客人买急用的药，为了特殊规格的快递去超市买纸箱等。凡是见他一路小跑着到店里，老板都会问一句："你又用心做事来了？"因为一些购物是他别出心裁想出来的，不收客人的钱，附近的老板总是会给他便宜一些，一则是觉得这样的年轻人真是少有，二来他是老顾客！

三、服务期望的超越

作为金钥匙，在日常工作中要通过观察、交谈和思考，尽量了解顾客心中理想的服务水平。理想的服务水平有时在顾客心理是潜在的、模糊的，甚至觉察不到，或者根本没有意识到的，更不用说清楚表达。

金钥匙应该学会猜测和判断，精准定位顾客需要，并主动给予启发和满足，这样做往往会收到满意加惊喜的效果。

◆　**案例：**

一位常住日本东京酒店的法国大公司经理，为了业务经常往来于东京与大阪。他委托酒店的金钥匙为其订购往返东京和大阪的火车票。几次之后，他发现，每次去大阪，座位总在右窗口边，从大阪回东京，座位又总在左窗口边。这位经理问金钥匙原因，金钥匙笑答道："车去大阪时，富士山在你右边；返回东京时，山又回到了你的左边。我想，外国人都喜欢富士山的壮丽景色，所以我就替你买了不同位置的车票。"法国经理听完后大受感动。

对这位客户来说，宽容服务甚至预期理想的服务（满足其核心需求）是买到合适的车票，按时乘车。超出其预期的理想服务，甚至客户还没有意识到的服务需求（满足边缘需求）则是在不同的乘车方向上，需要不同的座位（能看到富士山的座位），途中欣赏富士山的壮丽景色。这是客户潜意识中的、模糊的，也没有明显意识到的。但由于我们的金钥匙的极致用心，将客户潜意识中的需求发掘出来，并给予满足，取得了超越理想服务的效果，满意加惊喜自然是水到渠成了。

第五章　在客人的惊喜中找到富有的人生

人生观是关于人生目的、态度、价值和理想的根本观点，主要回答什么是人生、人生的意义，怎样实现人生的价值等问题。人生观的形成是在人们实际生活过程中逐步产生和发展起来的，受人们的世界观、价值观的制约。人生观有很多种，有享乐主义、厌世主义、禁欲主义、乐观主义、悲观主义，还有共产主义人生观。

"在客人的惊喜中找到富有的人生"，这是中国金钥匙的人生观。这句话大致回答了金钥匙的人生意义和如何实现人生的价值，进而构成了金钥匙的服务信仰。问题在于，为什么富有的人生要在客人的惊喜中，而不是在客人的满意中寻找？什么是富有的人生，是物质和金钱上的，经历上的，还是精神上的富有？

第一节　客人的惊喜与金钥匙品牌

"在客人的惊喜中找到富有的人生"意味着金钥匙实现人生价值需要到客人的惊喜中寻找。我们不禁要问，金钥匙的人生为什么不在客人的满意中，或者其他地方寻找？客人的惊喜中有什么？

我们在"用心极致，满意加惊喜"一章详细论述了满意加惊喜的效果来源于理想服务产生的效果。为什么客户会对金钥匙有较高的理想服务的期待？因为在客户心目中有着对金钥匙服务品牌的期待。他们认为金钥匙是世界顶级的服务品牌，是品牌服务人，是解决难题的艺术大师。客户信赖金钥匙能够提供高质量的品牌服务。

一、金钥匙品牌的内涵

品牌是什么？商标、名称给消费者留下的综合印象？没错，但这只是品牌的外表。那么，品牌的内涵与核心是什么？品牌强大的力量来源又是什么？

一般认为品牌 (Brand) 是一种识别标志、一种精神象征、一种价值理念，是品质优异的核心体现。本质上，品牌是一种产品或识别标志在消费者消费过程中内心体验的感受。品牌的核心构成在哪里？它不在产品或识别标志上，而是在消费者心里。产品及其提供者只是品牌构成的边缘区和外在因素。

在客户看来，金钥匙是酒店服务的品牌，是酒店内外综合服务的总代理，是在旅途中可以信赖的人，是充满友谊的忠实朋友，是解决麻烦和问题的人，是个性化服务的专家。金钥匙服务对高星级酒店而言，是管理水平和服务水平成熟的标志，是在酒店具有高水平的设施、设备以及完善的操作流程基础上，更高层次经营管理和服务艺术的集中体现。

金钥匙可以提供包括接待客人订房；安排车到机场、车站、码头接送；根据客人的要求介绍各特色餐厅并为其预订座位；联系旅行社为客人安排导游；当客人需要购买礼品时，帮助客人在地图上标明各购物点等；当客人要离开时，帮助客人买好车、船、机票，并帮客人托运行李物品；如果客人需要的话，还可以订好下一站的酒店，并与下一站酒店的金钥匙落实好客人所需的相应服务。

金钥匙向客户展示其"用心极致"，展现"尽管不是无所不能，但是会竭尽所能"，以及强烈的服务意识和奉献精神。只要享受过或者了解了金钥匙服务，就会在客户的心中留下了金钥匙的品牌服务的印象。

通常讲，一个成熟完善的品牌包含很多要素，有扎实的产品品质作为基础，有成功的传播手段让人熟知，有良好的社会形象为其背书等。但核心关键部分是品牌自身具有的吸引消费者的独特魅力。消费者通过这个品牌可以获得综合而独特的利益与体验，其中有理性因素，也有感性因素。

品牌核心价值的理性层面是以产品为基础，带给消费者的实际利益，也就是消费者愿意用金钱、时间、风险等购买成本交换一个问题解决方案。当消费者从中获得了预期的实质利益，就会产生对该品牌理性层面的认同，这就是一个品牌的物质基础。但这还不足以使消费者忠诚，因为这一点大多数品牌都做得到。想要消费者对品牌高度认同并忠诚，就要向品牌的核心探索，即走入品牌奇妙的感性层面。

品牌感性层面是一个品牌最核心的部分，这里发出的信号影响着消费者的思想，使消费者产生高度的忠诚，包括消费者的归属感、价值认同、依赖等诸多感性因素。就像恋爱一样，无法说清楚具体喜欢对方什么，为什么喜欢。但也正因为这样，品牌的核心价值才像空气一样，游离缥缈，让竞争对手无法攻击，无法效仿，而这样一种无影无形的状态却可以牢牢抓住消费者的心。如果说，一个品牌的理性层面是"基"，那么感性层面就是"本"，两者相辅相成，互为协同。

二、金钥匙品牌核心价值

一般而言，品牌核心价值是指一个品牌承诺并兑现给消费者的最主要、最具差异性与持续性的理性价值和感性价值，是一个品牌最中心、独一无二的要素。品牌核心价值是品牌资产的主体部分，它让消费者明确、清晰地识别并记住品牌的利益点与个性，是驱动消费者认同、喜欢，乃至爱上一个品牌的主要力量。

金钥匙品牌核心价值的理性层面和感性层面该如何理解呢？从客户视角来看，金钥匙是酒店综合服务总代理、个性化服务的专家，这些都可以归结为理性价值。金钥匙是生活和旅途中可以信赖的人（人生也可以视作一种旅途），这种信赖则可以视作金钥匙品牌核心价值的感性层面。从哲学视角看，金钥匙出场一般会伴随客户的困境或者麻烦。在酒店，客人所需的普通服务会有各个岗位的服务人员解决，只有当客户发生意外或遇到困境，不知如何处理问题，需要个性化服务来解决时，金钥匙才会出场，以"虽然不是无所不能，但会竭尽所能"的服务来提供解决方案，将客人从困境和对未来的恐惧中解脱出来。从此意义上看，金钥匙品牌的核心价值是值得信赖的超级（综合）服务专家。

在欧美国家，酒店金钥匙的品牌效应更多是在旅游行业内。虽然金钥匙个人会主动提供服务，但其岗位属性是解决问题的被动属性。这也造成了国际范围内金钥匙资源的稀缺性，导致欧美金钥匙组织发展速度一直比较缓慢，而且还局限在酒店行业，在全球服务业中的影响有限。

随着中国金钥匙组织的快速发展，中国金钥匙已承担起中国服务的先行者和探索者的重任。在中国，金钥匙品牌的核心价值已经走出酒店行业，经过不断地丰富和发展，面向广阔的服务产业，升华为有理念可信赖的服务人（或服务专家）。这种品牌定位就打破了原有金钥匙品牌核心价值的被动性和局限性，使中国金钥匙品牌可以覆盖并影响中国服务的大多数行业，如物业、景区、航空、医疗养老等。

品牌核心价值的构成是复杂的，包含文化、个性、归属、信赖等诸多因素。一个优秀的品牌具备不可模仿性、持续性、包容性、价值感等，构成品牌核心价值的 8 项要素。结合金钥匙品牌，我们做如下分析：

（一）个性

一个优秀的品牌必须具有高度的个性，是可以明确区别于其他任何品牌的个性。只有拥有这样的品牌核心，才具有了价值基础。没有个性的品牌只会被淹没在品牌的汪洋大海之中。个性化的品牌塑造了消费者的归属感以及与品牌之间无可替代的关系，让消费者看到某个品牌后会认为这个产品及品牌就是为自己量身定做的，是自己需要的。具有高度差异性与个性的品牌就等于给了目标消费者一个独一无二的购买理由。

（二）一致性

这里说的一致性是指品牌的承诺与事实要相符合，而不是仅仅停留在传播层面，更要从品牌层面落实到产品层面、传播层面，甚至是管理层面。只有像这样把统一的品牌核心承诺落实到每一个经营环节上，才能使品牌的核心价值变得真实并具有力量，消费者才能由衷地认可。

金钥匙品牌的保持与发展也需要服务链的上下沟通和配合，需要管理部门的理解和支持，这样才能将金钥匙的品牌服务真正贯彻并实现。

（三）文化

一个品牌力量的强弱由其文化内涵决定。一个拥有文化底蕴的品牌就像一个有内涵、有深度、有故事的人，会吸引他人的关注与兴趣。好的品牌文化会让品牌变得有思想、有生命力。文化是品牌核心的重要构成部分之一，但品牌文化的建立却也非常艰难。曾有文化专家总结说："许多许多的历史才可以培养出一点点传统，许多许多传统才可以培养出一点点文化。"可见文化的可贵与难得，品牌文化同样如此。

金钥匙品牌文化起源并扎根于西方的宗教文化和工业文化，而中国的金钥匙文化则无法像西方那样扎根于宗教文化，并且中国的工业文化还远远未形成气候，这无疑需要中国金钥匙在文化上进行创新，将西方的金钥匙精神嫁接在中国几千年的传统文化上，弃其糟粕，取其精华，打通中西文化的脉络，将西方的金钥匙精神和中国具体的服务实践相结合，创造出中国的金钥匙文化。这也是所有非西方国家的金钥匙发展的必经之路。

（四）象征性

一个优秀的品牌要具有某种象征性意义。消费者通过选择某品牌的产品，可以表达其思想或代表其形象。每个品牌都要有一个专属的象征意义，以便让消费者对号入座，找到属于自己的品牌。如著名香烟品牌万宝路，其代表豪放不羁的牛仔形象使品牌个性深深地感染着无数男性香烟消费者，激发了消费者内心最原始的冲动，以及作为男子汉的自豪感，因而万宝路香烟深受烟民的推崇并用其作为展示男子汉气概的一种工具。

金钥匙的品牌是两把交叉的金钥匙，来源于西方的"Concierge"，意为"钥匙的保管人"，象征着平等的契约关系，蕴含着信任、契约和责任。

作为中国金钥匙哲学研究者，我们觉得两把交叉的金钥匙不仅包含信任、契约和责任的内容，还包含着更丰富的意义。在中国，金钥匙意味着能打开各种各样的门的神奇工具：一把是打开顾客的心锁，一把是打开品牌服务人自己的心锁，两把交叉才能打开极致服务的大道之门。

图 4 金钥匙和中国金钥匙品牌

（五）使命

一个品牌存在的意义是什么？可以为顾客及社会创造什么价值？当一个品牌可以为顾客及社会创造出价值时，这个品牌即使不做广告，也会被消费者铭记。例如微软把品牌的使命定为让世界上的每一台电脑都能使用其操作系统，并由此改变人们的生活方式；而迪士尼则赋予了品牌为人类创造欢乐的使命，这让其在经历了几十年的社会变迁，同业纷纷倒下的情况下，依然蓬勃发展。因为人们需要它，社会需要它，只有被大家需要的品牌才能长久生存。品牌使命是品牌核心价值中超乎公利的一种重要因素，它不是口号，而是为顾客所能解决的实际问题。

段强先生指出："工业化中期向后工业化社会转型的发展阶段，'中国服务'应成为中国的一个新形象、新品牌，并与'中国制造'一起影响世界。"虽说金钥匙起源于西方，但是中国金钥匙完全走出了自己的特色，作为世界顶级服务品牌——中国金钥匙无疑是可以成为"中国服务"品牌的龙头，从而打造中国的服务文化，担负着服务文化从引进、创造到输出的任务，把中国打造成服务强国。

（六）信任

客户对品牌的信任包含了各种感性因素，有产品功能可以达到甚至超过消费者预期时产生的信任感，有品牌遵守承诺产生的信任感，也有产品性能稳定带来的信任感等。比如，高品质的金钥匙服务给客人一种很安全的感觉，因为用户清楚，产品出现任何问题，这个品牌都敢于承担，问题都能及时得到解决，金钥匙虽然不是无所不能，但会竭尽所能解决问题。能让消费者对品牌产生信任是件很不容易的事，但如果做作到了，基本等于拥有了顾客的忠诚。

（七）习惯

一个品牌做到极致时，就不仅仅是在销售产品，而是为消费者创造一种生活方式或者是融入消费者的生活中、思想中。有头皮屑的时候我们会想到海飞丝洗发水；出行时，我们很容易想到高德地图；购买东西付费时，马上就会想到微信和支付宝。这个时候，海飞丝、高德、微信和支付宝仅仅只是一个产品名称吗？不是，它们已经成为消费者生活方式中的一部分。当想到某个品牌，就会习惯性地想到要做什么，或在做什么时马上想到某个品牌，也就意味着这个品牌已经变成消费者生活中的一种习惯。

在这方面，金钥匙服务品牌已经完全深入到高端酒店客户的心目之中。有困难找金钥匙，已经成为共识。

（八）一贯性

每一个品牌都有自己的品牌基因。如同生物体内的遗传基因一样，它是在经历时代变迁、企业变革，甚至是市场发生颠覆性改变时都不能使其产生动摇的根本。可口可乐从创立至今已有 100 多年，经历了时代的变迁，市场的洗礼，不仅生存到今天，并且品牌价值居于世界品牌榜前列，其主要原因就是其品牌基因发挥着巨大的作用，在任何风险与诱惑面前都没有改变其品牌的核心内容，其一直宣讲的欢乐与美国精神深深植入消费者的心中。

金钥匙服务品牌自 1929 年创建，已经有 90 多年的历史，在国际上始终定位于极致服务市场。"虽然不是无所不能，但会竭尽所能"这个定位至今一直没有丝毫的改变，使忠诚于他们的消费者认为，金钥匙一直在他们身边。

以上 8 项要素构成了一个成熟完善的品牌核心，相互联系并产生合力。

中国金钥匙服务的品牌建设将围绕上述要素仔细做好每一点，以打造出属于中国的百年服务品牌。

第二节　理想服务与自我实现的需要

一、压力与动机

品牌是能够给拥有者带来溢价、产生增值的一种无形的资产，增值的源泉来自消费者心智中形成的关于其品牌整体的印象。这种增值既给品牌拥有者带来更高的利润，也为其带来更大的挑战和压力。

客户期待金钥匙能够提供较高水平的理想服务，金钥匙也希望能够解决顾客的难题，达到理想服务的最佳水平。但这种理想服务的水平是没有上限的，这给金钥匙带来的压力也日益增大。虽然金钥匙积极向上、热爱本职工作，但是很多人认为工作中最困难、最受挫的就是要面对持续不断的压力。"双 D"顾客（双 D，英文为 Disrespectful & Demeaning, 意为不尊重服务人员、蔑视服务人员的顾客）更会严重伤害金钥匙，但这也是金钥匙必须面临的现实问题之一。

一位金钥匙曾说："这种经历与稻草人被鸟儿戳食了一整天后的感觉不相上下。不过，我也试着从客人的角度去看待这些问题。尽管我们不是在做风险很大的脑部手术，客人 99% 的要求也谈不上是什么生死攸关的大事，但是我仍然坚信：工作带来的巨大压力不会彻底消除也不容等闲视之。"

相对于其他岗位，酒店金钥匙需要面临的压力相对较多：站在酒店大堂这个舞台上，发挥着核心作用，处理没完没了的投诉，在极其有限的时间内完成大量工作。许多路过礼宾服务台的人会发现，金钥匙在接着两个电话的同时，还在接待三位或更多位顾客，对此人们会很惊诧："他们是怎么做到的呢？"

从岗位职责与工作要求来进行描述是不可能真正全面地描述金钥匙所从事的工作。这个职业还包括了很多无形的东西，比如高度的可见性、声望、个人权力感，各种业务关系和高度的满足感。从表面上看，似乎金钥匙的动机是利己的，但其最基本的动机实际上是基于想要去给予他人、滋养他人、服务他人，从而获得良好的自我感觉的一种个人需求。帮助他人的激情是任何一位金钥匙不可或缺的必备素质。

在《小生护驾》这部电影中，迈克尔·福克斯扮演的角色遭到一位愤世嫉俗的客人当面质疑。客人说："你依靠友善待人而得以谋生。这么说，你还是得到了一定回报的。"迈克尔·福克斯毫不迟疑地回答："我并不是为了钱而去做这份工作。我的动力来自我的内心深处。"对于专业的金钥匙，再也没有比这更贴切的真实感言了。①

人们不禁要问，是什么样的内在动机支撑着金钥匙这样做？是什么样的内心才有这样积极的表现？

我们认为，这来源于金钥匙对理想服务的追求和自我实现的需要。

著名的"人本主义心理学精神之父"马斯洛在《动机与人格》一书中，提出了关于需求层次、自我实现、高峰体验等重要的理论。马斯洛把需求分成生理需求（Physiological needs）、安全需求（Safety needs）、爱和归属感（Love and belonging）、尊重（Esteem）和自我实现（Self-actualization）五类需要，依次由较低层次到较高层次排列。在自我实现需求之前，还有认知和审美需求；在自我实现之后，还有自我超越需求（Self-transcendence needs）。但在研究中大多数学者将自我超越合并至自我实现需要当中。晚年，马斯洛对划分层次的需求理论做了进一步发展，即把人的需求整体分为"匮乏性需求"和"成长性需求"。"匮乏性需求"，即生理需求、安全需求、归属需求和尊重需求，这几种需求的满足在很大程度上依赖于他人和环境；"成长性需求"是指自我实现及自我超越的需求，这种需求能够在相当程度上独立于他人和环境，对物、他人和环境呈现一种超越和扬弃的状态。马斯洛又将"匮乏性需求"称为"基本需求"，即人类的基本社会活动的动机的绝大部分是由"基本需求"构成。人的"基本需求"是一种"类本能"，是由人类遗传先天性所决定的。"基本需求"的满足取决于后天的社会环境和社会历史条件，一般表现为人的日常欲望。在满足效应上，"匮乏性需求"的满足主要是维持人的正常生存，避免心理和生活疾病，而"成长性需求"

① [美]霍莉·斯蒂尔，琳·艾文斯：《金钥匙服务学》，王向宁等译，旅游教育出版社 2012 年版，第12 页

的满足导致更加积极的健康状态，能够使人更加全面的发展。

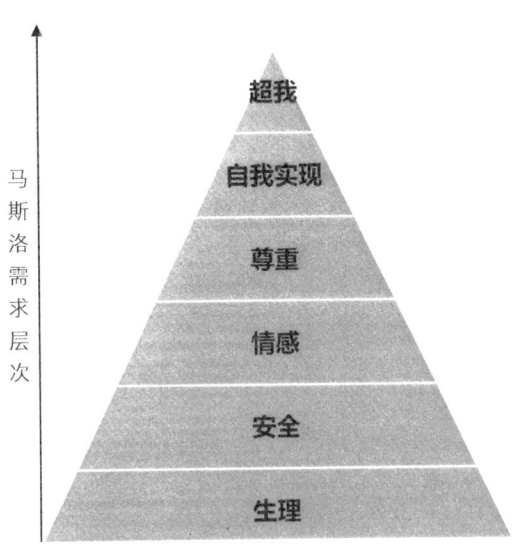

图 5 马斯洛需求层次

　　马斯洛的需求理论认为，假如一个人同时缺乏食物、安全、爱和尊重，通常他对食物的需求是最强烈的，其他需求则显得不那么重要。此时，人的意识几乎全被饥饿占据，所有能量都被用来获取食物。在这种极端情况下，人生的全部意义就是吃，其他什么都不重要。只有当人从生理需求的控制下解放出来时，才可能出现更高级的、社会化程度更高的需求，如安全需求。而自我实现的需求一般要在人的生理需求、安全需求、归属需求、尊重需求等基本需求满足后，其优势才会出现。马斯洛说："自我实现也许可以大致描述为充分利用和开发天资、能力、潜力等。这样的人似乎在竭尽所能，使自己趋于完美。"①

① [美] 马斯洛：《自我实现的人》，许金声、刘峰等译，生活 . 读书 . 新知三联书店 1987 版，第 2 页

一般来说，申请成为金钥匙的成员，人格的基本需求上已经有所满足，有进一步自我实现的需求，有开发天资、能力、潜力等的需求。

国际金钥匙会员申请资格要求申请者必须有 5 年前台工作经历，其中 2 年是在委托代办岗位上工作，要求有 2 名成员引荐方可。其他各国根据各自的国情，附加了不少有差别微小的条件。但在全球范围内，会员资格标准普遍较高。这些都保证了入选会员在人格的生理需求、安全需求、归属需求、尊重需求等基本需求上已经得到满足。申请成为金钥匙则是向更高的人格需求进阶和修炼，尤其是自我实现的需求。

"人是一种不断需要的动物，除了短暂的时间外，极少达到完全满足的状况，一个欲望满足后，往往又会迅速地被另一个欲望所占据。人几乎总是在希望什么，这是贯穿人整个一生的特点。而人因需求所引发的行动都趋于成为整体的人格的一种表现形式，从中我们可以看出他的安全感、他的自尊、他的精力、他的智力等各种情况。"[①]

二、内在需求与自我实现

人作为价值性存在的生命体，人的人格需求和职业生涯设计关注的焦点不能没有目标。当人的人格需求和职业生涯焦点失去目标时，便会陷入焦虑之中。而且对人来说，某种需求一旦满足，它对人的行为就不再起积极的决定作用或者组织作用。所以，这种焦虑只能使人的人格焦点指向新的需求，按照马斯洛的观点，这种新的需求主要是"自我实现"，也被称为"成长性需求"。马斯洛认为："即使所有这些需求都得到了满足，我们仍然可以（如果并非总是）预期：新的不满足和不安往往又将迅速地发展起来，

除非个人正在从事着自己所适合干的事情。一位作曲家必须作曲，一位画家必须绘画，一位诗人必须写诗，否则他始终都无法安静。一个人能够成为什么，他就必须成为什么，他必须忠实于他自己的本性。这一需求我们可以称之为自我实现（self-actualization）的需求。"①自我实现在人本主义心理学理论中，主要指的是人对于自我发挥和自我完成（self-fulfillment）的欲望，是人的潜力得以实现的倾向。这种倾向可以说是一个人在社会中不断发现和培养自己的潜力，并因此越来越成为独特的那个人，成为他所能够成为的一切。"在满足这一需求所采取的方式上，人与人是大不相同的。有的人可能想成为一位理想的母亲，有的人可能想在体育上大显身手，还有的人可能想通过绘画或创造发明来实现。在这一层次上，人与人之间的差异是非常大的。自我实现需求的共同之处在于，它们的明显出现，通常要依赖于前面所说的生理、安全、爱和自尊需求的满足。"②只有满足了基本需求，人才能占有属于自己的感觉、机能和潜能，并在此基础上进一步全面发展自己的感觉、机能和潜能，以期成为自我实现的人。

马斯洛基于临床和实验研究，将自我实现的人的特征归纳如下③：

（1）对现实更有效的洞察力和更适意的关系。

（2）对自我、他人和自然的接受。

（3）行为的自然流露。

（4）以问题为中心。

（5）超然独立的特性。

---

① [美] 马斯洛：《动机与人格》，许金声等译，中国人民大学出版社 2007 版，第 29 页
② [美] 马斯洛：《动机与人格》，许金声等译，中国人民大学出版社 2007 版，第 29 页
③ [美] 马斯洛：《马斯洛的智慧》，刘烨编译，中国电影出版社 2005 版，第 45 页

（6）意志自由：对于文化与环境的独立性。

（7）欣赏的时时常新。

（8）神秘的高峰体验：海洋感情（引用弗洛伊德的术语）。

（9）充满社会感情。对人类怀有一种很深的认同、同情和爱的感情，具有帮助社会中他人的真诚愿望。

（10）具有深刻与深厚的人际关系。

（11）民主的性格结构。

（12）善于区分手段与目的。

（13）富有哲理的、善意的幽默感。

（14）创造性。

（15）对文化适应性的抵抗。

（16）接受性的价值观。

（17）行动中二分法的消解。

马斯洛对自我实现者的特征描述，大部分呈现在金钥匙理念和他们服务艺术之中。例如，第 17 个特征"行动中二分法的消解"，在自我实现者看来，"这些二分已经解决，对立已经消失，许多过去认为是不可调和的东西合并和结合为统一体"，"自私与无私的二分消失了，因为他们每一个行动从根本上看既是利己又是利他"①，已经达到超我的境界。这正是"先利人后利己"中"高级利他"和"顶级利他"的经典注释。再如自我实现者第 8 个特征"神秘的高峰体验"。马斯洛曾这样描述一位职场女性自我实现时的高峰体验："在这些时候，我明白我想要什么，我很有把握，较少怀疑；我

---

① [美] 马斯洛：《动机与人格》，许金声等译，中国人民大学出版社 2007 版，第 209–210 页

的工作效率变得高起来，能很快做出决定，很少含糊。我比任何其他时候都更清楚自己的要求和喜好。我不仅感到更有希望，而且更富有体谅精神和同情心。"①

著名金钥匙作者霍莉在《金钥匙服务学》中也描述了自我实现者提到的"神秘的高峰体验：海洋感情"，并称之为"在巅峰上冲浪"，"金钥匙的确做到了，他们激情四射，充满活力且精神焕发。正如一位长跑运动员在比赛中达到巅峰状态一样，金钥匙也处于这种'巅峰状态'（虽然某些时候有些顾客奇怪的要求也会让他们有些失措）。金钥匙喜欢这种面对混乱无序而又能有效掌控的感觉，那种泰然自若的心态犹如飓风的风眼一样平静。在压力之下，力所能及地提供最好的服务，这就是金钥匙所得到的最大满足。""如果将金钥匙服务台一个典型的工作日描述为应付各种局面和困难的超负荷状态，估计还是远远不够的。把它比喻为冲浪应该比较恰当。专业的冲浪运动员迎接每一次波浪，在最汹涌的浪尖上保持平衡，然后成功地滑向岸边；接下来再将冲浪板划出浪区，迎接下一个挑战性的波浪，一次又一次。这就是金钥匙的生活，他们掌控着与顾客、同事、世界的一浪接一浪的交流互动。"②

霍莉进而指出："处理棘手的事情对金钥匙来说是令人兴奋的。正是这种挑战激励着金钥匙不断前行：隔几分钟就转换一个角色，记住最琐碎的细节，表现出无所不能……当面临下一个挑战时，金钥匙总能想出解决办法。对他们而言，不可能的事成为可能。他们工作的标准流程就是超越使命的召唤，所谓'不可能的事情'仅仅是需要多花费点儿时间而已……如果金

---

① [美] 马斯洛：《人的潜能和价值》，许金声等译，华夏出版社 1987 版，第 180 页
② [美] 霍莉·斯蒂尔，琳·艾文斯：《金钥匙服务学》，王向宁等译，旅游教育出版社 2012 年版，第 14 页

钥匙仅仅是为了小费而工作，失望将成为他们生活的常态。因为这份工作高度个性化，真正重要的是个人的满足感。帮助他人解决难题的机会，发挥创造性的自由，这才是真正的回报。除了极少数客人不能被满足的要求，以及偶尔不合法或不友善的要求，绝大部分难题都通过冒险精神和坚定的意志得以解决。当金钥匙千方百计为客人带来不同寻常的结果时，他们自我实现的愿望正好得以满足。"①

正是对自我实现的愿望和需求，以及在服务挑战中的心流体验，推动着金钥匙用心极致，追求卓越的理想服务的境界，从而实现客人的满意加惊喜。

第三节　找到富有的人生

一、富有的本意

"在客人的惊喜中找到富有的人生"体现了金钥匙哲学中的人生观。我们需要界定什么是富有的人生？是在金钱方面，还是精神上的富有？或者是其他方面的富有？

从"富"字的本意来看，它是形容词，从宀（miān），从畐（fú），畐亦声。从字形上理解：宝盖头寓意家，家庭；一横，寓意安稳，稳定；口字则表示人员、人口，人口就是劳动力；田字则表示田地、土地。农业文明在中国历史中占据很重要的地位，田地能生产粮食，粮食就是财产。所以，富的根本含义是表示家庭稳定、人丁兴旺和田地广阔，而不仅仅是拥有金钱。

---

① [美] 霍莉·斯蒂尔，琳·艾文斯：《金钥匙服务学》，王向宁等译，旅游教育出版社 2012 年版，第 14 页

对金钥匙来讲，"富有的人生"是指通过不断地服务客人获得金钱上的财富吗？显然不是。金钥匙的基本薪酬比大多数酒店客人想象的要低得多。而且在早期，很多国家金钥匙的收入来源只有小费，没有薪酬。即使在西方小费文化盛行的国家，也没有哪个金钥匙会因多得小费而发财致富。很多时候，客人感谢金钥匙是送小礼物，而没有任何感谢的情况也时有发生。想成为亿万富翁的人是不会加入金钥匙的。

实际上，即使一个人有亿万资产，也不一定算真正的富有，因为财产可能一夜之间化为乌有，也可能在他面临困厄时根本发挥不了作用。

　　某先生身价过亿，有别墅住房多处，在国内外多家银行有存款。然而，那年去印尼旅游时他遇上了大海啸，虽侥幸脱险，但无法从当地出来，只能和难民们一起住救灾帐篷，吃方便面，甚至挨饿。回来后，他彻底明白了，囤积再多的财产，关键时刻也可能一点用不上，于是开始从事慈善公益事业。

即使在市场经济，金钥匙的人生观中"富有的人生"至少不会是单独指金钱的富有，而是指作为职业人在社会角色和精神上的稳定，事业和团队组织的兴旺，服务知识和技能的丰富以及人生经验等多方面的富有。

二、富有是人生命表现的完整状态

从哲学生存论出发，人的富有是指人处于一种实现生命表现的完整状态。马克思在论述自然界的社会的现实和人的自然科学的关系中什么是富有的人及其特征时，深刻地指出："我们看到，富有的人和人的丰富的需要代替了国民经济学上的富有和贫困。富有的人同时就是需要有人的生命表现的完整性的人，在这样的人的身上，他自己的实现作为内在必然性、作为需要而存在。"① 这里"国民经济学上的富有和贫困"是指金钱和货币财富的富有和贫困。"富有的人同时就是需要有人的生命表现的完整性的人"，那么生命表现不完整的人则是穷人，其批判的对象是在资本占主导的市场经济条件下，人的生存和生命的表现是片面的、不完整的，人的劳动和工作是对人性的窄化、片面化和本质的缺失。

从"富"对应的反义词"穷"也能看出这一点。穷，原字为"窮"，形声字，从穴，躬声。躬，身体，身在穴下，很窘困。简化字为会意，弯身在穴内，力在穴下，有劲使不出。人都是有能力的，但身体和能力被限制在穴内，能力不能完全发挥出来，无法成为富有的生存状态。穴是什么？在古代，穴往往是古人躲避野兽、求得安全的地方，一般是比较狭窄的洞。如果人因为害怕而长期躲在穴内生存，其能力就会被限制在狭小的空间范围之内，失去了发挥自己力量和能力的机会。在现代社会中，人们已经不再面对野兽，面对的不安全因素主要是下岗失业，无法保证自己获得物质生活材料。这种使人安全的洞穴已经逐步演变成现代人谋生的工作岗位，有了工作岗位，就可以谋生安身，避免饥饿，养家糊口，解决人们的匮乏性需求、基本需求。因为害怕失业，所以找到的工作未必是个人喜欢的工作，但仍会上岗工作。在现有的社会中，我们所说的工作绝大部分是在分工条件下的劳动。从人类发展来讲，分工是人类社会前进和生产力发展的必经之路，但是"只要人们还处在自然形成的社会中，就是说，只要特殊利益和共同利益之间还有分裂，即只要分工还不是出于自愿，而是自然形成的，那么人本身的活动对人来说就成为一种异己的、同他对立的力量。这种力量压迫着人，而不是人驾驭着这

---

① 《马克思恩格斯文集》第 1 卷，人民出版社 2009 年版，第 194 页

种力量。"① 人在这种分工中所从事的工作多是被迫的，而不是自愿的，岗位工作的内容是大分工系统内的一部分，"当分工一出现之后，任何人都有自己一定的特殊的活动范围，这个范围是强加于他的，他不能超出这个范围。"② 每个分工的岗位都有岗位职责和工作流程、规范的要求。这样，劳动者的个人能力、全面性和整体性被工具化、狭窄化和片面化。在工业化的流水线上，劳动者像一颗无法自主的螺丝钉，其工作节奏要随着流水线中机器的速度而变化，劳动者丧失了自己的全面性和主动性。

马克思接着说："不仅人的富有，而且人的贫困——在社会主义的前提下——同样具有人的、因而是社会的意义。贫困是被动的纽带，他使人感觉到自己需要的最大财富是他人。因此，对象性的本质在我身上的统治，我的本质活动的感性爆发是激情，从而激情在这里成就了我的本质活动。"③

从马克思对富有的人、人的富有和人的贫困的论述中，我们可以看到以下几层关系：

1.富有的人是具有人的丰富的需要的。"对于一个饥肠辘辘的人来说，并不存在着食物属人的形式，而只存在着它作为食物的抽象的存在……忧心忡忡的穷人甚至对最美丽的景色都无动于衷；贩卖矿石的商人只看到矿物的商业价值，而看不到矿物的美和特征。"④ 低级需求都无法满足的人是无法拥有高级需求的。很多人终其一生就只停留在满足生理需求、安全需求上，无法体验社交需求、尊重需求，甚至更高级的自我实现和超越的需求。富有的人则是基本需求和成长需求都经历并追求高级需求的人。金钥匙追求卓越的服务标准是人对高级需求的反映。

---

① [德] 马克思，恩格斯：《德意志意识形态》，中央编译局译，人民出版社 2003 年版，第 29 页
② [德] 马克思，恩格斯：《德意志意识形态》，中央编译局译，人民出版社 2003 年版，第 29 页
③《马克思恩格斯文集》第 1 卷，人民出版社 2009 年版，第 195 页
④ [德] 马克思：《1844 经济学 - 哲学手稿》，刘丕坤译，人民出版社 1979 年版，第 79 页

2. 富有的人是人的生命表现完整的，而不是窄化和片面的人。在现实中，一个服务人员能够认真按照岗位职责完成自己的工作职责，就是很不错的员工了。但是，这种岗位职责是局部的、制度化的，是整体服务系统中的分工。这种分工管理思路是工业化的思维模式，为了提高局部服务环节的服务效率，必然牺牲员工的某些服务能力，强化局部岗位的服务能力。这种管理方式在某种程度上会提高整体的服务效率，但也必然限制或者说窄化了个人能力的超越性发挥，更不用说应付多种多样、千奇百怪的客人的需求了。这种生存状态的人即是生存论上的穷人，仍是处于被匮乏需求、基本需求支配的人，未能达到和满足自我实现的需求。金钥匙则是立足自己的岗位，但并不为岗位所限制，其服务能力和服务范围在网络化的时代已经能够覆盖全球每一个角落。金钥匙通过这种全面化的完整的服务实现了自己生命表现的完整性。

3. "不仅人的富有，而且人的贫困——在社会主义的前提下——同样具有人的、因而是社会的意义。"在马克思的设想中，社会主义完成了对私有财产的扬弃，即人占有财富、使用财富，但不被财富占有。人的富有和贫困，本质上或真正意义上体现人和人的社会关系的富有和贫困，是看人对社会贡献多少，而不是占有财富的多少。以占有财富为目标的人往往成为守财奴，如莎士比亚所写的《威尼斯商人》中的夏洛克，巴尔扎克的小说《守财奴》中的葛朗台。有的人身价亿万，但是当他被财富所占有时，他不是富有的。用人们常用的话说："他穷得只剩下钱了。"

4. "贫困是被动的纽带，他使人感觉到自己需要的最大财富是他人。"这点在金钥匙身上展现得尤为充分。被动的服务就是服务的贫困，是人本质上的贫困。金钥匙服务本质上是积极主动的，是一种富有的生命的展现。金钥匙所需要的最大的财富是客人（他人）。因为客人才能使金钥匙的价值、能力、爱心，乃至生命的能量有机会完整地展现出来。

5. "对象性的本质在我身上的统治，我的本质活动的感性爆发是激情，从而激情在这里成就了我的本质活动"。"对象性的本质"是指人的存在的本质方式是对象性的，即把自己的能力外化，付出到对象上，展现给世人的是劳动、付出或布施。真正富有的人的感情是丰富的，社会关系是富足的，其呈现出的爆发是创造的激情、付出的激情，而不是索取和占有的激情。我们提倡学习"全心全意为人民"的榜样雷锋，还有"毫不利己，专门利人"的白求恩都是这方面的例证。

6. 所有这些富有的激情行为不是为了占有物质，而是作为富有的"人的生命表现的完整性的人，在这样的人的身上，他自己的实现作为内在必然性、作为需要而存在。"不明就里的人会认为无私付出和不计报酬的服务他人是一种疯狂状态，实际上这只是富有的人的内在必然的存在需要。很多金钥匙的激情服务也是因为他自己的内在需要的必然性驱动，以及作为人的生命完整性、丰富性的表现。

◆　**案例：**

　　同事说文新豪是个"疯子"，不知道疲倦不说，还什么样的服务都敢应承！

　　5月份，酒店接待了一个外宾团，其中一位阿根廷的老太太腿脚不好，很想跟着去旅游，又怕走不动没人照顾。文新豪打听到旅行团次日要在上海市内一日游，而那天正好他休息，于是他悄悄跟领导请示，由他推着酒店轮椅，陪着老太太去观光。前厅部经理担心他体力吃不消，也担心语言不通，照顾不好，再引起客人投诉，帮他分析了多种可能出现的问题。但看见他渴望又坚定的眼神，经理最终放弃了劝说，只嘱咐他："你要随时和酒店保持联系，有任何问题赶紧向组织汇报，不能自作主张，让客人受委屈！"文新豪得到命令后就像打了强心剂一样兴奋，跑去向客人请愿，老太太听后欣喜若狂。

第二天一大早，文新豪就准备好轮椅、湿巾和水，在大堂等待。整整一天，从玉佛寺到丝绸馆，从东方明珠到外滩，从城隍庙到科技馆，文新豪一路上不说累，不叫苦，送食递水，无微不至。几次老太太都自豪地跟别人介绍："This is my son！This is my son！"回到酒店，文新豪还买了夜宵送到老太太房间，帮忙把相机里面的照片传到老太太的网络空间里，然后才心满意足地离开。

文新豪说："晚上睡得好不好，就看白天做没做让客人高兴的事儿。"

《瓦尔登湖》的作者梭罗曾说过："一个人越是有许多事情能够放得下，他越是富有。"金钥匙追求极致服务，心中会放下常人的斤斤计较，这是作为富有的人的对象性激情的爆发、爱心的爆发，是金钥匙的本质活动，也是金钥匙的信仰所在。

第六章 中国服务模式探索

第一节 "中国服务"概念的提出

一、"中国服务"的概念提出

"中国服务"这一概念近年引起社会广泛关注。在 2010 年 9 月 28 日北京国际饭店召开的首届"中国服务"发展论坛上，首旅集团的董事长段强先生正式提出这一概念。会议明确提出"中国服务"应成为国家的新品牌、新战略，而且旅游业最有可能、最有条件成为"中国服务"战略的核心产业和先导产业，也是城市经济发展方式转变、推动产业结构优化升级最关键的现代服务业之一。

原国家旅游局副局长杜江在会议上指出，旅游业应该在"中国服务"方面做出贡献，并且也是最适宜、最可能创造出"中国服务"品牌的领域。《国务院关于加快发展旅游业的意见》中提出"把旅游业培育成国民经济的战略性支柱产业和人民群众更加满意的现代服务业"。其中，人民群众对旅游业是否满意以及在基本、总体满意的基础上是否能够不断地达到更加满意，首要和最为关键的因素是旅游的服务质量。《意见》还提出，要以游客满意度为基准，以人性化服务为方向，以品牌化为导向，以标准化为手段，以信息化为主要途径，提高旅游服务水平；并强调把提升文化内涵贯穿到吃住行游购娱各环节和旅游业发展全过程，集中力量塑造中国国家旅游整体形象，提升文化软实力。"要培育战略性支柱产业，实现世界旅游强国的目标，服务是基础，是保障。服务是旅游业的第一生产力，是旅游业这个战略性支柱产业的战略和支柱。"

段强董事长经过长期酝酿，提出了研讨"中国服务"的倡议，并把创造"中国服务"的品牌作为首旅集团的战略和使命，倡导这个品牌应成为所有旅游企业的新使命。而首旅集团在"中国服务"品牌的培育上已经进行了一系列有价值的探索，一是坚持"品牌 + 资本"战略，立足主业，拓展新业，构建复合型服务体系；二是抓住现代服务业发展机遇，立足优势区位，顺应消费趋势，构建服务产业集群；三是按照"创新自主品牌，打造中国服务"的战略构想，构建中国旅游品牌体系。

这次论坛的意义在于提出了"中国服务"的概念，达成了"中国服务"从旅游业开始探索的共识，将拓展到整个服务业的"中国服务"，与"中国制造"共同构造为产业振兴和中国腾飞的双翼。

自从"中国服务"的概念提出后，关于什么是中国服务以及中国服务应具备什么基本特征等问题成为业界关注和讨论的热点。

段强先生对此表示，中国服务的内涵至少应该包含三方面内容：国际水平、本土特色和物超所值。"服务产业在中国发展的历史还比较短，需要借鉴国际水平来深化对现代服务的认知和打造产品；本土特色就是要让服务产品体现中国特有的文化，体现中国的品质，即品位加质量；物超所值就是要提供市场化程度高，具有较高性价比的系列产品，达到企业有好的效益，客人满意加惊喜。"[①]

邹益民教授认为，中国服务是指中国自主创新、具有中国特色的服务，一般应具有以下基本特征：

---

① 段强：打造"中国服务"品牌满足人民对美好生活的向往. 人民网，2018-6-14.

（1）以理想价值为目标，即以创造理想的顾客、员工、企业与社会价值为追求。

（2）以顾客体验为主线，即围绕为顾客创造独特、愉悦、美好的感觉与深刻的记忆来设计与组织服务。

（3）以中国文化为灵魂，即以中国的优秀文化为指导，创造具有中国特色的服务哲学。

（4）以中华情感为核心，即让中华的传统美德与待客之道唤醒和激起顾客的情感需求，达到与顾客心灵上的共鸣。

（5）以民族符号为形式，即通过中国礼仪、中国节日、中国场景、中国音乐、中国茶道、中国宴会等，创造浓厚的中国特色。

王伟先生则认为，如果说日本式服务的"在地文化"是"礼"，泰国式服务的"在地文化"是"情"，欧美式服务的"在地文化"是"法"，那么，中国式服务的体现之一是"敬"。中国传统文化，特别是儒文化，无一不以一个"敬"字为纽带展开，且数千年绵延不断，根植于我们每一个人的内心。"你敬我一分，我敬你一丈"与不食"嗟来（不敬）之食"成为具有普世价值的中式人事关系准则；礼尚往来的"聊表敬意"与"回敬"，则成为中式交往基本理念；"敬而远之"是中式拒绝的代表性思维等。中国服务的"敬"分三个层次：身、口、意。一颗对天地人的敬畏之心，恰是中国服务的文化基因，亦中国式服务的灵魂与特色。缺乏中国文化基因，服务就没有灵魂。

北京宴董事长杨秀龙提出："中国服务是以现代科学技术，特别是信息技术为支撑，建立在新的商业模式、服务流程和管理理念基础上，融合中国几千年文化资源的新兴服务理念。"[①]他以北京宴为载体，指出"北京宴把中国文化的核心——家和亲情文化融合到餐饮服务中，以创新烤鸭和创新

---

① 杨秀龙，崔立新：《中国服务理论体系》，北京理工大学出版社 2017 年版，第 5 页

豆腐这两个世界影响力最大的中国特色菜品作为特色菜品，是中国服务的先行实践创新者。因此，我们通过剖析北京宴，打造中国服务理论体系"。①

孙东先生提出中国金钥匙对中国服务的理解，那就是"利人利己、用心极致、满意惊喜、富有人生"。利人利己，是体现中国传统文化精华中"义利合一"的价值观；用心极致，包含着中国服务修炼的方法论和竭尽所能的服务精神；满意惊喜，是中国服务要达到的标准和效果；富有人生，是在中国服务实践中的人生目标。

中国金钥匙经过 20 多年的发展，已经初步形成由理念、标准、品牌、系统、模式组成的一个完整体系。以人联网为基础，实现与互联网、物联网的对接，特别是当今已处在 5G 时代，金钥匙以自身的完善和努力作为出发点，与时俱进，逐步实现金钥匙这个优秀的品牌与中国服务的融合发展，让金钥匙成为中国服务吹响冲锋号的一个思想武器。作为中国服务业的唯一国际性品牌，金钥匙服务以酒店服务的核心理念为"根"和"魂"，已经开枝散叶并发展到中国服务行业的诸多领域。

习近平总书记在第二届中国国际进口博览会上提出共建"开放合作、开放创新和开放共享"的世界经济，指出"中国对外开放是全方位、全领域的，正在加快推动形成全面开放新格局"，中国将张开双臂，为各国提供更多市场机遇、投资机遇、增长机遇。这也为中国经济和中国服务提供了机遇与挑战。面对这种大发展、大变革、大调整，中国金钥匙正以"更开放、更变革、更跨界"的勇气和精神面对，担当起中国服务先行者和代表者的重担。中国金钥匙将以更开放的心胸打造服务全球的平台，以全新的哲学理念变革旧的知识骨架，完成脱胎换骨的升级，以更跨界的影响打造国际服务联盟的巨型航母，使其服务的认知体系、知识体系、操作体系踏上

① 杨秀龙，崔立新：《中国服务理论体系》，北京理工大学出版社 2017 年版，第 36 页

新台阶，在新时代新征程新的历史机遇和变革中，继续矗立在中国服务和全球服务之巅。

第二节 时代背景下中国服务

在 20 世纪相当长的一段时间，我国同时使用"第三产业"和"服务业"两个概念，其内涵大致相同。随着我国经济与科技的快速发展，中央正式文件和政府主管部门主要使用"服务业"概念，用来指代第一产业和第二产业之外的第三产业，"服务业"也与国际通用概念一致。

按照一般规律，服务业在一个国家经济体量中的比重会随着经济发展不断上升。但是我国在 20 世纪 90 年代初期以来，服务业比重在一个低水平上保持稳定。改革开放初期，我国服务业的产值比重和就业比重两个指标在世界各国中都列居最后几位。1980 年，我国服务业增加值占国内生产总值的比重仅为 21%，服务业吸纳的就业占全社会就业总数的比重仅为 13%。改革开放以来，服务业增长较快，到 2002 年，服务业增加值占 GDP 的比重已升至 34%。

在 2012 年 11 月党的十八大召开之后，服务业发展进入新阶段，国家推出了一系列改革举措来培育和促进服务业新经济、新动能的发展不断壮大。我国的服务业开始了突飞猛进的发展。据国家统计局发布的数据，2015 年中国第三产业（服务业）增加值占国内生产总值的比重为 50.5%，高于第二产业 10 个百分点，第一次占国内生产总值过半，具有历史性意义。在国家转变增长方式、第二产业增速换挡之际，第三产业（服务业）对经济增长发挥了稳定器作用，并成为稳就业的重要因素。

2022 年，虽然受到疫情影响，但是我国第三产业增加值 638698 亿元，增长 2.3%。第一产业增加值占国内生产总值比重为 7.3%，第二产业增加值比重为 39.9%，第三产业增加值比重为 52.8%。① 与发达国家第三产业占国内生产总值 70% 的水平，以及 60% 的世界平均水平相比，第三产业（服务业）在国内生产总值中的占比仍低于发展中国家 55% 的平均水平。可见我国的服务产业仍有巨大的上升空间。

段强先生提出的"中国服务"放到国家经济发展的层面理解，应该是从旅游业入手提出的国家新品牌、新战略，从而构建现代服务业中核心产业和先导产业。国家统计局于 2023 年 7 月颁布了《现代服务业统计分类》最新分类，其中在"概念界定和分类范围"中指出："现代服务业是指伴随信息技术和知识经济的发展而产生，利用现代科学技术和现代管理理念，推动生产性服务业向专业化和价值链高端延伸、推动生活性服务业向高品质和多样化升级、加强公益性基础性服务业发展所形成的具有高技术含量、高人力资本含量、高附加价值等特征的经济活动。"进而将"现代服务业范围确定为：01 信息传输、软件和信息技术服务业，02 科学研究和技术服务业，03 金融业，04 现代物流服务业，05 现代商贸服务业，06 现代生活服务业，07 现代公共服务业，08 融合发展服务业等 8 个大类。"现代服务业的这 8 个大类中旅游业所涉及的主要是后面几类。所以，我们在谈论"中国服务"时，不能把思考范围仅仅局限在传统的吃、住、行、游、购、娱等要素和环节，而是要立足当前实际，着眼长远发展，将近年来出现发展苗头且未来发展前景良好、符合现代服务业特征的经济活动纳入"中国服务"的考虑范围。

党的十九大报告指出，中国特色社会主义进入新时代，我国社会主要矛盾已经转化为人民日益增长的美好生活需要和不平衡不充分的发展之间

---

① 国家统计局 . 中华人民共和国 2022 年国民经济和社会发展统计公报 .http://www.stats.gov.cn/sj/zxfb/202302/t20230228_1919011.html,2023-2-28.

的矛盾。显然，对美好生活的需要离不开高质量的服务产业发展。人民美好生活需要日益广泛，不仅对物质文化生活提出了更高要求，而且在民主、法治、公平、正义、安全、环境等方面的要求日益增长。原有传统模式的服务产业不能及时迭代升级的话，就会成为满足人民日益增长的美好生活需要的主要制约因素。

第三节　中国服务模式探索

"中国服务"的概念最早从旅游业提出，主要是因为旅游业服务距离"人民日益增长的美好生活需要"最近最直接。"中国服务"的概念提出后，国内的很多企业都开始探索自身有特色的"中国服务"模式，如首旅集团的"建国模式""如家模式"，还有大名鼎鼎的"海底捞"模式。

海底捞曾一度成为餐饮服务业的"教育基地"。在每天熙来攘往的顾客中，有老板带着员工来感受"这才叫作服务"的；有偷偷来学艺的；还有不少故意来考验海底捞服务员心理承受能力的餐饮同行。行业内人士评论，海底捞之所以声名鹊起，不在于其火锅的口味有多么独特，而在于其服务的口碑。海底捞有很多人们耳熟能详的服务案例，研究海底捞成功原因的文章连篇累牍，《海底捞你学不会》《海底捞你学得会》《海底捞捞什么》《海底捞的经营哲学》等图书也出版了若干本。有太多的文字在褒奖海底捞的与众不同，有太多的书籍标榜海底捞为正宗的中国式服务，问题在于海底捞服务是否可以成为"中国服务"的代表？如何判断一种服务模式是否成为中国服务代表呢？

曾经有一个管理创新论坛请海底捞的老总张勇去讲课。张勇认为，口味并不是餐饮企业最重要的标准，创造卓越的服务也不复杂，"我们的管理很简单，因为我们的员工都很简单——受教育不多、年纪轻、家里穷的农民工。只要我们把他们当人对待就行了。"张勇讲出了海底捞最成功根本，就是把员工当家人待，这是源自亲情管理创造的服务模式。余世维曾经讲："善待你的员工，他们才会善待你的顾客，善待你的顾客才能赚更多的钱。"但是"善待员工"的管理为什么很多服务企业往往做不到呢？这仍旧是我国服务文化的问题。在我们的服务文化里没有骨子里的平等，骨子里的等级意识在市场经济大潮的冲击下并没有荡涤掉。这也是一般企业"无法学得到"海底捞的企业文化的根本原因。

在社会上还有一种以贩卖亲情服务为营销手段的行业，就是老年保健品行业。老年保健品的推销员对老人的关怀和服务是无微不至的，是"超级亲情服务"的代表。他们嘴上"大妈、大叔"、"爷爷、奶奶"，叫的比自己家里人还亲。他们会请老人们参加免费体验活动，如体验保健仪器，药浴泡脚，做按摩，参加郊区旅游。他们还会陪老人唠嗑，嘘寒问暖，上门帮老人洗碗、拖地、擦玻璃。一旦老人不来，他们会亲自打电话询问，听说病了，还会买上水果去家里慰问。尽管老人的儿女们会说，天下没有免费的午餐，保健品不治病，只是心理安慰，这些人的目的是让你买保健品，但这些都无法阻挡老人们排着队去免费体验，去领免费的鸡蛋、大米和油，更无法阻挡老人们对保健品的购买。

这种大众亲情的关怀服务，说到底还是一种营销手段，它不是服务产品本身。如果再向前追溯，我们还会记得当年海尔的服务模式。海尔开创的免费贴心的"五星服务"在战略上是很成功的——买家电送免费服务。这种成功大大地提高了整个家电行业，甚至社会的服务意识与水平，使家电业的服务进程加快了三到五年，并且形成了一大批的跟随者或模仿者。然而，在海尔服务模式成为家电业主流模式之后的今天，我们发现家电业正在悄悄地进行着一场服务的"收费革命"。人们在网上或卖场买电器的时候会发现电器边上标明了一年或两年服务的费用。这意味着家电厂家们的"终身免费服务模式"基本终结了。在西方发达国家，正常的消费者都有这样的常识，即天下没有免费的午餐，好的服务是要付费的。如果哪一个公司过分强调"免费服务"，那只能说明它的产品不够好。这才是真正服务的商业逻辑。中国家电行业免费服务模式在兴盛一时之后，"中国特色"终于和"国际惯例"接轨了。

任正非在华为的日本分公司开会的时候讲了一个案例。他说："最近一个姑娘跟我讲，她想给爸妈换一个新的洗衣机。他们原来的洗衣机是日本产的，用了十几年老不坏，父母又不舍得丢。怎么办呢？后来就把日本产的那个洗衣机专门用来洗被子什么的，然后买了个新洗衣机。她'恨'日本洗衣机的质量，怎么老用不坏呢。我曾经也买了个日本松下爱妻牌洗衣机，20 世纪 80 年代买的，我都换过两三次房子了，这东西还不坏。如果华为的产品也是这样的话，我们就不得了了"。

李克强总理在 2016 年的政府工作报告中说，要鼓励企业开展个性化定制、柔性化生产，培育精益求精的工匠精神。这种拒绝产品后期维护的服务，甚至直接去掉后期补救性边缘服务，转而追求产品本身极致水平的服务精神，才是真正具备"工匠精神"的服务，是追求本业极致水平的服务。这种服务模式才是"中国服务"所要求的服务模式。

综上所述，当前流行的亲情式大众服务模式是一种很重要的企业管理和营销方法。这种服务在国内大行其道，反映了我们社会的客户需求、企业管理和服务管理普遍缺乏亲情关怀。大众亲情服务模式的流行在一定范围和一定时间内对于提升我国服务水平，推动我国服务文化的发展是有一定帮助的，但是这种落后的服务文化不符合现代化服务业的发展。如果将这种阶段性、局部性的大众亲情服务模式当作现代化服务业的发展趋势，进而将此提升为"中国服务"的模式和终极目标，以至于走出国门，则是不妥的。"中国服务"应当既有中国传统文化精髓中"工匠精神"的传承与融合，又要有与国际接轨的创新模式，这才是"中国服务"的目标和方向。

第七章　中国服务标准与金钥匙服务

"中国服务"是新概念，作为"中国服务"的服务模式一定产生在中国，但并不是产生在中国的服务就代表"中国服务"，判定某种服务模式是否符合或者称之为"中国服务"，应该有一定的判定标准。在此，我们认为一种服务能够称之为"中国服务"或者说"中国服务"的代表，至少应具备四种标准：有实践、有理论、有传承、有创新。中国金钥匙无疑是具备这样标准的，可以说是中国服务的代表，是中国服务的先行者和探索者。

第一节　有实践

有实践，就是在重要的国际事件上从事过代表中国水平的服务实践，或者说要有代表中国服务团队服务重大国际活动的事件。如果说一种服务或者一个服务团队，从没有代表中国服务过国际重大事件或重大活动，那么就很难称之为"中国服务"的代表。

2008 年 2 月，中国金钥匙受到第 29 届奥运会北京奥组委邀请，作为唯一服务品牌组织参与奥运会接待服务，这是百年奥运历史上首次出现金钥匙服务。魏小安在金钥匙的奥运出征大会上说："我们总觉得，在服务方面我们好像有点落后。改革开放三十年，在服务方面，我们已经有了一批顶级的服务人员，也有了一些顶级的服务品牌，金钥匙就是其中之一。所以，借这个机会展示中国服务风采，体现中国服务的国际化水平。"这也是金钥匙组织作为世界顶级服务品牌参与奥运会服务的首次突破，它标志着中国金钥匙作为"中国服务"的代表，正式登上了历史舞台。

2018 年 4 月，中国金钥匙组织收到北京 2022 冬奥组委运动会服务部的邀请函："北京冬奥组委运动会服务部在此诚挚邀请'中国金钥匙'参与到北京 2022 年冬奥会和冬残奥会的奥运村住宿服务中，为举办一届'精彩、非凡、卓越'的奥运盛会而共同努力。"

接到邀请函后，中国金钥匙总部立即行动，从全国 5300 多名会员中遴选精英，组成 2022 冬奥金钥匙服务团队，最终有 55 名金钥匙服务精英参与了冬奥会服务，服务范围包括北京赛区、延庆赛区和张家口赛区的酒店住宿服务。虽然疫情带来了诸多不便，但冬奥金钥匙服务团队克服各种困难出色完成了冬奥会的各项服务任务。据不完全统计，中国金钥匙成员共接待了超过 80 个国家的重要外宾，包括国际奥委会主席托马斯·巴赫先生、国际奥委会副主席安东尼奥·萨马兰奇先生、摩纳哥阿贝尔亲王、德国奥委会主席托马斯·维克特先生、波兰总统安杰伊·杜达先生等。

在冬奥服务一线的中国金钥匙，一直用心极致、竭尽所能地为这场全球盛事提供全方位住宿服务保障，通过友谊与协作，以满意加惊喜的中国式服务，在一点一滴的极致服务中，向来自世界各地的政要、运动员传递着中国服务的友爱与温暖。参与服务工作的张婷婷等金钥匙获得了北京冬奥会外宾接待"最美工作者"的荣誉称号。

除了两次奥运会的服务外，在中国召开的各种国际会议上，总能见到中国金钥匙团队为各国参会贵宾们提供着各种极致服务。在 2016 年 9 月中国杭州 G20 峰会、2017 年厦门金砖国家峰会、"一带一路"国际合作高峰论坛、中非合作论坛北京峰会、第三届中非经贸博览会，以及历届中国—东盟博览会、博鳌亚洲论坛、中国国际进口博览会等大型国际会议，和 2023 年在杭州召开的第 19 届亚运会等各种国际重大活动中，中国金钥匙都在展现着靓丽的中国服务风采。

　　众所周知,实践是检验真理的唯一标准。我们不能把没有经过实践检验,尤其是没有经过重大国际事件和重大国际活动检验的服务当作"中国服务"。中国服务的代表或者说中国服务模式,一定要有代表中国服务水平的重大国际事件或者国际服务实践来检验。迄今为止,中国金钥匙是世界上唯一服务双奥会的顶级服务团队,也是活跃在各种重大国际会议、赛事和活动的专业服务团队。如果说中国金钥匙还称不上中国服务的代表、先行者和探索者,还有什么样的服务团队和服务模式能称得上呢?

第二节　有理论

　　"没有革命的理论,就没有革命的行动",中国金钥匙这些年快速发展,也得益于自身逐步建立起了相对科学的服务哲学理论。从哲学角度来说,首先是实践决定理论。实践是理论的来源,是理论发展的根本动力,是理论的最终目的,是检验理论的唯一标准。可以说没有金钥匙的实践就没有金钥匙哲学理论的产生;其次,理论对实践有能动的反作用。理论产生的最终目的是更好地指导实践,科学的理论对实践具有积极的指导作用。金钥匙服务哲学理念在产生后推动了中国金钥匙服务更加快速和科学地发展。所以,理论必须和实践相结合,二者相辅相成,缺一不可。没有理论指导的实践是盲目的实践,正确的理论才能指导实践正确的发展方向。中国服务模式要有中国文化的服务理论支撑和指导。

　　中国金钥匙组织是伴随着改革开放从国外引入的,但在引入国际金钥匙组织时,因没有自己的服务理论和服务理念,只好把国际金钥匙的理念同时引入进来,照猫画虎地学习和执行。然而,由于欧洲金钥匙有悠久的职业伦理和宗教精神为基础，所以理念很简单，"心甘情愿地服务，满怀自豪地服务"，"金钥匙会去做任何一件事情、能够做到每一件事情，并且永远不会说'不'"，"传承友谊，用心服务"。这些国外的理论和理念不能给中国金钥匙提供足够强大的理论支撑。中国金钥匙组织的创始人孙东说："开始我们认为是企业要求给高端客人提供金钥匙服务，所以我们尽力去按企业的要求，做好金钥匙品牌服务。按金钥匙品牌服务标准要求做了一段时间后，我们才知道此委托代办服务给客人提供了极大的方便。从客人脸上满意加惊喜的笑容，我们开始体会到什么是金钥匙极致服务体验的价值。"中国金钥匙开始在实践中思索总结自己的服务理念，构建自己的服务理论。随着中国金钥匙组织的网络和规模蓬勃发展，许许多多金钥匙优秀服务伙伴的案例越来越多，中国金钥匙的服务理念开始越来越清晰。

"先利人后利己"的价值观，"用心极致，满意加惊喜"的方法论和服务标准，以及"在顾客的惊喜中找到富有的人生"的人生观和价值观逐步形成，还有"我们不是无所不能，但一定竭尽所能"的服务精神。这些服务理念使中国金钥匙形成了完全不同于国际金钥匙的理念，加上近些年关注中国金钥匙发展的研究者们的理论研究，中国金钥匙的服务理论和服务哲学已初具雏形，这必将为中国服务的理论研究和发展奠定指导性基础。

第三节　有传承

没有传承就没有创新。中国金钥匙服务的发展也需要创新和传承。中国金钥匙的创建得益于改革开放的国内大环境，得益于国家政府、国际开明人士以及国际金钥匙的帮助，其精神、理念和制度的建设，包括早期的人才培养，都传承于国际金钥匙组织。

1994 年，孙东在拥有全美最好的酒店管理专业的美国康奈尔大学进修金钥匙。1999 年，中国金钥匙创建国际金钥匙学院，开始培养金钥匙品牌的传承，为中国服务业培养一代代有信仰、有荣誉感和责任感的服务先锋队。让每一位金钥匙真正做到为社会服务，实现自我人生的最大价值，成就金钥匙百年品牌心愿。20 多年以来，国际金钥匙学院共举办了 160 多期中国金钥匙会员资格培训班、60 多期中国金钥匙总经理会员资格培训班和金钥匙讲师资格培训班。来自全国高端服务企业、院校管理人员及院校各级老师超过 31,000 多人接受国际金钥匙学院的培训课程。

近年，中国金钥匙品牌教育开创了在职培养与院校专业培养相结合的双轮驱动模式，国际金钥匙学院已相继在全国 20 多个省份 40 多个城市成立了 50 多所国际金钥匙学院城市分院，标志着金钥匙品牌教育院校金钥匙高端服务人才培养模式的全面开启，形成了中国金钥匙高端服务人才品牌教育联盟。国际金钥匙学院组织编写和出版了《金钥匙服务哲学》《金钥匙职业修炼》《金钥匙业务与操作实务》《顾客体验设计与管理》和《服务培训技巧》等核心教材，进一步夯实院校金钥匙品牌教育的理论基础。为了使院校培养的人才尽快加入金钥匙服务队伍，学院建立并不断优化完善院校金钥匙三级培养考核制度，旨在重点培养和挖掘同学们在未来的服务职业中尽早拥有国际视野、较高管理能力、服务创新能力。为了加强行业和企业内的合作交流，不断扩大金钥匙品牌教育的影响力，为地区全域服务发展提供人力资源保障，国际金钥匙学院通过金钥匙人才网打造了金钥匙品牌人力资源服务平台，致力于为中国服务企业提供高效、便捷的金钥匙高端服务人才招聘服务。

与国外金钥匙父子相传的传承模式不同，这种金钥匙品牌教育模式，为中国培养了大批年轻的金钥匙。这种创新的人才培养模式，奠定了金钥匙人力资源系统发展的坚实基础，为金钥匙品牌的推广和传承提供了源源不断的动力。

由于中国的服务产业起点比较低，所以金钥匙在服务产业中成为稀缺人才，在中国服务业快速行驶的高速公路上出类拔萃，绝大部分获得金钥匙资格的年轻人驶上了职场快车道。金钥匙也成了酒店之外各种服务企业的抢手人才，很多金钥匙被物业公司、高端会所等服务机构高薪引进，一些金钥匙离开了酒店，成为其他服务企业的服务领军人，金钥匙精神、理念和品牌也由此传播到国内更多的服务企业，为中国服务人才、理论、实践和文化发展提供着源源不断的动力。

第四节　有创新

金钥匙这一服务品牌自 1995 年正式引入中国，通过 20 多年的发展，金钥匙国际联盟已经发展成为一个拥有 5000 多名会员（其中 300 多名国际礼宾会员），覆盖 300 多个城市，3000 多家高端服务企业加盟的中国的高端酒店·物业·服务联盟，成为中国最庞大的服务协作网络。这些成绩来源于中国金钥匙的创新精神。

"中国服务"是近几年才提出的新概念，从其提出到演绎发展，需要不断地创新。一个民族、一个组织或者一个机构，如果没有创新就没有发展。拥有几千年历史的中华民族自古就有极强的学习、包容和创新的能力，正是这种能力使中华文明虽饱经磨难，但仍生机勃勃延续至今。马克思主义诞生于西方，在全球多个国家经历了兴起和衰落，唯在中国得到实践的创新和发展，进而开创出具有中国特色的马克思主义，成为全球发展中国家崛起的一面旗帜；佛教创立于印度（与尼泊尔交界附近），在传入中国后得以兴盛和发展，并创立了具有中国特色的禅宗，直接影响了儒家心学的创新和发展，进而推动了中华文明的对外传播。虽说金钥匙作为西方服务文化的代表，在进入中国初期有些文化上的水土不服，但是中国的金钥匙是一批有激情、有思想的年轻人，他们以极强的学习能力、实践能力和包容心态迅速成长起来。他们在实践和学习中很快洞察到服务的真谛，认识到人生就是服务与被服务的过程，服务就是人生，人生就是服务；认识到社会的本质关系，工作、生活，乃至政府管理在一定程度上都是服务的关系，服务无处不在。中国未来的快速发展离不开中国服务的崛起和振兴。中国金钥匙在传承西方的服务文化以及中国的传统文化的基础上，不断创新，自成一家。在理论体系的逻辑性、完整性上已经超越了西方传统的金钥匙服务理论。伴随着中国近些年的崛起，中国金钥匙的发展速度和发展规模也大大超出了西方，已经拥有了完整的独立自主品牌和品牌经营管理经验，拥有已经验证的正确发展道路和商业模式，拥有覆盖国内乃至全球的服务网络系统。

"有实践、有理论、有传承、有创新"便是判断中国服务的"四有标准"，丰富了中国服务的内涵。其中，"国际实践"这一条是尤为重要的前提条件。不是在中国境内发生的服务就叫中国服务。中国服务一定是能走上国际服务舞台，为国际活动和事件提供服务，在服务活动中体现了与其他国家或民族明显不同的中国文化的特色，取得了出色的成绩并获得了国际声誉和认可的服务。

在为国际大型会议提供全面服务这方面，国际金钥匙组织中除中国以外的任何一个国家的金钥匙都做不到。究其原因，不在于国际金钥匙的素质与中国金钥匙素质有多大差距，主要在于国际金钥匙都是独立个体活动的服务高手，如同武林（服务）独行大侠，而中国金钥匙既是个体服务高手，又是团队服务高手，遇到重大国际活动，则如同一支组织纪律严明的队伍，能齐心协力，进退有度地提供"物超所值"满意加惊喜的服务。这是很典型的拥有本土特色的服务，或者说中国特色的国际服务。

在"一带一路"倡议下，中国金钥匙规划着自身的发展。他们认识到，在移动网络数字化时代，已经实现系统化和网络化的中国金钥匙服务必将迎来国际化的发展机遇。中国金钥匙将以"极致服务"的理念、哲学和实践，把满意加惊喜的客户体验推广到世界每一个角落，引导"中国服务"理论和实践，推动"中国服务"走向世界，影响世界服务的格局，为实现"推动人类命运共同体建设，共同创造人类的美好未来"这一宏伟目标做出自己的贡献。

◆   案例一

酒店金钥匙和景区金钥匙的友谊与协作

2017 年 3 月的一天，西安金钥匙礼宾司吕化在酒店大堂看到一位客人坐着轮椅在等人，于是就上前和客人交谈。交流后得知客人一行 4 人准备今天参观西安明城墙等景点。吕化立刻想到西安明城墙是文物古迹，没有安装电梯，残疾人要想登上城墙很是困难。帮残疾客人登上古城墙，虽然不是分内服务职责，但"用心极致"的金钥匙服务理念要求吕化要替客人考虑更多。于是，吕化打电话给西安城墙景区金钥匙武云龙，告知有 4 名新加坡游客将到西安城墙景区参观，其中有一名残疾人，需要城墙景区金钥匙专员的帮助。

城墙景区金钥匙武云龙马上组织了服务团队，在客人抵达西安城墙时，与景区礼宾人员一同将坐轮椅的客人抬上城墙顶端，一边抬一边讲解城墙的历史及古城的特色文化。到达目的地后，武云龙给游客留下了自己的名片，便于在游客离开时再次提供服务。

大约 3 个小时后，武云龙接到游客来电，他又一次和礼宾员们将游客从城墙上抬下来，在下城墙的过程中通过和游客交流，得知这位残疾游客是新加坡残奥会冠军，他对景区的服务极为赞赏，既满意又惊喜，反复向景区工作人员说"Thank you"。游客临走时要给武云龙小费，武云龙代表城墙景区的礼宾员们向客人表示感谢并婉言谢绝。

这种酒店金钥匙和景区金钥匙跨领域的联手协作，给客人们带来"满意＋惊喜"的服务效果，正是中国金钥匙服务的魅力所在！

◆ 案例二

千里赴拉萨，演绎旅途最值得信赖的人

2016 年 10 月 20 日早上 9：35，德国客人 Mr.Deutsch 来到酒店大堂告诉值班经理，他和妻子要在 10 月 22 日早上 6：50 乘飞机飞往拉萨，但是他们的入藏函却找不到了。没有入藏函，意味着他们去不了拉萨，预定来中国的半个月行程都要改变，订好机票和酒店都要取消，那将是近十万元的损失。吕化得知此事后，马上与服务团队商议如何最短时间帮客人拿到入藏函。通过咨询，拉萨金钥匙告知只有一种解决办法：那就是立刻带上客人证件飞往拉萨，办好入藏函，并在 21 日晚上赶回西安。

10：05，吕化同酒店管理层商议决定立即赶往拉萨。可是当天飞往拉萨的航班只有 11：20 这一班了，时间能赶上吗？"虽然我们不是无所不能，但我们会竭尽所能"，吕化立刻拨打航空公司电话，通过金钥匙的关系拿到了最后一张 11：20 飞往拉萨的机票。

普通旅客需要提前两个半小时赶往机场，可是 1 个小时赶到机场办理登机手续来得及吗？吕化通过西安机场金钥匙提前办理值机手续安排

贵宾通道，终于在 11：10 分坐上了飞往拉萨的飞机。

第一次到拉萨的吕化不顾初次入藏因高原反应带来的不适，下了飞机立刻联系协调到了西藏自治区旅游发展委员会和当地旅行社，经过了多番艰难沟通。终于在 21 日中午 11：25 把客人的入藏函补办成功。当天下午，吕化飞回西安。

当 Mr.Deutsch 夫妇看到吕化远从拉萨带回来的入藏函时激动万分，他们没有想到酒店会提供如此完美的服务。当第二天凌晨 5：40 分吕化送 Mr.Deutsch 夫妇去机场时，Mr.Deutsch 要吕化把所有他去拉萨拍到的照片和与他们夫妇的合影发给他们，他们要回到德国要把整个故事写下来告诉德国的朋友们。

这对德国夫妇去过拉萨才知道 24 小时内补领入藏函时会经历怎样的困难，克服严重的高原反应需要怎样的意志。

一年后，Mr.Deutsch 夫妇不远万里再次从德国飞来西安，专程看望吕化。酒店技艺高超的厨师赶制一份特殊的巧克力蛋糕——《西藏自治区入藏确认函》，帮助客人"找回"一年前意外丢失的确认函。见到这份礼物后，Mr.Deutsch 夫妇再次被大大地惊喜到了！

吕化说："我愿意做一名普通的礼宾司，用我的毕生精力去演绎和实现"择一事，终一生"这一匠人精神。从业十七年，作为一名国际金钥匙并没有获得多少金钱财富，但是，每一次因为我的参与而改变了一个服务故事的结局，故事因我而变得更加美好！这种满意加惊喜的成就感才是我真正的财富，也是我不断向前的动力。"

第八章　金钥匙标杆酒店

第一节　金钥匙在中国的发展阶段

自从 1997 年 1 月中国饭店金钥匙被接纳为国际饭店金钥匙组织第 31 个成员国团体会员以来，中国饭店金钥匙经历了从小到大、由弱到强的过程。纵观金钥匙在中国的 20 多年发展，大致可以分为三个阶段。

第一个阶段，从 1995 年金钥匙引进中国到 2008 年金钥匙参加北京奥运会的服务。这个阶段是中国金钥匙从无到有、从有到优、从一个岗位到一群团队的探索和开拓阶段。欧洲金钥匙模式的服务对象更多的是"绅士"和"淑女"，换言之，其顶级服务更多侧重于金钱的化身，尤其是服务小费的消费文化使得金钥匙极致服务有一定消费门槛。这种服务消费门槛限制了服务生产者和服务消费者的扩大。服务生产者也不愿意扩大从事这种服务的生产者，以免带来更多的服务竞争。金钥匙的服务消费者也不会主动推广这种服务，以免降低享受的服务质量。但在中国，金钥匙服务的对象要远比"绅士""淑女"群体庞大，服务小费的文化也难以在中国流行。这种服务生态决定了金钥匙服务的客户群体的消费门槛并不高，而且服务空间和服务对象的广泛性，从另一角度要求中国金钥匙尽快发展并扩大自己的规模，才能够较好形成自己的服务生态。从欧洲父子相传模式转变为中国类似师徒传承的模式，这种传承生态的改变使中国金钥匙的影响力和服务范围迅速扩大。有别于欧美发达国家金钥匙几十年、数量不过几千名的发展势头，短短十多年时间，中国金钥匙就培养了数千名能提供金钥匙高质量服务的军团，活跃于全国各大顶级会议、国际重大会议和活动现场。2008年，中国金钥匙代表中国服务登上了北京奥运会的服务舞台，开创了全球金钥匙服务奥运会的先例。

第二个阶段，从2008年到2016年中国金钥匙形成自己的理论体系，并出版了《中国金钥匙服务哲学》一书。这个阶段，中国金钥匙开始寻找并梳理属于中国特色的极致服务理念。不同于欧美金钥匙立足宗教情结的服务理念，中国金钥匙扎根数千年的中华文化，融合儒道释文化精华，在对"先利人后利己""用心极致，满意加惊喜""在客人的惊喜中找到富有的人生"的辩证分析中，构建了中国金钥匙服务哲学体系，从实践到理论，彻底超越了西方金钥匙的实践与理论的发展。在"中国服务"概念提出后，中国金钥匙完成了对"中国服务"的自身解读和阐释，成为"中国服务"的代表、先行者和探索者。

第三个阶段，从2017年开始中国金钥匙服务哲学理念向整个中国服务业的推广和发展。金钥匙由酒店的一个服务岗位——礼宾司拓展至酒店整体对客岗位，创造了金钥匙酒店，并形成了适应市场需求、保障宾客满意的金钥匙礼宾服务体系、金钥匙5C品质评估标准。这套标准在北京冬奥会、亚运会、杭州G2等重大国际会议和国际活动服务中发挥了重要的作用。

2018年，中国金钥匙总部计划在金钥匙国际联盟品质示范酒店打造推广的基础上，持续在各个服务行业弘扬金钥匙极致服务理念，树立各个服务行业的学习典范。金钥匙联盟总部委托周慧女士构思并起草标杆酒店创建"工作指引"，2019年6月，金钥匙国际联盟组织召开了标准推进专题会议。会后由邹益民教授执笔拟定了第一稿标杆创建"工作指南"及"标杆酒店评定要求、评价内容"。2019年11月底，由周慧女士执笔完成了金钥匙国际联盟标杆酒店创建评定实施细则正式启动。金钥匙标杆酒店的创建，标志着中国金钥匙发展进入了一个崭新的阶段。

第二节　金钥匙标杆酒店创建

2020 年 10 月，成都空港大酒店成为中国金钥匙第一家标杆酒店通过评定验收。2021 年，又有三家酒店通过标杆创建评定验收：杭州天元大厦、山东舜和国际酒店、河北卓正国际酒店。在原标准经过市场检验实践后，2021 年 12 月，由周慧女士执笔完成了金钥匙国际联盟标杆评定实施细则（评定标准 2021 版）。

一、标杆酒店（2020～2023 年）

1. 创建数量：5 家酒店。

2. 企业属性：全服务型高端酒店，其中国企 3 家（成都空港大酒店、杭州天元大厦、江苏大陆桥会议中心）；民企 2 家（山东舜和国际酒店、河北卓正国际酒店）。

3. 酒店类型：

（1）机场酒店 1 家；

（2）文化主题酒店 1 家；

（3）工业产业园区酒店 1 家；

（4）集团旗舰酒店 1 家；

（5）城市商务酒店 1 家。

二、标杆创建理念

金钥匙组织把企业视作顾客，与企业携手共建服务标杆，共谋共发展。创建标杆酒店以市场需求、客户要求作为服务导向，创建工作内容，诠释中国金钥匙服务哲学。

1. **服务企业**：用心极致，竭尽所能；

2. **服务成效**：满意加惊喜；

3. **演绎品牌**：先利人后利己；

4. **传播理念**：共赢共进、发现价值。

三、标杆创建服务主要内容

1. 服务品质、宾客满意度提升系列；

2. 文化主题产品定制系列（主题茶歇、主题宴席、主题小景）；

3. 金钥匙特色服务提炼系列；

4. VIP 接待贴心管家服务系列；

5. 经营氛围环境调整、优化系列；

6. 精细化运行管理系列（计划运行、会议规范、物品管理、客史资料、文档归整、职业规划、品质管控、培训组织、员工满意度等）。

四、标杆酒店创建后续影响

1. 标杆酒店创建契合国家文旅部于 2020 年 10 月提出的打造和树立行业标杆的倡导，且走在行业前列。

2. 标杆酒店在四川、浙江、江苏、山东、河北等省市，产生了较大的行业影响力，收获良好的美誉度。

3. 标杆创建后，酒店在各个方面都获得较大提升：

（1）宾客满意度省内排名第一或持续位居第一阵营；

（2）承接／保障重大型活动贡献突出，受到省、市文旅部门、政府嘉奖；

（3）发挥标杆效应、示范办班、承接培训，展示差异化产品、个性化服务，经营与运行管理均处于良好状态。

（4）以标杆成效为模本或基础，洽谈并拓展委托管理项目或成立运行酒店管理公司。

五、标杆酒店介绍

1. 成都空港大酒店

2020 年 10 月，成都空港大酒店（现更名为成都空港悦享酒店）成为金钥匙国际联盟全国首家标杆酒店。这是中国金钥匙事业发展的里程碑，是全国旅游住宿行业由示范向标杆转型的转折点，标志着成都空港大酒店具备国际高端酒店的硬件和软件条件，符合国际酒店业领先的金钥匙 5C 服务标准，管理水平迈入国际高标准行列，将吸引更多专家学者重点关注和研究标杆酒店效应，推广传递标杆酒店模式，服务于专业教学活动和升华中国服务内涵。成都空港大酒店融合川蜀文化和民航元素，精心打造出独具特色的"天府之韵"四大主题文化产品，充分彰显出酒店的文化特色。

作为全国首家金钥匙国际联盟标杆酒店悦享，酒店深入践行中国金钥匙服务哲学，引领"中国服务"国家战略在四川地区高质量发展，携手成都空港云享酒店，以"两场一体"高效协同运行模式，为将成都建设成为国际航空枢纽发挥关键支撑作用。以"空港情怀"特色亮点服务，不断创新发展，让宾客感到更多的满意加惊喜。

2. 杭州天元大厦

2021 年 11 月，杭州天元大厦成为全国首家主题文化金钥匙国际联盟标杆酒店，浙江省首家金钥匙国际联盟标杆酒店。为响应国家文旅部门打造示范企业号召、厉兵秣马备战亚运，杭州天元大厦依托浓郁的棋文化特色，以金钥匙国际联盟标杆酒店创建为契机，引进导入金钥匙极致服务理念、服务标准，为棋文化主题酒店注入品质内涵。创标成功的同时，杭州天元大厦推出全新系列主题文化产品，得到专家、与会嘉宾的赞叹和高度好评。天元大厦依托中国传统围棋文化为底蕴，整体环境布局以及所提供的产品和服务等各方面无不融入了棋文化特征的诸多元素，形成了一个独特的棋文化酒店。酒店推出"文化天元 关怀备至"金钥匙特色服务系列项目，分为三大系列：（1）金钥匙柜台：天元百宝箱、棋行杭城、一码游、棋韵伴手礼、日出钱江；（2）金钥匙代办：场景定制、名店特惠、健康预约；（3）金钥匙管家：一、尊享棋文化：棋文化感知、棋文化体验、棋文化培育；二、领略诗画天堂：共迎晨曦、夜观钱塘、风情雅致、舒适出游。

3. 山东舜和国际酒店

2021 年 11 月，成为全国第一家由酒店集团旗舰店创建的标杆酒店、全国第一家宣贯并试行 2021 版《金钥匙 5C 品质评估标准》高品质运营的标杆酒店、山东省首家金钥匙国际联盟标杆酒店。山东省委原副秘书长、山东省精品旅游促进会专家咨询委员会主任杜文彬先生指出，舜和国际酒店成为金钥匙标杆酒店不仅是舜和集团的一件盛事，也是山东省旅游行业的一件大事，对切实提升全省酒店行业运营水平，推动山东省旅游事业发展，具有重要的示范意义和推动作用。

舜和特色餐饮具有独特的市场竞争力和品牌影响力，餐饮以"海鲜文化"为主题,注重客人体验感,让客人犹如在缤纷绚丽的"海洋馆"中就餐,在观赏纯海水活养海鲜的同时,享受大海赋予的美食。围绕会展、亲子、健康和婚房主题,舜和精心打造客房的"六心"服务,为酒店创造了良好口碑。异域风情的巴西烤肉自助餐厅,以时尚绚丽的巴西文化为主题,打造足球、桑巴脐橙等视觉盛宴,成为年轻人喜爱的时尚休闲餐厅。

4. 河北卓正国际酒店

2021 年 12 月 18 日,卓正国际酒店正式成为华北地区首家金钥匙国际联盟标杆酒店。卓正国际酒店是一家集住宿、餐饮、会议、汤泉为一体的挂牌五星级酒店,以中国底蕴谱写世界风范。酒店始终坚持"很中国 更世界"的品牌定位,为客人提供"满意、惊喜、感动"的消费体验,通过金钥匙标杆酒店发挥标杆贡献和引领作用,赋能城市品牌"走出去",助推区域服务经济、商务经济高质量发展,积极推动中国服务高质量发展。卓正国际酒店首次将五星级标准、金钥匙极致化标准、地域特色文化内涵融汇,是其践行"很中国·更世界"文化理念的创新探索。

作为金钥匙国际联盟成员企业,创评期间,卓正国际酒店将金钥匙极致产品和极致化服务再升级,前厅、客房、餐饮、汤泉全面提升。除了产品的品质革新,极致化服务也顺势拔高。智能无接触式服务,疫情期间开启无忧通道;"客人委托、一切代办"式服务,解决宾客一切难题;温馨惊喜式服务,给宾客不可复制的城市感受……多种服务模式并举,兼具品位、趣味、智慧,让宾客在一次消费过程中,得到多元化体验。

5. 大陆桥会议中心

2023 年 5 月 20 日,大陆桥会议中心正式通过金钥匙国际联盟评审验收工作，成为金钥匙国际联盟全国产业园区首家标杆酒店。大陆桥会议中心是集国际论坛会议、五星级酒店、大陆桥产品展览展示、文化学术交流、人力资源培训等功能为一体的多功能城市综合体，是连云港徐圩新区开展东中西区域合作与交流的主要功能平台。通过贯彻"金钥匙"服务理念，引入"高标准、高规格、国际化"服务体系，促进酒店在经营、管理、品质等方面再上新台阶。2022 年 6 月，大陆桥会议中心启动"金钥匙"全国标杆酒店创建工作，根据《金钥匙 5C 标准》全面开展内部质检与整改工作，确保标准真正落地并持续实施，从而大幅提升酒店管理水平与服务质量。大陆桥会议中心以打造区域性标准化服务标杆和高品质服务样板酒店为目标，强化服务标准引领，打造与世界级石化产业基地相匹配的高品质、高标准现代服务产业名片。

第三节　金钥匙国际联盟标杆酒店评定实施细则

本实施细则采用数据分析方法，以客观评价为主，坚持以经济效益与社会效益为中心，重点关注顾客满意度和员工满意度这两个关键结果指标，并注重饭店的营运质量与管理水平。本实施细则旨在引导酒店通过优化经营管理，提升服务品质与工作效率，提高顾客满意度与员工满意度，从而提升酒店的社会、行业与市场认知度。

为切实体现金钥匙国际联盟标杆酒店评定的客观公正性，本着标准统一、明确，评定严格、科学的原则，特制定以下实施细则。

一、机构与职责

（一）评定机构

金钥匙国际联盟标杆酒店申请、推进、评定与复核工作，由金钥匙国际联盟总部统筹负责，下设专项工作组负责日常工作。

（二）机构职责

1. 负责制定《金钥匙国际联盟标杆酒店评定指南》与《金钥匙国际联盟标杆酒店评定实施细则》；

2. 负责金钥匙国际联盟标杆酒店申请审核、创建现场指导和评定标准的宣贯；

3. 负责金钥匙国际联盟标杆酒店的评定和复核现场专家的选择和组织派遣；

4. 负责金钥匙国际联盟标杆酒店的评定与复核及其他相关工作。

二、申请与受理

（一）申请

1. 凡符合《金钥匙国际联盟标杆酒店评定指南》总则要求的联盟成员酒店均可填写申请表，向联盟总部申请创评标杆酒店。

2. 每年申请时间集中于：上半年 2 月 1 日至 3 月 31 日，下半年 7 月 1 日至 8 月 31 日。

3. 申请时必须呈报的材料包括、但不限于：

（1）《金钥匙国际联盟标杆酒店创评申请表》；

（2）《金钥匙国际联盟标杆酒店创评承诺书》；

（3）《酒店营业执照》副本复印件；

（4）《金钥匙国际联盟标杆酒店评定实施细则》（以下简称实施细则）中附件的相关佐证材料；

（5）其他必要的文字、图片和音像资料等证明材料。

（二）审核

1. 金钥匙国际联盟在收到申请30个工作日内，按照《实施细则》中必备条件（附件3）、酒店往年质评情况及所附相关佐证材料，对申请酒店进行初审，并根据审核结果回复酒店受理与否。

2. 受理后将在联盟平台上予以公示，公示期限为15个工作日。

3. 提供虚假材料者或公示期间有投诉的，一经查实不符合条件的，则不予受理或取消受理。

三、创建、评审与授牌

（一）创建

1. 正式受理后，金钥匙国际联盟将与申请酒店联系对接，签订创建协议，制定创建计划，帮助创建推进工作。

2. 金钥匙国际联盟将按协议约定之内容，对申请酒店开展全面初次评估、佐证材料审核，并进行《实施细则》的贯标培训与特色产品定制等指导工作。

（二）评审

1. 由金钥匙国际联盟委派专家组赴申请酒店，对照审核附件3达标情况，并按照附件4逐项进行现场评分。专家评审流程主要包括：先期派员到酒店访查与明查；酒店汇报（PPT 形式），现场检查，现场体验与测评，佐证材料审核；依据结果综合打分，形成评审意见；向酒店回馈评审结果。

2. 由金钥匙国际联盟所委派的专家提交评定报告，评定报告应包括所评审酒店的必备条件情况、按照《实施细则》各项评价标准的得分情况及需要特别说明的其他情况。

3. 金钥匙国际联盟标杆酒店评审通过的依据是：

（1）附件 3 "社会形象"作为必备条款必须达标。

（2）附件 4"运营质量"板块的 2.1 大类项目作为优先基础条款必须达标。

（3）附件 4 其他考核项实际得分，综合得分率必须达到 90% 或以上。

4. 评审未通过的酒店，金钥匙国际联盟将委托评定专家现场告知并说明理由。

（三）授牌

1. 由金钥匙国际联盟所委派的专家评定达标的酒店，即可由联盟总部授牌并公示。

2. 通过标杆评定的酒店，同时将授予金钥匙国际联盟培训基地标志并作为区域培训基地予以推广、运作。

四、复核

（一）复核流程

1. 金钥匙国际联盟标杆酒店复核工作，按每 3 年 1 次进行。

2. 被复核的标杆酒店，对照本实施细则附件 3 和附件 4 进行自查自纠，并将自查结果报金钥匙国际联盟总部。

3. 金钥匙国际联盟将以暗访加明查的方式进行复核检查。

（二）复核处理

1. 对复核达标的酒店保留其相应标志与称号。

2. 复核未达标的酒店，由金钥匙国际联盟根据情节轻重作出限期整改或摘牌的决定。

3. 复核未达标、限期整改的酒店，必须认真整改并在规定期限内将整改情况向金钥匙国际联盟报告。如逾期未整改或整改后仍未达标者，将由金钥匙国际联盟取消标杆酒店称号，并向社会公示。

4. 复核整改不达标或复核中被摘牌的酒店，两年后方可再次申请创建、评定。

五、特殊情况处置

1. 有下列情况之一，不受复核时间制约，联盟将直接给予标杆酒店警告、并要求限期整改：

（1）在金钥匙国际联盟的年度"质评"中未达到规定得分标准。

（2）第三方平台顾客满意度评价连续三个月未达到要求。

（3）被国家、省级主流媒体负面有责曝光。

（4）发生卫生、消防、安全及其他责任事故。

2. 有下列情况之一，不受复核时间制约，联盟将直接取消标杆酒店资格：

（1）申报材料评定后被发现弄虚作假。

（2）年度"质评"未达标，经整改仍未达到要求。

（3）第三方平台顾客满意度评价连续六个月未达到要求。

（4）被国家、省级主流媒体负面有责曝光，严重影响酒店、联盟及行业声誉。

（5）发生卫生、消防、安全及其他责任事故，造成较大损失与严重的社会影响。

附件1：金钥匙国际联盟标杆酒店创评申请表

一、基本情况

酒店名称		法人代表		总经理	
酒店电话		酒店地址		总经理电话	
营业执照号		营业面积		开业时间	
员工总数		五星/四星授牌否	□是　　　□否	加盟联盟日期	
有无不良纳税记录（若有需陈述）		□有		□无	
有无地市级或以上行政处罚（若有需陈述）		□有		□无	

二、经营效益

年度营业收入	申报年度	万元	客房/餐饮分别营收占比		
	申报前一年	万元	客房/餐饮分别营收占比		
营业收入递增幅度	申报年度	%			
	申报前一年	%			
营收与同地区、同档酒店相比	申报年度	□高出	□持平		□低于
营收与同地区、同档酒店相比	申报前一年	□高出	□持平		□低于
GOP率	申报年度	%			
	申报前一年	%			
GOP率与同地区、同档酒店相比	申报年度	□高出	□持平		□低于
GOP率与同地区、同档酒店相比	申报前一年	□高出	□持平		□低于

三、运营质量

1、联盟5C品质评估标准

最近一次通过联盟质评时间		主质评师		
最近一次通过联盟质评得分	%	共计检查项目		

酒店自查十二个必检项目得分、达标率：

客房预订得分		达标率	%	宾客抵店得分		达标率	%
陪同进房得分		达标率	%	入住登记得分		达标率	%
总机服务得分		达标率	%	客房清洁得分		达标率	%
夜床服务得分		达标率	%	洗衣服务得分		达标率	%
早餐服务得分		达标率	%	送餐服务得分		达标率	%
中餐服务得分		达标率	%	酒店后台得分		达标率	%

2、宾客满意度

第三方平台名称			总得分		宾客推荐指数	
设施设备 得分		卫生状况 得分		服务态度 得分		位置环境 得分	
网络评价响应、反馈时效		□12 小时	□24 小时		□24 小时以上	
网络评价回复率		□95%及以上	□85%及以上	□75%及以上	□74%及以下	

3、酒店质量控制

专项制度（另附目录）		专属机构	□有	□无
常态运作（多选）	□周检	考核奖励（多选）		□酒店
	□抽检			□部门
	□月检			□员工

4、研发、推出服务新项目

周期	□一季度	□半年	□一年
机构	□部门		□酒店
数量/次	□五项目以上	□十项目以上	□二十项目以上

四、员工管理

1、团队构建

中层以上人数		近两年职位提升人数		两年内流失人数	
梯队培养人数		计划与实施	□好	□一般	□不理想
有无年度述职	□有	□无	有无年度管理层任命	□有	□无
晋升渠道	□集团	□酒店		□其它	

2、金钥匙人才培育

金钥匙会员人数		年度拟培养计划		年度内参加联盟其他培训人次	

3、培训体系

培训师岗位设置（多选）	□酒店		□部门		□班组
计划实施	□周计划	□有针对性		□有培训效果验收	
	□月计划	□针对性不强		□暂无效果检查	

4、员工满意度

平均薪资标准	元/年度	与同地区同档酒店	□高出	□持平	□低于
管理人员年度流失率	%				

五、奖项、荣誉获得：

奖项 两年内所获联盟	

两年内所获行业、协会奖项	
两年内所获政府奖项	
总经理签名： 日期：	
单位盖章：	

附件 2 ：金钥匙国际联盟标杆酒店创评承诺书

本单位郑重承诺：

我们在金钥匙国际联盟标杆酒店创评过程中所提供之佐证材料真实、准确、可靠。如有虚假不实，由此引起的一切后果，我们承担全部责任。

单位（公司）章

总经理签名：

日期：

附件 3：社会形象——必备项目检查表

序号	项　　目	是否符合
1	以住宿、餐饮为核心自营业务，开业运营两年以上酒店。酒店设备设施运行、装饰环境用品用具维护良好。	
2	酒店应遵纪守法、诚信经营，两年内未发生重大责任事故，未有不良的社会影响。	
3	酒店应是推动当地物质文明与精神文明发展的模范，并在近两年内获得地、市（厅）级以上政府部门、行业主管厅（局）的表彰。 （表彰需提供有效佐证材料附件3-1）	
4	酒店应是行业发展方向的引领者与管理典范的创造者，有在地市（厅）级及以上行业协会或是酒店管理公司/集团，乃至整个社会推广、展示的管理成果，并获得行业协会及有关部门颁发的重大奖项。 （成果需提供有效佐证材料附件3-2）	
5	酒店应是加盟金钥匙国际联盟一年以上的成员单位。为金钥匙品牌的推广者，并在近两年内获得联盟年度大奖。 （奖项需提供有效佐证材料附件3-3）	
	总体是否入围结论	

附件 4：金钥匙国际联盟标杆酒店评定计分表

序号	项　目	大项配分	分项配分	小项配分	评分
1	**经营业绩**	30			
1.1	**酒店经营总收入呈良性持续递增状态，不达标则不得分** **（年度营收需提供有效佐证材料附件4-1.1）**		15		
	一线城市的酒店，年度总收入（剔除租赁收入）增幅达7%（含）或以上得满分；递增达5%（含）或以上得12分；递增达3%（含）或以上得10分				
	二线城市的酒店，年度总收入（剔除租赁收入）增幅达5%（含）或以上得满分；递增达3%（含）或以上得12分；递增达1%（含）或以上得10分				
	三线及以下城市的酒店，年度总收入（剔除租赁收入）增幅达3%（含）或以上得满分；递增达2%（含）或以上得12分；递增达1%（含）或以上得10分				
1.2	**酒店经营利润（GOP）率状况良好，不达标则不得分** **（年度GOP需提供有效佐证材料附件4-1.2）**		15		
	一线城市的酒店，年度GOP率保持在32%（含）或以上得满分，GOP率保持在30%（含）或以上12分；GOP率保持在28%（含）或以上10分				
	二线城市的酒店，年度GOP率保持在28%（含）或以上得满分，GOP率保持在26%（含）或以上12分；GOP率保持在24%（含）或以上10分				
	三线及以下城市的酒店，年度GOP率保持在24%（含）或以上得满分，GOP率保持在22%（含）或以上12分；GOP率保持在20%（含）或以上10分				

经营业绩实际得分：				
2	运营质量	45		
2.1	酒店应积极实施金钥匙 5C 品质评估标准，在联盟的年度"质评"中，得分率应达到优秀水平。现场检查中，必检与抽检项目应达到规定标准要求		优先必检项目（不达标则停止评审）	
2.1.1	联盟年度酒店5C品质评估检查，综合得分率不得低于90%			是/否
2.1.2	现场"质评"，必检项目设定为：客房预订、宾客抵店、陪同进房、入住登记、总机服务、客房清洁、夜床服务、洗衣服务、早餐服务、送餐服务、中餐服务、酒店后台十二个基础服务必检项目。基础服务必检项目综合得分率必须达到92%或以上			是/否
2.1.3	现场"质评"其他抽检项目，视酒店营业项目而定，原则上所有自主经营、运行项目均需接受检查、质评。抽检项目综合得分率必须达到90%或以上			是/否
2.2	设立金钥匙服务柜台，悬挂金钥匙联盟标识，使用金钥匙 E-CON 体系，提供金钥匙代办服务	5		
2.2.1	有专门服务柜台，摆放服务标识，悬挂金钥匙联盟标牌（需现场检查）		2	
2.2.2	设置首席礼宾司，导入金钥匙 E-CON 体系并可延伸应用，提供金钥匙代办服务并有内容公示（需服务体验）		3	
2.3	第三方平台的宾客满意度数据应处于行业领先水平	17		
2.3.1	携程网的顾客满意度整体评价所得总分值应达到4.8或以上（低于4.75分则该项不得分），点评数达1000条及以上，其中服务与卫生两项必须达到4.8或以上（不达标则终止评审）。同时，酒店其他对客网评的得分不低于95%。（需提供6个月及以上月度数据，佐证材料附件4-2.3.1）		12	

2.3.2	网络回复有专人负责，时效在12小时以内 （需服务体验）			1	
2.3.3	回复内容具有针对性、及时性，回复率不低于90% （需实际检查）			4	
2.4	**应有完善、持续的酒店自身质量检查、管控运行体制，并能有效运转**		7		
2.4.1	设定品质年度目标、单项分解指标，出台并实施专项举措与考核制度，考核结果予以及时兑现 （需提供佐证材料附件4-2.4.1，并需随机抽查）			3	
2.4.2	有专职机构、人员，有完善的品质管控体系，有常态化定期质检及阶段性检查提升计划。有周宾客意见统计汇总、月数据分析、措施应对，有月质量分析会议 （需提供佐证材料附件4-2.4.2）			4	
2.5	**应有基于提升服务品质与企业效能的新技术应用和服务创新**		5		
2.5.1	酒店有引进新项目，自行研发、推出服务新内容的能力、计划与行动。每半年为一个更新节点，每个节点房务、餐饮两大经营部门推出新服务项目不得低于各 3 项；酒店整体有导入智能化服务设施的计划与行动，年度新技术导入应用，不得低于 1 项 （需提供佐证材料附件4-2.5.1，并需服务体验）			3	
2.5.2	新技术、新项目推出使用后，有意见征求与收集，宾客满意度不得低于90% （需提供佐证材料附件4-2.5.2，并需服务体验）			2	
2.6	**应有切实有效的激发员工优良服务行为的政策与举措**		5		
2.6.1	酒店已出台并实施科学、有效的惠泽基层员工优良服务行为的管理机制 （需提供佐证材料附件4-2.6.1，并随机抽查）			3	
2.6.2	有专项资金支持、其举措能常态运行			2	

	（需提供佐证材料附件4-2.6.2）			
2.7	**应有较完善的精细化管理机制与成果**	6		
2.7.1	酒店在产品创新、物品管理、设备维护、成本控制、绩效考核等方面有成熟的运行机制与奖惩措施 （需提供佐证材料附件4-2.7.1）		3	
2.7.2	在某一方面有明显的成效或重大突破 （需提供佐证材料附件4-2.7.2）		3	
运营质量实际得分：				
3	**员工管理**	25		
3.1	**应有科学合理的员工职业生涯管理，着力推进金钥匙专业服务人才队伍的建设**	8		
3.1.1	有科学的岗位设计、用工结构与合理的人才梯队建设 （需提供佐证材料附件4-3.1.1）		3	
3.1.2	有合理的员工晋升机制，有正确的选人、用人、跟踪评估机制与方法		3	
3.1.3	金钥匙专业服务人才队伍有合理的岗位结构与人员配备，职业发展成长路径明确 （需提供佐证材料附件4-3.1.2，并需现场检查）		2	
3.2	**应有较成熟的员工培训体系**	5		
3.2.1	员工培训体系至少应包括：一是培训组织体系，要求职责清楚，责任到人，即有人抓（主管领导）、有人管（培训经理）、有人做（培训师）；二是培训计划体系，要求培训工作有计划（年度培训计划），培训项目有方案，培训课程有大纲（基础培训课程有课件等）；三是培训实施体系，要求制度完善，检查到位；四是培训评估体系，要求评估对象、维度、内容、方法清晰有效，既要有课堂（现场）培训效果的评估，也要有实际培训效果的评估 （需提供佐证材料附件4-3.2.1）		3	
3.2.2	有与时俱进的培训方法与手段 （需提供佐证材料附件4-3.2.2，并需现场检查）		2	
3.3	**员工满意度达到理想水准**	12		

3.3.1	领班及以上管理人员年流失率不得超出12%（含），超出则不得分；酒店基层员工流失率须低于同区域、同类酒店员工流失率的平均值，高于平均值则不得分（需提供佐证材料附件4-3.3.1）			3	
3.3.2	员工的薪酬、福利综合水准应达到区域内同类酒店的先进水平（同类酒店的前三名）（需提供佐证材料附件4-3.3.2）			2	
3.3.3	员工满意度须达到90%（含）及以上（人数需占总数的35%或以上），不达标则不得分（需现场组织问卷调查）			7	
员工管理实际得分：					
合计得分：			**得分率：**		**%**

附件 5：   金钥匙国际联盟标杆酒店评定员工满意度调查表

亲爱的员工朋友：

　　为了帮助酒店完善管理，提升服务品质，特进行此无记名调查。请根据您的工作体验在下面每个问题后面所列出的 5 个数字中选择一个画"√"，以表示您对每一个指标评价的满意程度。其中 1 表示非常不满意，2 表示不太满意，3 表示一般，4 表示满意，5 表示非常满意。

　　感谢您的配合与支持！

本人对酒店员工晋升与发展满意度评价	选择项
1. 酒店为各类员工制定了清晰的职业发展目标	1　2　3　4　5
2. 酒店为我们提供了发挥能力的机会	1　2　3　4　5
3. 酒店能听取与尊重员工对于自身职业发展的意见	1　2　3　4　5
4. 酒店给我们提供了有效的培训，有助于我们的进步与成长	1　2　3　4　5
5. 酒店员工晋升管理制度基本体现了公开、公平、公正的原则	1　2　3　4　5
本人对工作环境满意度评价	**选择项**
6. 我对直接上司的工作作风、工作安排比较满意	1　2　3　4　5
7. 对我的工作过错，上司能耐心倾听解释，并能根据不同情况加以正确处理	1　2　3　4　5
8. 酒店对我们工作时间的安排相对比较合理	1　2　3　4　5
9. 酒店部门之间、同事之间相互理解、互相支持	1　2　3　4　5
10. 酒店员工区域配套功能较好，如员工餐厅、员工更衣室、员工洗手间、员工快递柜、员工活动室等	1　2　3　4　5
本人对酒店薪酬的满意程度评价	**选择项**
11. 与本地区同行、同岗位相比，我的收入是相对合理的	1　2　3　4　5
12. 我的薪酬收入与工作付出是基本相一致的	1　2　3　4　5
13. 酒店各岗位之间的薪酬水准差异是公平合理的	1　2　3　4　5
14. 酒店对工作绩效的考核与薪酬分配是公平合理的	1　2　3　4　5
15. 酒店福利待遇体现了酒店对我们的关爱与尊重	1　2　3　4　5

第九章　金钥匙服务与物业管理

伴随着我国城市化进程，物业管理与物业服务走入城市人们的生活中。"物业"这个词自 20 世纪 80 年代由香港传入内地，其含义简单概括为财产、资产、地产、房地产、产业等，是指已经建成并投入使用的各类房屋及其与之相配套的设备、设施和场地。物业可大可小，一个单元住宅可以是物业，一座大厦也可以作为一项物业，同一建筑物还可按权属的不同分割为若干物业。物业含有多种业态，如：办公楼宇、商业大厦、住宅小区、别墅、工业园区、酒店、厂房等多种物业形式。"物业管理"是指业主对区分所有建筑物共有部分以及建筑区划内共有建筑物、场所、设施的共同管理或者委托物业服务企业、其他管理人对业主共有的建筑物、设施、设备、场所、场地进行管理的活动，其最终目的是对业主做好住的服务，给业主一个舒适的物业环境和体验。从词源上可以看到物业管理和服务在根源上紧密关联。随着金钥匙的品牌传播和人才流动，金钥匙服务开始进入国内的物业管理和物业服务行业。

第一节　物业管理与服务品牌

在全球范围内，美国、英国、日本、新加坡、中国香港等国家或地区的物业管理非常发达。这些国家的物业管理和服务的法律基础、社会环境比较好，物业管理企业的专业化和社会分工的程度也高。尤其是日本、新加坡等国家的物业管理对房屋的维修保养及时，大厦及住宅均很清洁。

20 世纪 80 年代初，随着我国改革开放的实施，市场经济的产物——现代化的物业管理才从香港引入。深圳是我国内地物业管理的发源地。1988 年伴随着深圳住房制度改革，房管制度的革新与物业管理迅速发展，至今仍然处于全国领先地位。物业管理是伴随着城市化的发展而快速发展的，尤其是与房地产的发展唇齿相依。经过 30 多年的发展，中国的物业管理行业已经日渐成熟，物业管理法规更加完善，政府监管日趋规范；经过市场竞争，物业管理企业实力增强，市场化行为更加理性规范，专业技术服务基本实现专业化、社会化；业主维权行为趋于理性，业主委员会运行逐步规范，并开始纳入政府监管范围。目前，中国物业管理行业处于由发展、完善到逐步走向成熟的重要阶段，物业管理行业进入一个市场竞争激烈、管理趋于完善、服务理念不断提升的时期。对物业管理企业而言，面临质量理念和品牌理念的角逐、市场环境的变化、竞争格局的形成、高新技术的应用以及消费观念的更新等问题，要求物业管理企业从经营理念到市场定位，从服务观念到服务方式等各方面都要作出相应的变革，才能适应市场发展的需要。

在这个竞争过程中，品牌竞争无疑是具有极强影响力的因素。品牌是一种识别标志、精神象征和价值理念，是品质优异的核心体现。好的品牌在于它能够吸引消费者，建立品牌忠诚度，进而为客户创造品牌优势地位的观念。拥有、培育和创造品牌，才能在激烈的竞争中立于不败之地，继而巩固原有品牌资产，多层次、多角度、多领域地参与竞争。

在物业企业品牌化、规模化发展的过程中，一些公司为了尽快建立在消费者心目中的品牌，就采用引入优秀的服务品牌合作方式来提升公司的品牌形象。在国内众多的服务品牌中，最引人瞩目的当数中国金钥匙品牌——全球顶级服务皇冠上的明珠、唯一服务双奥会的极致服务组织、服务国际大型会议的明星团队、中国服务的代表等。众多耀眼的光环，"先利人后利己""用心极致，满意加惊喜"的服务理念，以及从酒店行业转战到物业公司的金钥匙的服务事迹，都使中国金钥匙成为众多物业公司的首选合作品牌。

品牌价值的提升就是公司影响力的提升，对物业服务企业的业务发展、管理创新起到非常重要的作用。即使没有开发商背景的一些物业企业，通过与中国金钥匙的品牌合作与赋能，也能够在国内各个城市的物业管理领域快速发展。

第二节　金钥匙品牌赋能

一、品牌个性

优秀的品牌必然有其鲜明的个性，可以明确区别于其他品牌的个性。中国金钥匙无论是在国际影响力、服务理念、服务模式还是团队形象上，都具备卓越出众的品牌个性。这种品牌个性可以塑造业主的归属感，以及与品牌之间无可替代的关系，让客户看到这个品牌后会认为这个产品及品牌就是为自己量身定做的，是自己需要的。最具意义的是中国金钥匙品牌后面蕴藏有无数的打动人心的服务故事，这些具有高度差异性与个性的品牌故事，就等于给了目标消费者一个独一无二的购买理由。

二、品牌文化

一个品牌力量的强弱由其文化内涵决定。一个拥有文化底蕴的品牌是有内涵、有深度、有故事、有思想、有生命力的，会吸引他人的关注与兴趣。

好的品牌文化品牌核心的重要构成部分之一，但品牌文化的建立却也非常艰难。

中国的金钥匙品牌文化，扎根于具有 90 多年历史的国际金钥匙精神和中国几千年的传统文化上，将西方的金钥匙精神和中国具体的服务实践相结合，创造出中国的金钥匙品牌理念和品牌文化。这是众多国内物业管理品牌所不具备的。中国金钥匙服务作为具有国际影响力的品牌，可以为物业服务提供强大的品牌支持，提升合作物业企业的服务品质和信誉，可以为物业服务提供先进的服务经营模式，满足高端物业及业主的个性化需求。

三、品牌人才

金钥匙品牌给合作企业带来的品牌人才培养体系支撑是开拓和占领市场的重要法宝。中国金钥匙有科学完善的人才培养体系、培养机构和培养教材，至今培养各类金钥匙人才三万多人。很多金钥匙人才已经进入全国物业管理行业，为物业管理带来全新的成体系的服务思想、理念和服务模式。这些金钥匙物业服务团队，有效地提高了物业人员的职业素养和服务水平。

金钥匙品牌人才的培养体系对服务人员的选拔和培训都有严格的要求，可以提供高素质、专业化的服务人才培养，为物业服务提供强大的人才支持。当金钥匙的人才梯队搭建完成，服务体系得到优化，物业服务企业的服务品质将会得到有效改进与提升。

四、品牌标准

中国金钥匙服务提供多元化的服务内容，包括高端接待、礼宾服务、会务服务等，可以为物业服务提供更全面的服务范围，满足不同业主的需求。伴随这些服务内容，金钥匙逐步建立了相应的服务品牌标准。

在跟很多物业服务企业沟通的过程中，金钥匙组织发现除了人才培养，很多物业服务企业的痛点是物业服务体系不完善。金钥匙服务通过长年的高端服务实践，创建并积累了完善的服务体系和标准，可以为物业服务提供更高效、更规范的服务流程和管理体系，提高物业服务的质量和效率。物业管理企业引入金钥匙品牌，实现品牌落地通常要做几件事：金钥匙团队打造、金钥匙服务标准制定、金钥匙服务产品设计等，金钥匙物业服务标准既是一套运营的标准，也是一套个性化服务的标准，员工操作起来通俗易懂，也非常容易执行。

五、品牌运营

金钥匙的服务理念不仅要落实在某个阶段的服务，也要贯穿物业管理的所有服务流程。在不同开发周期、不同业态的物业，金钥匙品牌运营体现在很多方面。

1. 房产销售阶段：助产销售的重要卖点。经过多年的实践，特别是泰禾、御辉等一批物业服务企业高水准的案场服务，金钥匙高端案场服务已经成为案场服务领域的最优秀的代表。

2. 住宅型物业：金钥匙管家是值得托付的人。先利人，后利己，想客户之所想，急客户之所急，不断拓展服务范畴，在与客户的每次接触中，将金钥匙管家值得托付的职业形象深深地烙印在客户心中。在提供高品质物业基础服务过程中，不仅要成为业主开启社区生活服务的金钥匙，也要成为开启社区周边两公里乃至整个城市生活服务的金钥匙，成为高端物业服务的代名词。

3. 商业物业：礼宾服务。商业物业客户需求高端及有商业气氛的服务，礼宾服务应运而生，让商业客户得到对外及对内的时尚金钥匙商业礼宾服务。

4.政府公建物业：金钥匙品牌已落地西安、济南等政务中心，政务客户追求实在及有品质的服务，提供顶级礼宾接待、会议服务，到政务大厅的个性化服务，有效地建立及提供政府与广大市民服务。

5.创新服务模式：金钥匙是个性化的服务品牌，物业基础服务只能提供给业主表面应对工作，业主内心需求服务未能提供与实现，在物业客户满意度压力下，物业公司需借助金钥匙服务提升个性化服务，增强客户互动沟通，协助物业公司进行多种经营，提高经营收益。

随着时代的发展，金钥匙服务不断创新服务模式，引入互联网、智能化等新技术，可以为物业服务提供更高效、更便捷的服务模式，提升业主的满意度和体验。

此外，经过多年的深耕，金钥匙品牌发展至高端酒店、物业、旅游景区、民宿等行业，在总部与各地区会员支持下，无论是商务出行，还是旅游度假，金钥匙网络能够全程提供满意加惊喜的服务，成为客户生活和旅途中可信赖的人。

综上所述，金钥匙服务可以从多个方面助力物业服务的发展，提高物业服务的品质和效率，满足业主的个性化需求，推动物业服务的持续创新和发展。

金钥匙品牌服务深耕物业服务行业十多年，从早期单一的品牌输出，到现在针对不同类型物业所打造的相对应的产品，在物业的圈子里树立了良好的口碑，这也为下一步在物业行业的发展奠定了基础，相信未来的金钥匙品牌服务在物业行业一定会得到更大发展。

第三节　金钥匙物业发展

一、金钥匙物业发展

很长一段时间里，因物业服务行业是房地产开发周期的末端环节，得不到开发商的重视，地位也比较低。伴随物业公司走向资本市场，独立上市，社区OTO的发展，特别是从2006~2016年，国内房地产业开始进入快速发展期，物业服务开始得到越来越多的重视，尤其是房地产公司细化产品线，打造出高、中、低档产品，在营销的卖点和服务品质等方面迫切需要新的理念，这个时候金钥匙品牌服务开始进入物业服务行业，得益于两点：一方面房产营销需要卖点，另一方面金钥匙在酒店式物业服务专家的道路上取得了一定的成果。

当物业行业地位提升，特别是走向资本市场后，整个行业也都开始追求规模和硬件的扩张，而忽视物业服务的本质。当热潮过后，以及业主对服务的要求，大家又开始意识到物业生存的根本是做好服务，于是开始寻找提升物业服务的途径和方法。越来越多的公司意识到金钥匙服务品牌的意义和内涵。因为理念相同，金钥匙品牌服务开始助力物业品质高端化。金钥匙逐渐成为高端物业的首选品牌。金钥匙也在和物业服务企业的合作中，形成了系列产品：

1. 金钥匙高端营销案场服务
2. 金钥匙高端住宅管家服务
3. 金钥匙商业写字楼礼宾服务
4. 金钥匙政务礼宾服务

5. 金钥匙政务会务服务

6. 金钥匙康养物业服务

……

二、中国金钥匙与物业合作关系

金钥匙服务和物业服务发展之间存在着密切的联系。

首先，金钥匙服务在高端服务行业经验和品牌优势方面有着高度的吸引力。金钥匙是拥有近百年历史的国际品牌服务组织，自 1995 年引入中国以来，已与 3400 家高星级酒店、高档物业、景区、航空及服务企业合作，曾在北京两次奥运会、世博会、G20 峰会、博鳌亚洲论坛、金砖会晤等大型国际会议上为各国领导人和嘉宾们提供服务。因此，中国金钥匙服务已经成为中国服务最高水平的服务的代名词，成为中国服务的代表、先行者和探索者，其品牌价值无疑具有高度号召力和吸引力。

其次，金钥匙服务理念可以为物业服务提供一种先进的、双赢的服务经营模式。在提升物业服务水平，满足高端物业及业主的要求的同时，金钥匙服务也可以使物业服务拥有更深层次的内涵，达到高端化、极致化和品牌化，可以为物业服务提供丰富的极致服务经验和优秀的品牌支持。

最后，金钥匙服务与物业服务的深度合作可以开创更多的服务模式。中国金钥匙具有自己的服务哲学体系，这种指导理论和服务哲学体系可以广泛应用于各种服务领域的服务实践，与物业企业合作，共同搭建行业领先的商企物业服务礼宾服务标准，研究共创更适合商企物业服务场景的礼宾服务产品，并在专业培训赋能、高端服务人才引入等方面开展进一步合作，共同赋能行业可持续高质量发展。

因此，金钥匙服务和物业服务发展之间存在着密切的联系，可以互相借鉴、互相促进，共同推动中国物业整个行业的发展，开创中国服务的新亮点。

三、金钥匙服务与物业合作展望

1. 为物业服务企业与客户增加黏合度

金钥匙品牌服务通过对物业服务企业进行有针对性的服务品质调研，进行靶向纠偏，完善其服务体系，将物业服务的功能层服务做到极致，上升到性能层，进而通过不断深挖和探索，实现向情感层跃进。金钥匙秉承以结果为导向，从客户体验感出发进行服务设计，赢得客户的一致好评，对物业服务企业与客户之间增加黏合度起到积极的作用。

2. 为物业服务从业者拓宽赛道

金钥匙品牌服务除为企业提供赋能也非常重视对物业行业从业的培养，定期邀请行业内各类专家组织文化交流，保证物业服务的专业知识符合当下主流价值。在知识的迭代上金钥匙品牌服务不惜成本，始终保持业内最前沿的成果，对物业行业从业者进行一对一的妆容打造、高标准的礼仪应用能力，高规格的私宴服务培训、侍酒侍茄等高端技能培养等，同时金钥匙品牌服务更重视物业行业从业者的心力提升，不断开发和实践服务意识，努力共创服务业大时代。

3. 提升增长潜力

中国的城市化进程仍在继续，城市人口不断增加，催生了对高质量物业管理和服务的持续需求，金钥匙品牌服务将在物业服务端口不断开拓和创新，始终贯彻"用心极致，满意加惊喜"的服务精神，用金钥匙管家服务重新定义未来物业服务的方向。

4. 技术创新

中国在物业科技方面的投资日益增加，包括物联网、智能建筑技术和大数据分析等，金钥匙品牌服务将利用这些技术来提高物业管理的效率和质量，与时代发展同步，为客户提供更好的服务体验。

5. 绿色可持续发展

中国政府鼓励可持续发展和绿色建筑，这将影响物业管理的要求，金钥匙品牌服务将在节能、环保、可持续性方面提供专业的知识和服务。

6. 居民体验

居民对居住体验的期望不断提高，包括更高的服务质量、更快的问题解决、社区互动和个性化服务等，金钥匙品牌服务可以积极响应这些需求，提供更加满意的服务。

7. 人才培养

金钥匙品牌服务的理念依托于金钥匙管家的现场服务来落地，未来金钥匙将重点对管家的能力和应具备的专业素质进行优化，除能解决基本问题与个性化问题的能力外，将对金钥匙管家进行咨询能力的专项培养，包括心理咨询、健康咨询、留学咨询、旅游咨询等，同时金钥匙管家还要掌握诸如急救能力、消防能力、商助能力等及时响应类的综合能力，力将金钥匙管家培养成多面手人才，为个人破框，为企业赋能。

近年推出的金钥匙管家个性化服务，是高端物业服务企业又一次战略转变，是一次对城市高端社区生活的重新定义，更是高端物业服务企业与高端客户之间一次睿智的双赢选择。"我们不是无所不能，但是我们会竭尽所能。"金钥匙管家服务是一种创新，更是一个开始。通过金钥匙管家个性化服务的提供，给城市高端稀缺物业赋予更深的价值，为高端客户的社区理想生活提供更多的可能。服务改变生活，金钥匙管家服务必将成为高端物业业主社区生活中最可信赖的人。

◆ 案例

宋女士骑着共享单车到金钥匙高品质社区购物，因赶着去和朋友见面，匆忙锁好车就离开了，将手袋遗落在共享单车的篮子里。物业的安防人员在巡场时，发现共享单车篮子上挂着手袋，周围也没有其他等候的人，心想一定是有人马虎落下了，将手袋交至物业金钥匙服务中心的金钥匙小邢。

作为金钥匙的小邢心想，丢失手袋的主人现在一定很着急，定要想办法第一时间找到失主。于是她打开手袋希望能找到失主的线索，她发现手袋里除了身份证、钥匙等私人物品外，还有小区门禁卡，这是一个很重要的线索。她马上打电话向物业公司的涂经理寻求帮助。身为金钥匙总经理会员的涂经理接到电话了解完具体情况后，立即与物业项目的客服取得联系，告知身份证上的名字、门禁卡、手袋外观及内部物品等信息……涂经理知道本物业项目共有 15 幢楼，2500 多户业主，找起来也一定存在困难，因此客服人员一起联手，务必第一时间内找到失主的信息，并想尽办法能尽快联系到失主。

客服人员齐心协力，也一直牢记涂经理在给他们做金钥匙＋高端物业的相关培训里所提到的金钥匙"用心极致，满意加惊喜"的服务理念，努力为业主提供高品质的服务。功夫不负有心人，在大家的努力下，在短短 1 个小时内就找到了手袋的主人，宋女士取得联系，告知她的手袋没有丢失而是完好无缺的存放在物业金钥匙服务中心。

在这么短时间内遗失的手袋就失而复得，宋女士特别高兴，也第一时间到物业金钥匙服务中心，办理好手续拿回手袋，同时对物业的客服人员表示了深深的感谢。"商管＋物业"的金钥匙联手不仅让顾客、也让业主感受到了金钥匙"满意＋惊喜"的服务，更感受到家人般的温暖。

第二部分

技法篇

第一章　服务精神

在中国，金钥匙远不是一个尽人皆知的职业，但作为一种服务精神的标志，它的影响力已深深打上了"中国服务"的标签。

金钥匙来自欧洲酒店业，原意是"保管钥匙的人"，当然也顺便"替客人保管其他寄存的物品"。在欧洲酒店，客人的房门钥匙不是寄放在前台，而是给金钥匙保管。

"保管钥匙"意味着什么？意味着可以托付身家，甚至性命。但凡缺乏诚信、担当、奉献和热情者，都绝难胜任。他们必须是一个具备服务精神、先利人后利己的群体。进一步说，它还意味着主动、彻底、完美、认真、贴心的服务——动用视觉、听觉、味觉、嗅觉、触觉等"五感"，乃至"第六感"（意识）去体会客人的要求，而不单单用耳朵——不是指路，而是引领客人抵达目标地点。如果说指路能让客人满意，那么，引领客人就是在创造惊喜了。

服务精神的落实不仅包括住宿客人，还包括每一位踏进酒店大门的人。金钥匙及其酒店服务伙伴的工作目标无一不是为使客人有一个舒适、温馨的住宿体验。不过金钥匙职责的真正制高点并不在推介酒店服务设施、办理旅行手续等业务，而是致力于满足客人提出的所有合法要求，绝不会说"不"：不是无所不能，但必竭尽所能。

当客人问金钥匙："今天是我妻子的生日，我想给她一个惊喜，你们有什么好的主意吗？"金钥匙不会吃惊，而是会根据以往经验，轻车熟路地向客人提供一个或多个"令人惊喜的策划"，让客人选择，并通过与同事协调配合，帮助客人实现愿望。

至于他们具体要做哪些事，约翰·尼亚里在《酒店礼宾服务》一书中这样写道：

在酒店礼宾服务台前，我们面对客人的各种各样，我们面对的问题五花八门。我们不断地询问、尝试、否定、回复、要求、坚持、祈求、借用、搜索、发现、探索、测试、打电话、接电话、寻找、查询、审视、调查、阅读、书写、增加、削减、品尝、照亮、熄灭、行走、奔跑、修理、维修、使用、建议、咨询、警告、提倡、宣传、劝告……

我们要提供：航班时刻表、航班座位、机场出口、飞机航班、火车、小汽车、豪华轿车、带有电话的豪华轿车、带有酒吧的豪华轿车、带有一瓶香槟酒的豪华轿车、带有一瓶香槟酒和一壶血腥玛丽酒的豪华轿车、带有一瓶香槟酒和大量啤酒的豪华轿车、歌剧票、靠近舞台的座位、远离舞台的座位、远离管弦乐队的座位、靠近吧台的座位、百老汇的演出门票、不在百老汇地区的演出门票、远离百老汇地区的演出门票、洛杉矶的演出、热门剧目、城外的公演剧目、动作剧、台词不多的剧目、酒单很棒的餐厅、酒店附近的餐厅、法式餐厅、加利福尼亚烤肉餐厅、无紫色装饰的餐厅……

我们为他们寻找：医生、律师、二手车销售员、大公司的总裁、国家总统、前总统、电影明星、昔日的电影明星、昔日的名人、将来的名人、当下的名人、法官、有犯罪前科的人、将来可能会犯罪的人、政客、参议员、国会议员、选举人、钱不够用的人、钱太多的人、超级富有的人、印第安人、日本人、马扎尔人、捷克人、酋长、萨满教僧人、度蜜月的人、二次蜜月旅行的人、离婚案的律师……

就是这样，有时又不仅是这样。

◆ 1. 认领客人

午夜，忙碌一天的金钥匙孙东刚刚睡下就被电话吵醒。电话来自白云机场，一群刚刚下飞机的外国客人无人"认领"，又不会英语，只是不断讲"孙东"两个音。虽然白天鹅宾馆没有这批外宾的订房记录，但孙东并没有一拒了之，而是直奔机场。

孙东到了机场才知道，这是一群德国客人。于是，他又拉来懂德语的同事。原来，客人说的是"山东"，不是"孙东"。他们从山东来，本来已经订好了广州的旅行社，却被漏接了。

孙东帮客人找到宾馆，办好入住手续，直到他们进房，才安心地回去。此时，时针指向凌晨三点。

◆ 2. 不可能完成的任务

一位泰国客人打电话到金钥匙柜台说："我想买 2000 只孔雀、4000 只鸵鸟。"

这是恶作剧吗？面对客人的要求，金钥匙不说"不"，也不愿随便说"对不起"。他们知道，世界之大，无奇不有。在确认客人的需求后，金钥匙立即行动。他们询问动物园，但只有几只而已。怎么办？小孙忽然想起几年前看过的一个报道，说有一位青年办了一家动物养殖场。于是他迅速寻求同事帮助查询资料、电话问询，竟然找到了那家养殖场的地址和电话。25 分钟之后，他们回复了客人的要求。客人的惊喜可想而知。

◆ 3. 疗伤高手

一对夫妇伤心地来到金钥匙柜台，说他们将传家的珠宝落在刚刚离开的公交车座位上了。金钥匙二话没说，立即冲上一辆出租车，去追那辆公交车。几乎绕了大半个城市,终于追上了公交车并幸运地拿回了失物。当金钥匙精疲力竭地回到酒店时,才知道这对夫妇并非住店客人。他们高兴地接过失物,甚至连谢谢都没说,就走了。

金钥匙淡然一笑:"找回失物的满足感已经足以让我感到自己很幸运、很幸福了。"

◆　4. 没有沙子的沙滩

一位客人想要在酒店前面的海滩上独自观看一部电影。满足这个要求毫无问题。但是,客人不喜欢沙滩,所以希望金钥匙用什么方式把沙滩遮盖起来。这位金钥匙灵机一动,立刻购买了整张地毯,并小心地在沙滩上铺开。

◆　5. 办法总比困难多

一位客人要求金钥匙立即派工程部人员到他的房间,将燃气壁炉更换为木材壁炉。即便再有能耐的金钥匙也无法满足这个要求。不过,他向客人推荐了附近的一所宅院。不用说,那所宅院里的木材壁炉热情地迎接了它的新主顾。

◆　6. 找钱包

一位客人将钱包遗失在酒店往返机场的轿车上,希望金钥匙提供帮助。这位客人已踏上前往伦敦的旅途。凑巧的是,另一位客人正好搭乘下一趟航班前往同一目的地。这位金钥匙请第二位客人带上钱包,并让其在伦敦的金钥匙同事到希斯罗机场领取。这位同事赶在客人到家之前将钱包送至客人住所,当客人迈进家门时,钱包已经在静静地等待了。

◆　7. 一顶帽子

一位客人正在为筹办一场婚礼而疯狂地寻找 20 顶亚莫克便帽（一种男士戴的无边便帽），因为负责携带便帽的人忘了这回事，而婚礼马上要开始。金钥匙根据以往的经验和强大的关系网迅速地找到了这种帽子。帽子及时送到，婚礼如期举行。

◆　8. 收费是正当的

一位女士跟金钥匙聊天，问："当有人向你提出一个明显不合常规的要求时，你会怎么办？"金钥匙回答："只要所提的要求不违反法律和道德，并且是善意的，我们都可以答应，但通常要收取额外费用。比如，想坐在大西洋的游艇上吃比萨，而且比萨还要是刚出炉的，我们可以帮你买好，但是要付现钱。"

◆　9. VIP

一家酒店来了一位客人，金钥匙一眼认出他是著名的大提琴家，而其他人则没有注意。他赶紧通知总经理，避免了怠慢这位贵客的尴尬。

◆　10. 建议

金钥匙在聊天中得知客人准备徒步游览城市，但却发现她穿着细高跟鞋。穿着这样的鞋在市中心走走还行，但不适合去她要去的地方，因为那里都是石子路。于是，金钥匙把这个情况告诉了客人。游玩回来之后，客人非常感谢金钥匙，因为这一趟出游玩得不错，还避免了崴脚的可能。

金钥匙说："如果天气寒冷有风，我还会建议她带上条围巾。"

◆ 11. 成交

一家酒店住进了一位著名电影导演。他带了一个精美的鳄鱼皮公文包。因为是剧组送的，所以对他来说非常有纪念意义。他想把公文包四角的镶金锁换成 18 K 金锁。金钥匙打了多通电话后，终于找到一家能满足客户要求的珠宝店，而且只要 10000 元。

交易顺利完成。

◆ 12. 找零钱

一位外国客人手里抓着一把硬币，一脸迷惑地，不知道该如何使用。尽管两人语言不通，金钥匙还是想办法把关键信息传达给了客人。她耐心地整理那把零钱，把乘公交车所需的钱贴在卡片上，并按照从大到小的顺序排列好。这样，客人出去就可以自己找零钱了。

◆ 13. 报纸

一位客人要金钥匙找 30 份德国法兰克福的晨报，第二天早上 7 点早餐会用。从网上打印的电子版不行，需要真正的报纸。外边能找到的国外报纸都是一两天前的，而且没有那么多。他必须赶快想出办法。他打电话给德国汉莎航空公司驻当地的代表，这个代表又给法兰克福一家酒店致电，第二天通过汉莎航班将 30 份报纸准时运送了过来。

◆ 14. 裁缝

一位新娘购买的礼服小了，过于贴身。可是所有来参加婚礼的客人都在等她，她只好深吸一口气，走下台阶。突然，礼服后面的拉链开了。她含着眼泪找到金钥匙，希望能找个解决办法。金钥匙安慰她，让她平静下来，告诉她情况没有那么糟糕（其实金钥匙的心里很慌，因为当时是周日下午，婚纱店都不营业）。突然，他灵机一动：现在最需要的其实是裁缝！他马上联系到一个裁缝，及时修改了新娘的礼服。最终，婚礼得以顺利进行。

◆　**15. 麻烦吗**

一次，有位客人将昂贵的珠宝遗落在了酒店。金钥匙出于善意、未经请示批准，便飞往那位顾客所在的城市，归还了珠宝。

不幸的是，这件事牵涉到酒店的责任问题。最终，这位金钥匙因为自己的好心受到了批评。这种行为确实有些鲁莽。

◆　**16. 婚礼**

3 小时后，金钥匙所在的酒店将要举行一场盛大的婚礼，但她得到通知，酒店所在的区域全部停水，而且不确定何时能恢复供水。她立即想办法与市区另一边的一家酒店取得了联系，租了几辆小型货车来搬运食物、用品和瓷器。在客人按原计划抵达自己的酒店后，她立刻把他们送上公车，前往新换的那家酒店。婚礼顺利进行。这个故事给人们留下了深刻印象，还登上了当地的报纸。

◆　**17. 牛奶**

一位流行歌星下榻酒店。他每天早餐一定要喝生牛奶，就是直接从奶牛身上挤出来的奶。为了满足客人的需求，金钥匙每天半夜去距离市区几小时车程的农场，并在第二天早晨及时返回酒店，以赶上客人的早餐时间。他甚至还穿着工作服亲自挤过奶，还跟奶农做了个交易，用酒店免费住宿一夜来换取免费牛奶。因此，客人分文未花。

◆ 18. 规则守护者

一位金钥匙接到一个客人要托运的箱子，上面写着"纪念品"的字样。金钥匙在打开箱子检查内装物品时，发现了毛巾、浴袍、烟灰缸等属于酒店房间的物品。他把这些酒店的财产拿出来后，将箱子寄走。结果，箱子中仅剩两件 T 恤和一张便条。金钥匙在便条上礼貌地解释了酒店关于客房用品的管理规定。

◆ 19. 寄食品

一位客人交给金钥匙一箱玻璃瓶装沙司酱，让金钥匙寄到澳大利亚。金钥匙礼貌地向客人解释，需要先打电话给航空货运公司了解向海外邮寄食品的规定。客人很生气，坚持声称其他酒店一直都可以邮寄食品。同时，她还跟丈夫吵个不停，从沙司酱到邮寄，再到金钥匙和酒店，所有的一切都让他们不满。他们没有耐心等待确切的答复，这让人很不舒服。但金钥匙知道，在了解清楚相关规定之前，绝对不能邮寄这个包裹。

◆ 20. 竭尽所能

金钥匙会去做任何一件能做到的事，永远不会说"不"。当然，不是所有的要求都能够得到满足。有些餐厅在晚 8 点钟时确实已预订满员，有些演出确实票已售罄。但是，有奉献精神的金钥匙一定会竭尽所能，并总是能够提供备选方案。金钥匙能够做所有事情，除了极少的例外……

◆　21. 给我拦下飞机

一位美籍男子快步走向前台。他脸色发白，眼角挂着泪花。面对这一情景，金钥匙想：一定发生了什么事。男子向金钥匙喊道：给我拦下飞机。金钥匙待他冷静片刻，并用沉稳的语调问："我可以为您做些什么呢？"男子紧张的神情略微缓和些，答道："父亲病危了，我必须立马回家。"

此时距飞机起飞仅剩 1 小时。

三位行李生注意到前台有异常情况，投来关注的目光。金钥匙立即请客人回房换衣服，然后指示三位行李生随客人上楼帮助打包行李。三位同事在确认还有其他两位同事原地待命后，快速走向客人所在的房间。

金钥匙走向迎宾员，向他们说："客人有急事，必须立马前往机场，请为客人叫辆出租车备着。"

金钥匙走到前台，对前台职员说："请为刚才的顾客办理退房手续，并开具收据。"

10 分钟后，拖着行李的行李生与那位客人快速从金钥匙眼前掠过。他办完退房手续，立即坐进迎宾员备好的出租车，直奔机场。

在此之前，金钥匙与机场人员进行了沟通。机场人员对金钥匙表示："由于距飞机起飞时间不到 1 小时，非常抱歉，无法帮忙。"金钥匙说："请您想想办法，无论如何今天也要出发。"在持续 15 分钟的沟通之后，机场方最后以"竭尽全力帮忙"结束了谈话。

最后，飞机起飞时间延迟了 23 分钟，客人顺利坐上了飞机。

◆　22. 成全一对新人

一位 30 岁左右的男子在接待处向一位女金钥匙求援。

"你可以从女性的立场帮我分析分析吗？我特别喜欢一个姑娘，想向她求婚。不过，她要我每月送她 1 万元的奢侈品作为礼物，可我每月收入只有 9000 元。满足她的要求的话，我在经济上就会十分拮据。"

此时，女金钥匙脑海里浮现出两个判断：一，这是女方为拒绝他的求婚而找借口刁难他；二，女方在考验他是否真心——也许这女孩子曾经经历过失恋的痛苦，以至于对所有男人都不再信任，因此故意提出苛刻的条件来考验他是不是真心喜欢自己。

他此时现身酒店，目的就是为了满足心爱姑娘的一个愿望。她要在这家五星级酒店的套房，跟他一同品味法国料理，并希望在套房的床上摆放一百朵玫瑰和含羞草。

显然，满足姑娘的愿望不仅仅是男生的要求，也成为金钥匙不可推卸的责任。

为使客人有一个完美愉快的住店体验，金钥匙乃至每一位服务生都须竭尽全力满足客人的各种要求。为此，我们不仅仅要明白客人已经说出来的意思（动用听觉），还要动用视觉、味觉、嗅觉、触觉等"五感"来揣测客人话里的潜台词（没有表达出来的意思）。

女金钥匙决定，站在姑娘的立场上，助这位男生一臂之力。为什么？她有一个推理：如果姑娘讨厌这个男生，绝不可能同意在酒店套房里共同进餐。因此，她确信自己的安排将增进两人的关系。

不过，接下来她将面临一个严重的现实问题：客人的预付金只有 7000 元，而这个数字只够套房费用。这就意味着套房里根本不可能有什么法国料理、玫瑰花、含羞草。

如何满足客人的要求呢？金钥匙做了最大程度上的内部争取。事情最终圆满解决，姑娘答应了男生的求婚，并决定与他白头偕老。事后，当得知了此事的原委，姑娘特意来到酒店向金钥匙们道谢。

原来，这位姑娘的确有过痛苦的失恋经历，导致她对男性不再信任，而套房里的晚餐、玫瑰花以及含羞草都只是为考验这位男生是否真心而设。

有幸见证了两位新人的幸福，女金钥匙内心无比欢喜。

◆ 23. 冰树温心

一位年轻男子匆匆走来。他手里捧着一棵水晶玻璃制成的圣诞树，对金钥匙说："我想要一个同样造型的，冰质的小型圣诞树。"他很认真地说，"在我们用完圣诞大餐，一起品茶时，冰树出现，戒指就藏在冰树中。随着冰树渐渐融化，然后……"他从背包中拿出一枚蒂芙尼钻戒，用一种极度不安的表情看着金钥匙，意思是说：能不能帮我？

金钥匙微笑着答道："没问题！"男子非常高兴，在办理了寄存钻戒的手续后道谢离去。

看着男子远去的背影，金钥匙陷入沉思：我该如何完美地满足客人的要求呢？

冰质圣诞树不难，交给厨房的冰雕师就好了。问题是戒指呈现这一环节。如何做到"恰到好处"？钻戒放在冰树的哪个部位？冰树放在房间的哪个位置？房间的温度控制在多少度？

圣诞夜终于来临了。酒店大堂、每一楼层，连同餐厅都布置了精心设计的圣诞树。

为确保"满意加惊喜"的效果，副总厨师长亲自操刀制作冰树，以确保新人无法从冰树外面看到钻戒。他还安排提前调好室内温度，并依此精确计算出冰块厚度与融化时间之间的关系。餐厅服务生也密切留意时间，唯恐因融化太快或太慢而不能做到"恰到好处"。

餐厅精心为他们准备了四重奏钢琴演奏，并按"计划"结束盛宴。他们开始安静地品茶。大约在进入餐厅后的第 120 分钟整，四重奏音乐响起，钻戒从渐渐融化的冰树中跃然呈现。

数月之后的一天，金钥匙注意到在酒店门口有位男子一直望着这边。正是那位钻戒求婚男。他们相互点头示意。这时，他身后的女子也点头示意，正是他的女朋友。看来，他成功了，因为姑娘的无名指上戴着冰树呈现的那颗蒂芙尼钻戒。

不对客人说"不"是服务业的一般常识，不限于酒店业。这个常识也不限金钥匙，而对应于所有的服务伙伴。

很多人纠结于这个"不"，会质疑：客人说什么都对吗？违法的事也要做吗？多数行外人士对此更有误解，觉得这是奴隶哲学的标签。

金钥匙认为，这时的"是"或"不"，意思不在"认同"或"不认同"客人所陈述的事项，而在对客人所陈述的事项表示我"知道了""我接受"。不说"不"，就是不能说"我没听到""我没听懂"或"我不听"，以此拒绝。所以，这时的"是"或"不"是心态，是态度。心态决定态度，态度决定一切。这时，"是"是一扇门，意味着接受客人的请求，"不"是一堵墙，不仅拒绝了客人的请求，也等于拒绝了客人的一切。只有进了门，才有进一步说话的空间。至于做不做、如何做等则是第二步要做的。

因此，无论遇到怎样的要求，侧耳聆听，充分理解客人的心情，是第一要务。不要一开始就先入为主地判断"难以办到""不可能"，而是应先接受，并竭尽全力为之。这才是"不说不"的真正含义。

◆　24. 竭尽所能

客人提出的要求五花八门,令人吃惊。例如,有位客人跟金钥匙商量:"我想进厦门建发公司,该怎么办才好呢?"你猜金钥匙会怎么回答?当然不会说不知道,而是给建发公司人力资源部打电话咨询是否缺人手,需要哪方面的人才等,然后建议客人写一份怎样的简历,并去建发公司面试。有铁杆足球粉丝问金钥匙:"昨天的比赛为什么就输了呢?你给我分析分析。"金钥匙当然不会说不知道,而是会向报社体育栏目朋友打电话咨询,然后回复客人。外出迷路的客人向金钥匙求援:"你能告诉我,我现在在哪个位置吗?"金钥匙会耐心询问客人所在地的标志性建筑,然后对着一一说明,必要时还会发一个电子定位图。客人经常会惊叹于金钥匙的服务,在道谢的同时感叹道:"这都能做到?!"

一天,一位客人指着窗外,对金钥匙说:"那里有架飞机在飞,你看到了吗?"

金钥匙凑近窗户看。客人继续说道:"啊,飞过去了,我想买那架飞机……"金钥匙笑了笑,心想,这可不是塞斯纳飞机或者滑翔机,而是大型喷气式客机,也许这位客人是在考验我的耐心吧。不过,这想法一闪而过,金钥匙马上在内心纠正了它:客人有可能是认真的。心态一转,态度为之改变,他答道:"真是太棒了!如果您方便,我给您查一查那是哪家航空公司的飞机。"接下来,他根据飞机经过的时间进行了预判,然后向机场确认,很快弄清这架飞机是美国波音747LR型客机,主要飞国际航线。

金钥匙拨打了波音公司的电话:"我的一位客人想买贵公司的波音747LR型客机。请问我应该怎么做,来帮我的客人实现愿望呢?"波音公司的工作人员在听完后大吃一惊，随后镇定下来，告知金钥匙，波音公司营业人员请求介绍双方面谈。

这位客人是真心想买波音 747lR 型客机。不过，个人购买喷气式飞机需要很多的条件，如必要的停机坪、飞机驾驶许可证，还有飞机起降要缴纳税金等。最后，双方的谈判无果而终。客人在离开酒店时无奈地对金钥匙说："我倒是有买飞机的钱，但是……真遗憾。"

金钥匙心中生起一片茶后的回甘：如果最初说了"不"——"真的假的啊"，"开玩笑吧"，"请不要为难我们啊"，"十分抱歉，我们无能为力"种种，就不仅仅是拒绝了客人的请求，也相当于拒绝了客人的一切。

能否做到让客人满意，必须在做了之后才能见分晓。在这里，千方百计寻找替代方案，是历久弥新的服务选择。当然，我们将竭尽所能，但不是无所不能，也可能最后的努力都将失败。这时，我们不妨老老实实、诚心诚意地向客人解释清楚。无论哪一种情况，都要去做——面对它，理解它，处理它，放下它。

酒店就好比舞台，只要从后台背景中踏出一步，便进入了演出环节。这时，台下准备的功夫就非常关键，否则一定砸场。

◆ 25. 替代方案

一位先生急匆匆向前台走来。金钥匙从男子严肃的表情中猜到肯定发生了什么棘手的事情。此时，最关键的是让自己镇定。他沉着地询问道："您有什么事吗？"客人声音超高且急促："名片丢了，能帮我找一找吗？"适才，他在酒店里举办了一个小型商务会议，在没有互加微信的情况下，这张关系着高达数百亿元交易的名片，无疑非常珍贵。客人说："等我发现的时候，名片就找不到了。我现在根本联系不到对方。"

金钥匙说："请您给我们一点时间。"然后，他立即请同事分头在客人所经过的地方进行地毯式寻找，包括会议室、前台及其周边、洗手间等，但是没有发现。金钥匙甚至去了垃圾收集场，也是一无所获。之后几天里，他们仍不放弃搜寻，依然没有。

放弃吗？不，必须做点什么！

回到原点：客人的期待是与生意伙伴取得联系，名片仅仅是联系工具。转而，金钥匙开始通过各种途径寻访那位商家。他们向客人了解商家的情况，寻找一同参加商务会议的其他人，向在场的酒店服务生了解情况。最终，他们找到了目标商家。

客人向商家表示道歉，并道出了事情的来龙去脉，商家将此视为美谈。而最终他们成功交易，皆大欢喜。

有时，酒店电话服务即使不开口，"不"的语气也会写在脸上。那么，语气如何上脸呢？关键在心态。心里不说"不"（心态），脸上就没"不"（态度）。

酒店电话服务常常没有"死而复生"的机会，过了就过了，因此语气服务至关重要。或许在平时，服务生都能静静聆听，处处为客人着想，但若不经严格的专门训练，一旦遇到麻烦，言语中就可能释放出"不"的气氛，而自己却毫无察觉。或即使因此而遭遇客人投诉，也往往找不到证据说员工处理不当，最后往往上下同声地认为是"客人无理"。其实，更多的时候，客人是会感受到对方语气中的情绪，因为他比我们更关心这个问题，而人在这种时候最敏感。

对应敏感，我们需要主动、迅速反应。主动、迅速乃服务精神的体现。同时，这也应该成为我们的思维方式。

◆ 26. 知"难"而退

一位常客电话打到礼宾司，金钥匙接起话筒，问好、报上岗位名，问："请问我能帮您做些什么吗？"客人说："能不能帮我找一家曾在最近一期旅行杂志上看到过的餐馆……"

然而，这位客人完全不记得这家餐馆的名字、地址，以及杂志的具体名称或发行日期等。金钥匙心中难免涌起一团困惑：这样的话，怎么查得到啊？话没出口，但客人还是觉察到了金钥匙的踌躇，很快表示："那就算了"，便挂断电话，金钥匙连致歉的话都还没说出口。之后，这位客人再也没光顾这家酒店了。

虽然这件事外人不知道，但金钥匙却陷入了反省：一定是自己的态度造成了客人的不满。他开始检讨自己的问题：当时不应该踌躇，让客人误解为不耐烦，而应马上说"好的，我了解了"。这种主动、迅速反应的精神才是服务精神。

"由于我的主动激发，客人脑海中可能会浮现出更多的'蛛丝马迹'，譬如这家店是意大利餐、中餐或日本料理，还有可能记得起菜单的内容。这不就有线索了吗？

接下来，我还可以帮助客人回想杂志的内容，是旅游信息类的杂志吗？那刊登的内容应该有菜单或地址，以及联系方式。再来，我还可以向客人询问杂志的大小以及厚薄。即使记不清杂志的发刊日期，但翻看杂志时大体的季节是应该清楚的，夏季还是冬季？从这些信息中，我一定能在某种程度上框定杂志的范围。当然，我平日里也有必要关注杂志类型。

在向客人了解了大致情况后，我还应向客人抱歉地说：'先生，我还不能立即回答您，给我一点时间好吗？'当天下班，我可以去书刊店看一看，并在途中向客人打电话报告看到的情况，或能诚心诚意地对客人说：'我看了这些杂志，还没有找到准确信息，能再给我点时间吗？'同时，我还可以叮嘱客人：'有任何线索，即使微不足道，也请尽快联系我。'

我相信，当我用心做到了这些时，即使最终没有找到那家餐馆，客人也会理解。现在的问题是我没做到——是我的问题。"

这就是金钥匙！

全域服务是酒店赖以生存的根本原则。或许每一个行业都应如此，但能完全贯彻的，当以酒店业为最。全域服务包括时间与空间两个维度。其空间维度即指酒店全体员工均需经三周（21 天）的基础服务常识培训、三个月（90天）的试用期，才能初步形成理念与步调一致，人与人、岗与岗、部门与部门之间配合密切，形成体系化的服务接待力，以同步满足客人的需求。其时间维度则如会员制酒店或俱乐部所强调的"一日入会，永久贵宾"的终生服务理念。它不同于一般酒店的思维之处在于，后者认为客我交集有时"一生只此一次"，酒店不过是客人生命旅程的一个中转站，前者更关乎"一次即是一生"的追求。

金钥匙服务是全域服务的一个精神标杆，而服务精神之重要，则不仅限于酒店业，一切服务行业乃至所有行业都适用。

◆ 27. 招聘会上的争执

在配合人力资源部参加员工招聘的活动中，人力资源专员与金钥匙发生了争执。

人力资源专员强调："按酒店招聘规则，不会讲英语，不会使用电脑者，不应录用。"金钥匙代表则坚持："如果应聘人员具备主动意识、服务精神和良好的价值观，不妨允许他入职之后自学。"他说："我以自己的人格和经验担保，自觉性高的人若在现场发现为客人提供服务时要讲英语，或必须会电脑，那他一定会主动学习，并在短时间内迎头赶上。反之，再怎么精通英语或计算机操作水平再怎么高，若不具备主动意识和良好的服务精神，终将没有机会发挥其英语和计算机操作能力。因此，我建议服务心理测试的结果应优先考虑。"

争执很快升级到招聘规则是否需要调整。作为后台岗位，人力资源部坚守招聘规则是正确的，但如果站到服务结果的立场上，招聘的目的是什么？是创造令客人满意的服务。既然如此，即使某些操作技能、技巧尚不高明，若能以良好的服务精神服务好客人，受客人喜欢，何乐而不为呢？

后来，人力资源专员与金钥匙代表达成共识：招聘的关键是看人有没有一颗为客人设身处地着想的心，并能自然地向客人表达出来——沟通力强。同时，酒店当局决定每年进行两次员工服务水准测试，一次笔头，一次口头，以把握大家对服务精神的理解。

服务精神需培育，培育之法有三要：用心照物，以心传心；三人行必有我师；永不言弃。这三个要点可以作为座右铭。座右铭在人生旅程中发挥着十分重要的指南作用。

从事服务业的人都有一个体会：手头上的事永远做不完，做不完的事都一个模样。久而久之，即生厌倦、怠惰，乃至马虎。因此，须先树立一个天职意识——上天生我就是为了服务顾客的，做好服务需要经受一定的磨炼，要用心照物，以心传心。用心照物，则能爱屋及乌，你所见的一切就都会有温度。譬如一株蒲公英，没用心时，它的形象大多是冷而单调的，而当你试着用心照物时，脑海中就会浮现出另一样画面：在温暖舒适的春日里，蒲公英尽情开放。之后，你用彩色铅笔在纸上勾勒出脑海中的画面，它就有了温度。再譬如，感觉近几天心里长了草，不安不舒服，便在心中描绘：我未来应该成为的那个样子……受人尊敬；然后，客观审视自己现在的状态，问自己：努力了吗？足够努力了吗？还有多大差距？

以心照物，亦意味着身边无不可用之物；以心传心，亦意味着身边无不可用之人。这时，你将发现别人的优点，承认并佩服别人比自己优秀的地方。仅仅是这一点变化，你将感到周边环境已然温暖起来。朝着这个目标努力，哪怕暂时做不到，也会心生欢喜。欢喜在哪儿？你会发现：三人行必有我师焉！客人是我师，同事是我师，朋友是我师。

有了这样的心态和环境，不管发生什么问题，你都会坚信自己能够解决它，并由此铸就你永不言弃的抉择与行动模式。服务精神之培育与提升，唯此为大。

◆ 28. 不轻言放弃

一位已经离店的客人匆匆赶回来，对金钥匙说："不好意思，我的圆珠笔丢了，能帮我找一找吗？"金钥匙立即想到：如果丢了一支普通圆珠笔，客人不会返回来找，那么这支圆珠笔一定有不一样的地方。他马上安慰客人，表示愿意协助，并询问圆珠笔的情形。客人说，圆珠笔是父亲的遗物。他与父亲吵架，然后离家出走，之后不久父亲便去世了。这支圆珠笔是客人从好友那里拿到的父亲遗物。他告诫自己，一定要好好保管。他哽咽着说："把圆珠笔弄丢了，心里就好像又一次丢掉了父亲。"客人流下了眼泪。

金钥匙表达了深深的同情，随后安排全体员工出动，在酒店所有地方搜寻，但最终还是没有找到。这里没有替代方案，只有找到那支圆珠笔。放弃吗？不！

金钥匙再三向客人详细询问他当天途经的其他地方，有没有进什么店铺，或在哪个地方休息过，并一一记录下来。下班后，他按客人所说的路线一路仔细寻找。

客人计划在酒店驻留三天。三天过去了，金钥匙们尽了最大努力，还是没有发现。客人有些过意不去，表示"十分感谢，找不到就算了吧"。但金钥匙没有放弃。

之后，他在上班前或下班后多次按客人所说的路线，一路寻找，道路中间、路边以及附近的店铺，都不放过。有些店铺甚至去过几遍，以至于店家都烦了：又是你，真的没有看到圆珠笔啊！

金钥匙依然不放弃：一定要找到！

功夫不负苦心人。三周后的一天，金钥匙终于找到了那支圆珠笔——它就落在多次对金钥匙说"真的没有看到圆珠笔"的那家商店里。

金钥匙立即联系客人。客人自然千恩万谢，哭着说："我自己都已经放弃寻找了。"是什么支撑金钥匙始终不放弃寻找？是"永不言弃"的服务座右铭。

第二章　第一印象

客人接待，尤其是贵宾（VIP）接待，成败的关键往往在于事前掌握了多少客人信息。没有信息，就不容易提供超预期的服务，无法制造惊喜。与一般服务生相比，金钥匙的最大优势是有更多机会去了解客人信息。因此，信息是优质服务的基础，而在不违背信息保护原则的前提下尽可能多地获取客人信息，也自然成为优秀服务生的重要条件之一。

老客户或常客之所以成为老客户、常客，其实就是因为我们可以从客史数据中清楚地了解到他们的个性、饮食偏好等，据此接待，自能投其所好，让客人步步惊喜。而对新客人而言，要做到这些确有难度，但如果我们能处处留意，掌握一些信息，哪怕很少，服务效果都会不同。因此，作为服务生，无论在哪个岗位上，都要具备收集客人信息的敏锐意识与主动精神，并力争在最短时间内，通过与客人直接交流去发现客人的个性、需求特征等。这也是服务精神的核心内涵。那么，"最短时间"有多短？约3分钟。

◆　1. 开水加面包

某著名演员第一次入住酒店的管家楼层贵宾房，并与金钥匙管家建立起良好互动。

这天，他很晚才回来。金钥匙管家一直等着，并说："您一定饿了。我已通知厨房为您烤了一份面包，五分钟后给您送上去。"5分钟后，他如约为客人送上了新烤的面包，并配了一杯温开水。这位演员惊讶得半晌合不上嘴："你怎么知道我喜欢这个？"

其实，这习惯不过是金钥匙管家偶然从他朋友圈那里听到的。

一件小事，满意加惊喜。

◆ 2. 泡温泉吗

一位政界大佬在酒店会谈，之后到咖啡厅休息，准备下一场会谈。金钥匙通过以往的杂志资料得知这位政治家喜欢泡温泉，估算了一下时间，十分充裕，就提议说："先生，您要不要参观一下我们的温泉设施，以便我们帮您准备？"客人十分吃惊："你怎么知道我喜欢泡温泉？"

金钥匙的贴心服务让客人很感动。之后，他向很多人介绍说："那家酒店真不错！"

◆ 3. 结婚纪念日快乐

客人走到餐厅门口，迎宾员笑容可掬地迎在那里，祝福道："先生，您好，结婚纪念日快乐！"客人当时的惊讶是可以想见的。再想想，如果在用餐时获赠了一份祝贺蛋糕，还有员工贺卡，客人的惊喜会不会更胜一筹呢？

◆ 4. 不设指示牌

一家酒店内不设任何一块指示牌，目的是增加服务生的信息意识，主动与客人交流。初访的客人很难找到餐厅或酒吧的位置，必须由服务生带路。这样的"服务小心思"，旨在促成每一位服务生都必须主动在短时间内与初次见面的客人建立起融洽互动。

显然，服务生必须细致入微、敏锐，并在服务环节设计上不留死角。如今，这家酒店最常见的场景是随处可见服务生与客人愉快地打招呼。他们在融洽的气氛中询问客人"去哪儿呢",然后主动表示"我带您去吧"。客人觉得"他顺路"而非刻意,一切沟通自然而然。

路上,客人在问有关餐厅事宜时无意识中说一句"今天要特别一点的",金钥匙就会敏锐地发现"信号",并非常自然地跟进:"哦,什么特别的日子啊?"客人笑笑说:"结婚纪念日。"金钥匙马上表示祝贺。之后,他向酒店其他岗位员工发出共享信息。或在交谈中获得诸如"今天是我女儿生日"之类的信息时,也会迅速在服务群里与其他员工共享。这样,当客人到达餐厅,餐厅服务生就会微笑着说"结婚纪念日快乐",或以"小朋友生日快乐"的问候方式迎接客人,还可能献上一曲祝福歌,或送上一块制作精美蛋糕。

客人如何能不满意且惊喜呢?

◆ 5. 信息保质期

客人问金钥匙:"能推荐一家比较好的餐厅吗?"金钥匙热心询问客人想找什么口味的餐厅,客人说本土的。恰巧,金钥匙刚刚了解过这类餐厅,并掌握餐厅的作息时间,因此在未与餐厅进行进一步确认的情况下,就介绍了一个地方。不幸的是,这家店偏偏这时临时关门整修。客人气冲冲地回来,狠狠地骂了金钥匙一顿。

任何信息都是即时性的,昨天的信息今天可能就失败了。

要在3分钟内获得客人信息,第一印象很重要。在服务现场,每一位服务生都是酒店形象的代言人。换言之,你所释放的第一印象直接就是客人关于酒店整体的印象。个人即酒店。

譬如,客人说"感觉××酒店很好",其实就是指某一个或几个服务过他的服务生表现好。相反，如果说"那个酒店不好"，当然也是指某个服务生的工作不周到。通常，客人不会说"感觉 ×× 酒店的服务员张三服务不周到"，而一定会说"×× 酒店不太好，态度恶劣，没有优秀员工"。或许，这样的说法夸张了一些，但根源一定在某些具体的人。金钥匙的职责之一，恰在于承担起维护酒店声誉与形象的重要任务。这是由礼宾司岗位职责决定的——最适合创造良好的第一印象。

3 分钟建立良好印象的关键，在于建立服务信任。信任一旦产生，好的服务感受如影随形：这个人照顾我，错不了。之后，其依赖心、包容心亦随之增强，会自然地、放心地把自己的需求告诉我们。这将是个性服务的第一步。那么，这第一步从哪里开始呢？仪容仪表。仪容是你的穿戴（静态），仪表是你的表情（动态）。

◆ 6. 仪容不苟

一位金钥匙男生，在干净整洁方面，他不容半点瑕疵；在穿装上追求职业感，避免任何可能引起客人不快的状况，或在任何细节上显得不修边幅。他说：这是一种职业礼貌，久而久之会影响心态——衣装不整，何以整天下。

他赢得了客人的充分信任。客人常常给酒店留言：事情交给他，放心。

◆ 7. 表情记录

在服务交流会上，一位金钥匙讲了一段自己的心路历程：

"个人觉得，最重要的是表情。表情表白内心，是骗不了人的。四目相对的一瞬，表情即决定了双方互相的第一印象。

一天，我从希尔顿酒店辞职，走在京城的大街上。这时，希尔顿酒店的人力资源经理从后边叫住我：'你怎么了？一脸无所谓的样子……'我没有故意装什么'无所谓'啊。我说：'有吗？呵呵，我以为只是发呆而已。'还有一次跟朋友喝茶，朋友忽然问：'怎么了？不高兴吗？'啊？我又吃了一惊。我当时既没有不高兴，当然也没有生气，只是平常心情啊！"

或许，大家都有过这样的经历：你自己都不知道你的心思已被表情出卖了；或者你的表情误导了人家的第一印象。于是，金钥匙就请朋友把我工作中和私下里聊天的状态用摄影机录下来。不看不知道，一看吓一跳，金钥匙发现自己认为的样子和实际的表现之间有着明显的差别。怎么会是这样？"我常常批评别人，原来自己也是这样的表情啊！难怪别人这样看我呢！"

从那之后，金钥匙开始注意面带笑容，还在客人看不到的地方放一面小镜子，时常检查自己的表情。渐渐地，不仅表情，心情也发生了变化。大家都说"你的笑容好美"。金钥匙自己也高兴起来。

如果说表情的变化叫作"职业微笑"，那么心情的变化就该是"美"吧！

再后来，金钥匙还向酒店管理层正式建议在服务后台工区放一面大镜子，以便员工检查自己仪表，获得了大家的认同。现在，几乎每一位员工都会自觉或不自觉地照镜子了。

◆ 8. 以人为镜

在服务交流会上，另一位金钥匙讲了类似的做法：以人为镜。

为了掌握自己的表情，创造好的第一印象，我的做法是暗中观察其他同事的待客表情，悄悄判断：这个表情不好，不会给客人留下好印象的；嗯，这个表情，客人一定愉快。同时观察客人的反应，前者果然是事务性的，事情办完，各走各的，几乎没有交流。而后者不然，客我交流十分顺畅。无疑，他们之间建立起了有信任感的第一印象。接下来，我把他的待客表情当成模板，通过模仿来训练自己。

进一步，我开始关注声音。很多同事平时说话和待客时截然不同，跟客人说话时不仅表情温柔，充满信赖感，言语声调也一样柔和得体。这或许就是职业态度或服务精神吧！不管怎样，这"换了个人一样"的切换能力让我佩服。有人说，站到接待台前就是上了舞台，人要进入表演状态，直到下台（班）。我一直不以为然，何必表演，自然流露不是更好吗？其实不行，下班之后仍然表演就太累了。之后，我每天早上起床后都会对着镜子向自己打招呼，进行发声练习，然后沉浸在心旷神怡的清新空气之中。大家都说我心态很阳光。

再一步，我关注优秀同事的动作。他们的动作有一个特点：轻。譬如，挂断客人电话，他们都十分恭敬，轻轻地、稳稳地放下话筒，女生则多用双手放下话筒。我觉得似乎没有必要这样，但学着这样做了之后，发现整个心情都不一样了。

一个人的言语、动作、表情与心情是一体的。当你认真对待一个事物时，动作首先会变得恭敬。如此一来，心会平和起来，然后声音、语言都变得和谐起来。更为重要的是，周围的人会因你而愉悦，那一团和气会像阳光一样返照到你，你会更加温暖。反之，如果你心存马虎，动作就会很大，甚至毁坏物品，会让周围的人立即产生不好的印象，并打乱你内心的平静，接下来可能错误百出。

所谓表演，就是有意识地恭敬、认真对待身边的一切事物。

◆　9.声音距离

　　一位金钥匙生性胆小，在刚刚上岗时，遇到客人经过，忙微笑行礼问好。一次，一位客人从身边走过，快要接近电梯时忽然折回身来，问这位金钥匙："刚才你跟我说什么？"金钥匙十分尴尬，说："没有别的，就是跟您道好。"客人"哦"了一声，走了。

　　后来，这位金钥匙成了这家酒店的服务培训老师，而契机就是这次的尴尬。他在给新员工回顾自己的经历时这样讲：要给人好的第一印象，说话发声与表情一样重要。这是一门艺术，服务生必备。

　　首先，与人相见的第一声招呼非常关键，既要热情、明快、清爽，不拖沓，又不能失掉温柔。这相当于给客人来个"开门见山"的亮相，而且是相互亮相。你的语气要确保能调动起客人的反应，否则无法沟通。接下来，他开始做一个试验：

　　"我向大家问：您好，大家同样回应我。"然后连问三次好，一次比一次声音高昂，相应地，学员们的回应声也一次比一次高昂。

　　信息发出的强度永远高于信息回馈的强度，也就是说，客人回应你问好的声音都会低于你的声音。因此，如果你的声音几乎不被听到，那么，客人就几乎不会回应，甚至可能发火，斥责你说"听不见""不知道你在说什么""大点儿声"，于是你不得不重复一遍或几遍。这会不会很尴尬？

　　事项叙述、说明阶段，声调要低一些，平稳一些，吐字要清晰，以便顾客能听清楚、弄明白。注意，不是只管自己说，而是要客人听明白。必要的时候，可以随时备一张纸和一支笔，便于进一步沟通。这叫氛围营造。

在交流过程中，如果客人很多（比如团队），你可能在不经意间被客人带着声调也高起来，甚至瞬间让旁人觉得"粗"，留下不好的第一印象。这时，只有自己注意到这一问题，并拉回来。为此，平时就要有意识地训练说话。

怎么训练？手机都有录音功能，大家发微信也常用语音功能，很多人录好了一段话会回放给自己听，确认一下。这其实都是训练，只是不够"有意识"。不妨有意识地听一听自己说的话，或在家里朗读一篇文章，录下来听一听。你会发现自己的声音里有很多问题，包括听不清、词不达意、啰唆、呼吸声很重、逻辑混乱等。

最基础的说话训练是发声训练。可以参加一些专项培训班。当然，改变与生俱来的声音是很难的。但经过训练，你会有意外收获，譬如懂得如何气沉丹田，如何打开喉咙，甚至身体状况都因此得到了改善。

另一点是语速。声音再好听，如果语速过快，一口气都不喘，也无法把意思完美地传达给客人。服务用语应该是平缓而有节奏的。

当然，自始至终观察、体会客人的心情是根本的根本。要跟着客人的情绪节拍，不能客人很急，你还在四平八稳。客人活力四射，你也要精神抖擞；如果客人十分冷静，你就不要太热情，否则会适得其反。

◆ 10. 微笑的电话

一般酒店服务规则都有一条："铃响三声内，接起电话，问好……"但在这家酒店的金钥匙服务规则上却明确要求："电话铃响两声内，必须接起电话，问好……"

为什么？金钥匙说：我们做过测试，这边铃响三声的时候，客人那头的电话可能已经响四声了。金钥匙果然心细如丝！

电话服务，包括接待、问询、营销等，也是创造良好第一印象不可或缺的环节。在酒店服务中，电话服务尤其频繁，大多客人与酒店打交道都是从座机开始的，并贯穿始终。因此，言语稍有不当，就可能"得罪"客人，进而失去商业机会。或许电话是没有表情的，但在金钥匙看来，电话不仅有表情，而且表情丰富，他们要打造"微笑的电话"。

无论一声还是两声后接起电话，都应微笑着问好："让您久等了。"如果超过三声接起，还要表示道歉："非常抱歉，让你久等了。"这时，电话就微笑起来了。而且，客人是能够"看"到你的表情的，"看到"你是在用心微笑服务还是在事务性地应对。

◆ 11. 行礼角度的意义

一家酒店金钥匙服务规则还关注了服务角度问题：注目礼，躬身15°，微笑示意；招呼礼，躬身30°，称呼客人姓名并至问候；致谢（致歉）礼，躬身45°，称呼客人姓名并致感谢或道歉。

要在见面3分钟内建立起良好的第一印象，在最初1分钟能否形成安全且友善的人际关系定位至关重要。譬如打招呼时不应与客人正面相对，而应错开一个角度（45°）最为得体。正面相对，等于挡住对方，当然很不礼貌，且容易产生压迫感，让客人紧张。面对面交谈也不好。行注目礼，点头示意，轻微躬身15°左右，视线投向身前1米处，会很自然。尤其是面对熟客时，既要表现出亲密不失礼节，又不能太夸张，让人觉得做作。招呼礼，就是发声问候，不仅要让客人听到，更要让客人看到、感受到，躬身幅度则可以在30°左右，视线自然投落在身前50厘米左右的地方。致谢礼或致歉礼，躬身可达45°，视线顺势落在脚边。这时要五指并拢，左手覆在右手上，背部挺直，面部下视，再徐徐直起身来，起身太快会让客人感到随意。

中国语言中除"您"和"你"之分，几乎没有太多的区分恭敬程度的词汇，所以我们一般规定"全句"为恭敬，"略语"为随意。后者如问候客人"早上好"或"您好"，前者如"××先生/女士，早上好，欢迎光临"或"××先生/女士，您好，欢迎光临"。

很多酒店都有类似的行礼规则或礼仪教育，但大家大都没有照办或没有坚持下来。一来觉得死板，不适合中国客人或中国国情，有做作之嫌。二来觉得难为情，不习惯。实际上，酒店非常需要一些仪式感强的服务规范，只要坚持下来，自然成习惯，将不仅是一道服务风景线，更是一场身心重构，并能在最大程度上释放酒店服务形象的影响力。

◆ 12. 不说"请慢走""请稍候"

一般酒店服务中的"请慢走""请稍候"这两个敬语，在这家酒店中被规定为"禁语"。为什么？

一位客人住酒店时，曾因一位员工对她说"请慢走"而非常不高兴。她说："我还住在酒店里，就说'请慢走'，是要让我走吗？"实际上，很多人都对此语有此感。甚至有人认为"请注意脚下"也不吉利。尽管只有一个人讲出来，经过酒店服务品质委员会讨论，还是将"请慢走"列为禁语，代之以"祝您（今天）快乐"。

很多时候，客人的问题无法立即回答，我们都习惯说"请稍候"。这等于让客人等待，也等于酒店无视客人的感受，一味地将酒店一方的状况强加给客人。酒店服务品质委员会讨论决定，以"马上办"代之。

"请稍等"与"马上办"貌似区别不大，但客人的感受却截然不同。由此可见，把可能产生负面影响的问候语换成具有正面意义的问候，是建设良好第一印象的重要一环。

金钥匙服务的本质是人际沟通，或称公关。90%的问题都是由于不同环节之间缺乏沟通而造成的误解。其中，自我设限或先入为主的思维方式是罪魁祸首。所以，改变思维至关重要。

譬如，看到客人在大堂一边吵嚷，一边往自己这边走来，就下意识地认为"有情况"并绷紧了神经。这其实就是成见。这时，不妨先把大脑化作一张白纸，然后关注与倾听。关注的具体表现就是询问姿态，如身体前倾或问一句"有什么可以帮助您"，随之而来的才有真正的倾听。倾听的具体表现就是听客人讲完，而不是不断插嘴。

当然，关键还是下意识里要不断在内心强化一个意念：客人投诉即创造优质服务之最佳时机。金钥匙的价值体现何尝不是在这里呢？

◆　13. 倾听客人把话讲完

很多问题看似滑稽，其实不然，如前面提及的"我想进某某公司工作"或"我想买那架飞机"等，只要你不先入为主地认为滑稽、不可能、与我无关，结果都可能成为现实。

这时，最重要的是让客人把话说完。这既是态度问题，也是技巧问题。没有听完，就不是真正倾听。即使觉得对方有错，也不必立即说"不"，连"不"的意念，如"我不知道"或"不知所云"之类的抵触情绪都要放弃。

在回答问题时，如果知道则可立刻回答，如果不知道，则不妨直说："抱歉，我不是很清楚，马上帮您查。"这样，大家都高兴。当然，这个"马上帮您查"不是虚与委蛇，而是真的去查。注意，任何信息都是即时性的，昨天的信息今天可能就失效。

◆ 14. 信息的即时性

在柜台前，客人问金钥匙，酒店的哪些菜最有特色，金钥匙说了两道。结果客人临走时很失望地说"根本没有那道菜"。显然，这是内部沟通出现了问题，而金钥匙的失误在于忽略了信息的即时性：餐厅菜单多受季节限制，随季节而变。

另一次，一位客人对金钥匙说："能推荐一家周边比较好的餐厅吗？"由于金钥匙之前已对这位客人所喜欢的餐厅类型有所了解，就介绍了一家。结果，还是被他狠狠骂了一通，因为那家号称"全年营业"的餐厅偏偏在那天临时休业。

◆ 15. 笔记本小子与三支笔

一位金钥匙被同事们称作"笔记本小子"，因为他随时都在做笔记。

他做了一个很小的笔记本放在制服口袋里。笔记本是自己做的，因为酒店制服口袋非常小，从文具店买的小笔记本也放不下。

跟客人交谈或在任何时候抓住了一些有用信息，他都会马上记在本子上，而且留意不要让客人注意到。本子左右对开页，记录客人姓名、房号及其相关的信息。更为细致的是，他在柜台服务时，一定会把笔分作三类，一类是自己做笔记的可伸缩的圆珠笔，一类是当着客人的面做笔记的圆珠笔，一类是随时可以借给客人使用的圆珠笔。

有时，客人在预订某一项服务时可能会顺嘴透露一句"小孙子满六岁了，要庆祝一下"什么的，他就会用伸缩笔记下来。记住这个日子，届时发信息或寄贺卡给客人，祝"××小朋友生日快乐"，如果是在店内举办活动，还会请餐厅送上插了六根蜡烛的小蛋糕。

◆　16. 切忌不懂装懂

有时，在与客人交流时，为了附和就嗯嗯啊啊，好像都明白，等到话题越聊越深，就不好意思说"其实我不懂"了，结果弄得自己很尴尬。

　　一次，在跟一位习惯使用苹果电脑的客人聊天时，金钥匙就遭遇了这样的尴尬，因为金钥匙不知道苹果系统不同于微软系统。后来，那位客人在酒店调查问卷上写道："一位女员工不懂装懂。她肯定不知道苹果系统。不知道就说不知道好了，为什么不谦虚一点呢？"这时不妨直说。请教了之后亦不妨表示感谢。

　　一位客人来礼宾司询问遗失物品。客人说："我把针织衫忘在酒店了。"当时，针织衫这个词还没有普及，金钥匙不知道针织衫是什么。于是就谦虚地问："针织衫是什么样子啊？"客人可能嘲笑我老土，但也无所谓，因为最后事情处理得非常圆满。

第三章　深度理解

按客人的合理吩咐去做，是服务的起码标准，是客人满意的起点。但显然这还不够，我们需要更进一步把握客人的潜在需求，因为客人未必都能准确传达自己的需求，甚至有时候客人嘴上所说的与真正需求之间有很大差别。当然，想在客人之先并采取行动做到，不是一件容易的事，但一旦做到了，客人一定会很惊喜。这里边有很多技巧，非用心极致者是做不到的。

◆　**1. 四份卡片**

现在远程出行的确方便了许多，有飞机、动车、高铁、轻轨、铁路快客、长途巴士、邮轮等可供选择。这天，一位日本客人来柜台说："明天去天津，帮我订一张北京到天津的机票吧。"

一般情况下，京津之间大家多坐动车。既然客人坚持，金钥匙也没多言，就帮客人准备了机票。客人说声谢谢便离开了。看着客人的背影，金钥匙觉察出他很是不安。这个不安源自客人的眼神。沉思几秒钟，金钥匙追上去询问。果然，客人第一次去天津，且中文并不地道，只是觉得飞机更靠谱。

于是，金钥匙为客人制作了日文和中文双语卡片，写明酒店礼宾司电话，酒店出发到机场、下飞机到目的地以及返回路线。客人如释重负。而最让他感动的是金钥匙还特意将双语卡做了四份：一份用于出门打车，一份用于下飞机后打车，再两份用于返程。并一再叮咛，有什么不明白的，随时打礼宾司电话。

第二天傍晚，客人安全返回酒店，十分愉快，昨日的不安一扫而光。

◆ 2. 观察眼神

客人焦躁、淡定等种种情绪、情感都写在眼睛里，善于观察者会发现一切服务先机。当人焦躁、紧张的时候，瞳孔会缩小；而放松、淡定时，瞳孔会变大。当然，它也受光量影响，即光量增大时瞳孔会随之缩小，光量减小时瞳孔会随之变大。两者要区分开来。

某酒店的金钥匙服务课程之一是观察人的眼睛，以训练其对客人心境、情感、情绪等的判断。在中国，最好的观察点在机场。观察一对夫妻的眼神，然后判断他们是同行还是送行。有些人登机之前很兴奋，有些人则不然。其次是沟通训练。有时双方会因为某一句话而高兴，或因某一句话而受伤，眼神中呈现出瞬息的变化。观察到眼神变化，推而知心，就可以防患未然或提早做好服务准备，确保客人满意。

这个观察法不仅适用于服务客人，也适用于同事间交谈。

◆ 3. 距离策略

任何时候，与客人保持适当的距离都十分关键。一般最适当的距离是1米，再根据具体情况进行调整。譬如，要讲一些私密话时，客人会主动向你靠近。这时，我们也应配合稍稍向前倾斜身体，并热心询问客人：有什么可以帮您的吗？客人吐露心声时，常常会伴随着不安感，而我们积极倾听的姿势恰好能安抚其不安的情绪。

此外，通过握手问候也可以拉近或保持合适的距离。通过手温，还能感知到客人的情绪。如果天不冷，而客人双手冰冷，则表明他处于紧张状态，若双手温热，则说明他比较放松。

大多时候，服务就是这么一点点事！

◆ 4. 心理钱包

获取信息是做好服务的前提。客人是怎样的人，从事什么工作，独住还是与人一起，公差还是私事，乃至背包的款式、衣服的风格、发型等信息，都会对服务效果产生影响，而获取这些信息无疑有助于服务效果事半功倍。更为关键的是，只有当金钥匙意识到这一点，才能算得上用心极致，否则何谈服务！

有了这个心理前提，某酒店金钥匙发现，在推荐店外餐厅时，首先要关注客人的预算，也就是他的心理钱包——无论他是否表示不在意价格。直接问客人"您的预算多少"当然不妥，多了少了客人都会感到难堪。简单地介绍餐厅的价位，也会破坏交流氛围。那么，怎么办呢？

金钥匙会专门到周边特色餐馆调研口味、价格等，然后为客人准备一份标有价格的菜单集，一边向客人说明哪里的菜式如何，一边不露声色地观察客人的心理钱包。

一位金钥匙说，他曾遇到一位带着女朋友过来询问酒店外哪里有好吃的牛排的客人，并表示远一点也不要紧，也不要考虑价格，于是推荐了刚刚开业的王品牛排。当晚客人回来时狠狠地撂了一句："你存心宰我是不是？！"进一步询问才知道，那里确实美味，只是价格超过了客人的心理钱包。

通过这件事，他还学会了除心理钱包之外的很多东西，如对餐厅的了解不应仅限于价格，还要看网评、杂志介绍等，介绍情况要尽量详细，如"这家餐厅服务态度虽然一般，但味道不错"，"这家餐厅氛围特别好，但味道一般"等，给人以身临其境的感受，效果大彰。还有，关于"价格高""价格低""好吃""难吃"之类的评价往往因人而异，介绍时应尽量避免，而代之以有标准和依据的内容，如烧烤店的烧烤方式、氛围、服务评价等。

◆ 5. 忌过度自信

在金钥匙服务交流会上，一位金钥匙发表了这样一番看法：金钥匙服务的针对性注定了其必须因人而异的行业特点，因此，任何话都不能说满，任何评价都不能绝对、武断。过度自信、不谦虚都可能惹事。

一天，紧张的工作告一段落，我建议大家吃块巧克力或甜食，并说："绝对解乏，心情超爽哦！"结果有人听了后不以为然地说："会发胖的。"那次我自己觉得很尴尬。服务也一样，千万不要把自己认为好的建议强加给客人。

◆ 6. 男女有别

一般说来，男性愿意听或讲述最核心的部分。例如，电脑故障了，男性一般会说发生了什么问题，什么时候能解决，怎样解决等。而女性则会说："昨天我们去中山路逛街，然后在咖啡馆里吃了点东西，出门刚上公交车，电脑就掉到地板上了，好心疼啊！"

对待男生，能简就简。但应注意，简不等于草率，而是要说或做一些有用、有时效性的事，如立即给电脑商打电话，以及告知酒店能给予什么帮助等。这叫就事论事式的沟通。

对女性，我们甚至可以问一些毫无关联的事，如"具体是怎么摔的"或"还去了哪些地方"。在交谈中把握客人的情绪，问清楚问题，最后向客人提出可行性建议或采取相应措施。这叫情景式沟通。

再如指示路线，金钥匙手头大都会备两张图，一张是酒店内部交通图，一张是酒店外部交通图（如果没有，说明基础工作不够。地图可以手绘，然后复印多份备用）。外部地图上会标注公路、铁路、地标、目的地等，跟客人介绍时可以指点，也可加标注。男性一般喜欢看图标，按图索骥；而女性则多愿意听你讲解：从 XX 站的二号出口出站，对面的道路向右拐，走200 米左右，有一个十字路口，在十字路口的左上角有一家花店，从十字路口继续前行 100 米左右，又出现一个十字路口，在第二个十字路口的左上角有一座名叫 A 海姆的公寓，通过海姆公寓向左拐，继续走 10 米左右，并有一家蛋糕店映入眼帘，就到了。

现在手机一般都有搜索软件，这大大简化了指示路线的问题，但对于一些方向感较差的顾客，详细讲解仍是必要的。

第四章　团队运作

酒店服务有一个公式：100-1=0。其有三个内涵：一个服务环节没有做好，所有服务的效果都会打折；一个部门或岗位掉链子，整体服务与管理效果会打折；一个人的行为步调不一致，酒店整体的形象、服务与管理效果会打折。因此，我们特别强调系统服务、团队作战、全员服务，而贯穿其始终、连通其内外的是团队精神。这个精神从哪里来？从酒店服务的理念、使命中来。当理念与使命浓缩为永恒的价值观（即信条）时，它将成为每一员工内在的指南针与定位仪。

◆　1. 信条卡片

丽思卡尔顿酒店全体员工胸前口袋里都放着一张四折卡片，员工称之为"信条卡"。放在靠近心脏的位置，为的是将信条渗透到心中。他们通过不断地培训、学习、体会、践行信条中的每一个内容，让自己成长。

这个方法，大家都可以借鉴。当然，问题不是如何把卡片放到靠近心脏的地方，而是沉入内心，融化到血液里，并化成每日的具体行动。

◆　2. 团队的智慧

还记得前面讲过的一个案例吗？一位先生希望和女朋友"在酒店套房里吃法国料理""想在套房的地板上摆满 100 朵金合欢和玫瑰"，这个套餐组合的最低消费超过 10000 元，而他的预算只有 7000 元。那么，金钥匙是如何帮助客人实现愿望的呢？

金钥匙虽非无所不能，但必尽其所能。这是每一个金钥匙都在践行的服务意志。这个意志源于何处？必源于酒店的服务理念，乃至使命，来自心中的闪光的"信念卡"。而同时，我们还要看到，这个意志背后隐含着的更加强大的团队支持体系。

金钥匙找房务总监，讨论降低包括房费在内的所有预算的方法。再找到厨师长，商量在不降低菜品质量前提下，选择便宜食材替代品的可能性。最后的问题是金合欢和玫瑰。黄色绒球般可爱的金合欢开在4月，告知人们春天的到来。但当时是初冬，酒店花房里没有金合欢。而玫瑰花一株更要25元。如果用100株花叶撒满地板，至少得2500元，这就超预算了。

金钥匙团队来了个头脑风暴：与其让女孩在进入套房的一瞬间看到地上撒落的玫瑰花，插在花瓶里玫瑰花能欣赏好几天，不是更能表达先生的心愿吗？之后，金钥匙再访酒店花房与店员协商：只要保持一天就好，可否给我一些已经下架的玫瑰花呢？花店大力支持，准备了100株玫瑰。床头的玫瑰花插得非常精致，床上、地上的玫瑰花瓣勾画出一个温馨的几何图案。浴缸、面盆、马桶槽里也点缀着花瓣儿，简而不凡。

金合欢呢？花房员工实在没辙了。忽然，一位调酒师出了一个点子：送上一杯叫金合欢的鸡尾酒怎么样？金合欢鸡尾酒被誉为"世上最美味最奢侈的橙汁"。因为它有着与娇嫩的金合欢般相似的颜色，于是就取了这个名字，在法国上层社会很受欢迎。

当天，女孩感动于男士为她准备的一切，满意且惊喜。她答应了求婚。

想一想，如果没有前厅、客房、厨师、花房、调酒工作人员的共同努力，这样一个天衣无缝的服务能够实现吗？这就是团队精神。

◆ 3. 团队运作

一家国际酒店刚开业几天，员工们显然还不熟练，但整体氛围却让人感受到一种强烈而连贯的团结、向上的劲头，连客人都被感染了。官微、官网、APP、微信、微博上，好评如潮。

前台生手们办理入住手续花了较长时间，客人排起了长龙。这时，经理和空下来的员工出来为客人分发橙汁。虽然经理是美国人，只会说一两句中文，但非常努力地与客人打招呼。客人们也很兴奋。一位女士说："连经理都这样热心，这家酒店错不了！"员工们深受鼓舞。

500份酒店宣传册不到几小时就发完了，前台人手实在紧张，脱不开身，只能向营业部求援，营业部员工连连说"抱歉，手头没有宣传手册了"，临了还不忘说一句"我们来想办法"。5分钟后，营业总监两手抱着宣传手册跑过来，问："够吗？够吗？"大家都很感动。

这家国际酒店每三个月举行一次员工聚会。会场音乐都经过精心设计，有时是让心灵放松的音乐，有时换成摇滚，员工们在一片温馨的气氛中享受他们的"美好时光"——经理们亲手为大家派发点心、巧克力、蛋糕。这种弥漫了法式风情的亲情，深深鼓舞了员工，令他们坚信自己的服务会成为中国第一。

团队精神的践行，靠的是团队运作，而要想形成这样的局面并持续下去，单靠热情不行，一定程度上的制度支持与制约非常关键。这里的"一定程度"，意味着服务不能过度制度化，因为制度在提升整体效率的同时，也可能磨灭个体的积极性与服务的针对性。

好在有金钥匙。金钥匙是酒店日益制度化、规范化、追求效率的工业化进程之中，最具灵活性、个性化、追求效果的机制。

◆　4. 早例会备忘录

服务早例会制度非常有必要。通过例会，当天客人的信息被准确地传达给员工。某酒店金钥匙早例会坚持了数十年，而他们的备忘录本身就让人深感专业、温馨，且不做作、僵硬，充满了个性：

"今天红单（紧急任务）一个，黄单（优先任务）一个，绿单（正常任务）七个，细节与分工请查询 OA，集中精力按轻重缓急秩序办好红单、黄单。"

"某某客人今 4 点左右会开一辆白色丰田阿尔法过来，请务必派两个人去迎接。"

"今天是某某客人的生日，注意告知餐厅迎宾岗，请客房准备小礼物。"

"昨天到店的某某客人说话语速快，性格偏急，接待时要简明扼要。请说话简洁的同事某某关注这位客人。"

"某某同事昨天处理了某某客人的投诉，并承诺六小时内回复，今天按时跟进，客人有了满意结果之后再下班。如果做不到，要直接询问客人意见，并获得客人的延时许可。"

◆　5. 一张便条

一家酒店礼宾司规定，凡客人提出的要求，都要写在一张 A4 便条纸上，抬头是"需求清单",内容包括哪位客人在何时提出什么要求并是由谁受理的。事无巨细都要全部记在上面,如:"某某客人,10点50分,询问去 A 商场的路线,王伟。"

一张纸大约可以写20条,金钥匙说,最多时每天可以写满四张纸。如果办结,就在该条下面画线标注。这不仅有助于有条不紊地办事,也能确保交班不乱,不会漏办事项。随着电子化办公系统的完善,如今,这个便条的内容将同时呈现在前台、餐厅迎宾台、客房服务中心的客服屏面。大家分享信息,连带感更强了。譬如,一位客人说:"我还想去一次之前在这里住的时候,你们(无法明确指代)给我说的那家餐厅。"

任何获得授权的岗位,都可以在电脑上查出客人上次入住的日期并调出当日"需求清单"。找出客人名字,也就自然知道是哪家餐厅了。

还有一位客人问:"请问那家可以掏耳朵的咖啡店在哪里?"客人是在杂志上看到这家店的,而接待员不了解,忙解释说需要查询。后来服务人员查到了这家店,在满足客人需要的同时,将信息分享给了所有员工。客户信息储备库就这样在不知不觉中建立了起来。

◆ **6. 交接班指南**

有时,客人会打电话问:"之前那件事怎么样了?"貌似没头没脑,而客人则认为所有员工都应了解。或有客人来电话问:"两天前这个时候接电话的那个小伙子在吗?"交接班制度的意义就在于解决这些问题。某酒店金钥匙制作的一份交接班指南(手工)很实用:

交接班指南分左右两栏,左侧是前班已处理过的信息,所有员工都必须知道。右侧是当前正在处理或待处理的信息,受理某某客人的请托或投诉,目前处理情况怎样等。接班人必须看并签名。大家都熟知了这些信息，就都能很好地应对突发状况，服务好客人。

你所看到的一切，都是你内心的折射。所以，作为团队一员，你的态度将影响别人（客人与同事）对你的态度。

◆　7. 每天放松 1 小时

因为要长时间接打电话，没有哪个金钥匙没有肩痛颈痛的毛病，而快节奏的工作也很容易让人筋疲力尽。不管金钥匙坐着还是站着，区别不大，只要在一线工作，都会对健康造成影响。

有时，客人言行粗鲁或无视金钥匙的存在，会使金钥匙心情低落。客人离店不打招呼、不握手、不表示任何感谢，特别是有些客人在酒店住了四五天，金钥匙给他们提供了大量的帮助，并开始对他们产生了感情。这些难免让人感觉受到轻视，颇感失望。

并不是说客人必须递上一个装满小费的信封，但至少应该向金钥匙表示敬意，毕竟他们为客人创造了一段美好的回忆。虽然金钥匙会克制自己，尽量不要感情用事，但缺乏认可确实会伤害到他们。

因此，我们需要调整。想一想，金钥匙不是有很多机会提供专业、一流的服务，改变别人的生活吗？那么，就为自己鼓掌喝彩吧！应该记住这些闪光的时刻，当心灵受挫时更应如此。

当然，无论怎样对自己说金钥匙工作意义重大，但身体与精神的疲惫还是经常令我们吃不消。这个岗位靠近大门，冬天常常受冻；夏天则不得不忍受空调的冷。女性金钥匙不能跟男生一样穿袜和裤子，难免患上寒症。加之服务业工资并不高，客人要求却日益增加，动辄以投诉相逼，爱被消耗，烦恼如影随形。

　　如何实现我们的服务精神？如何保持团队精神呢？其实也简单，即确保每天在工作过程中能放松 1 小时或至少 30 分钟，如安排时间到餐厅喝咖啡，定时到后台休息等。

　　这时，我们的工作制度中应该建立一个减压机制，包括辅导、培训、运动以及福利，将之形成制度，并不折不扣地执行。

◆　8. 对自己说早上好

　　养成每天早上起床之后，对着镜子向自己问好的习惯。看着镜子里的自己，就如在和某位高人说话，问自己："今天精神饱满吗？""昨天的疲惫缓解了吗？""今天脸色够不够好？"这非常有助于振作精神。尤其是状态不好的时候，难免情绪低落。这时只能靠自己调节。早上对自己的问候，给自己打气，能让低落的心情转好。

　　久而久之，对自己说早上好会产生一系列好的效果，如你会更主动地与别人打招呼了。过去你打招呼，人家不应，你会自己纠结："生气了吗？""有什么事？"现在不会再去浮想联翩了，因为自己已经能够很好地回应自己了。

　　渐渐地，你或将成为团队中最受欢迎的人。

◆　9. 为所有人祈祷

　　无论寒冷还是炎热，只要不刮大风下大雨，不妨将窗户、窗帘全打开，面向窗外，尽情地深呼吸。大地的能量、空气的能量、风儿的能量，这时最充足。晴天的时候，向着太阳说一声："好天气啊！"然后祈祷 5 分钟："愿今天一切顺利！""小 X 昨天很疲惫的样子，愿他今天精神饱满！""小A 和小 X 昨天发生口角了，愿他们今天和好！"带着这样的正能量走进职场，你将发现人人都阳光满面。

◆　10. 登台演出

金钥匙上岗好比登台演出。家里、班车、员工休息室是后台，前台接待、礼宾司、大堂是舞台。每一位员工都在扮演着自己的角色。"登台演出"这一想法，是某酒店一位金钥匙想出来的。

一次，他服务某著名演员，两人成为朋友。一天，这位演员跟他聊天，问道："小李，你觉得酒店工作有趣吗？我看你从早到晚忙个不停，一直说'欢迎''抱歉''谢谢'，而且工资也不高，是什么原因让你坚持留在酒店呢？"

小李脑海中首次浮现了"登台演出"四个字：跟您一样，我登台演出了！演技好了、真了，不仅能获得客人好评，自己也很快乐。

后来，他在丽思卡尔顿酒店店规中看到了"登台演出"这四个字。这就是英雄所见略同吧！

◆　11. 心情转换

不上班时可以懒散度日。下班后一定要换掉制服。做管理层的，尽量不要住在酒店里，让自己有一个上班下班的改变。这个过程叫心情转换。

酒店来了一位好莱坞男星，一直都是笑眯眯的，让人感到愉悦，对酒店员工也特别体贴。一天，我看到他正在与一位女性谈话，以为他们是熟人，事后得知这位女性仅是酒店一位客人。他没摆任何架子，就那么自然地聊着，以至于没人想到他是好莱坞大咖。

　　心情转换的另一个方式是进入自己的兴趣世界。喜欢什么来什么，美术鉴赏、舞蹈、音乐等都行。独来独往的人不妨邀二三好友聚聚。读书也是一法，且是一个大法。有些人一到书店就心情舒畅。

　　要善于主动为迎接下一个日出做好充分准备。

第三部分

实践篇

中国金钥匙组织年会
主题报告

孙东

中国金钥匙组织主席、创始人

金钥匙国际大联盟创始人

第一章　中国金钥匙奔向 2000 年

（第一届，1995 年 11 月）

　　第一届中国酒店委托代办研讨会到现在已告一段落。借此机会，我想总结一下我们这次大会的情况。首先，这次大会得到了大家的支持，我代表广州各酒店的 concierge 表示衷心的感谢。没有大家的到来就没有第一届中国酒店委托代办研讨会的召开。其次，要感谢白天鹅宾馆总经理杨小鹏先生及宾馆管理层，以及白天鹅从化培训中心酒店的管理人员和员工。没有他们的支持和帮助，这次会议就不会顺利召开。最后，感谢不远万里到中国参加我们会议的 Mr. Tony，中国大酒店 Mr. Akram Touma，以及以 Mr. Louis Balera 为首的中国香港区代表，新加坡应得回集团的周莉小姐等。你们对大会的重视，为我们的会议增色不少，并增强了我们今后做好委办服务的信心。下面，我想谈谈此次会议的一些收获：

　　1. 此次大会使我们有机会与国际酒店委托代办同行交流工作经验，在理论上填补了我国酒店业在 concierge 服务中的不足。

　　2. 比较全面地了解了世界金钥匙组织发展情况及国内金钥匙发展情况。

　　3. 与各地区同行建立了友谊、交了朋友，建立了与金钥匙组织的联系。

　　4. 宣传了世界金钥匙协会组织。

一、体会

此次大会有了一个好的开端，我们得到了大多数酒店的管理层支持，特别是像中国大饭店等酒店都派出房口总监或前台部经理参加。看看我们中国的同行 concierge，大家都比较年轻，这表示我们的未来充满朝气。我想，通过大会讨论演讲及观看上届金钥匙年会的录像，大家对金钥匙组织及其作用已经有了一个感性认识。由悉尼同行们组办的第 42 届金钥匙年会的成功，充分显示了悉尼金钥匙组织潜在的实力与坚实的社会关系基础，既体现了各金钥匙的效率和实力，又推销了各自的酒店及旅游设施，而且通过会员们的工作交往，可以看出金钥匙内部之间是互相关照、帮助，建立友谊，并服务于客人的，而我认为这一类的服务恰恰比较适合于服务商务旅游客人及特殊客人，能使酒店的服务变得更细致周到和具有高质量。通过与各代表的讨论及听取有关代表的演讲，我有以下几点深刻体会：

1. 一个酒店委托代办发展的好坏，其基本决定因素是管理层是否理解和支持。

2. 委托代办的运作成效来源于其有效的组织结构和有经验的员工。

3. 委托代办工作中最主要的问题是与管理层沟通的问题，他们的关系好坏决定了委办服务总体工作的好坏，以及给客人的印象。

4. 委托代办的工作需要更多方面的知识培训和人际交往。

5. 21 世纪委托代办必将在酒店中扮演重要角色。它是酒店管理层的好帮手，它解决了管理层许多的麻烦事，负责协调与周边社团、各阶层、各方面的关系。这种关系同样可延伸到为酒店宾客关系服务方面，提供带个性的高素质的服务，与客人建立友谊与信任。这种关系使酒店产生了带着亲情的服务，同时也将扮演酒店销售部门重要协助者的角色。

二、建议采取的步骤

1．首先，完善委托代办的基础建设与培训，争取提高委托代办金钥匙的工作质量和水平。

2．为推销酒店方面做点实际的工作，争取得到酒店管理层理解与支持。

3．多与周边酒店的委托代办及世界金钥匙组织各成员加强联系，沟通情况并进行有效的合作。

各位朋友，委任代办不是一项简单的工作，而是具有美好前景的事业。但美好的东西都要靠我们付出心血和热情去争取。让我们共同努力，使中国的金钥匙在下个世纪的酒店业中散发出更耀眼的光芒。

第二章 中国金钥匙发展回顾与新世纪展望

（第五届，2000 年 11 月）

中国饭店金钥匙组织从 1995 年 11 月开始筹备，至今已经 5 年了。5 年来，中国饭店金钥匙组织由小到大、由起步到合法注册，取得了可喜的发展。今天，让我们一同来回顾中国饭店金钥匙的发展历程。饮水思源，我们每一个金钥匙都应该清楚地知道，饭店金钥匙服务在中国的出现，最早是由著名爱国人士霍英东先生倡导引入白天鹅宾馆的。国际金钥匙组织荣誉会员——广州白天鹅宾馆杨小鹏总经理为此倾注了大量的心血。在第一届中国饭店金钥匙服务研讨会上，他首先建议我们抓住时机，发展中国饭店金钥匙服务事业，创立中国饭店金钥匙服务品牌。同时，国家旅游局各级领导和中国旅游饭店业协会领导对发展中国饭店金钥匙服务投入了大量的精力，给予了大力的扶持和指导。《人民日报》记者鄂平玲女士以高度的责任感和职业准则对金钥匙这一在中国新生的服务理念和服务实践进行了跟踪报道。在新闻媒介广泛宣传下，中国饭店金钥匙服务事迹引起了同行业及社会各界的重视。中国饭店金钥匙的发展状况也开始被国际饭店金钥匙组织重视。特别是从 1995 年起，国际饭店金钥匙组织主席非常关注中国饭店金钥匙组织的成长，并积极地支持中国饭店金钥匙的发展，国际饭店金钥匙组织历任主席和秘书长都来中国参加过我们的研讨会，介绍国际饭店金钥匙服务的发展和经验，与国内的同行广泛地进行交流和座谈。在广州举办的第一届饭店金钥匙服务研讨会有 26 人参加，其中有 7 名金钥匙会员；在北京举办的第二届饭店金钥匙服务研讨会有 64 人参加，其中有 23 名金钥匙会员；在南京举办的第三届饭店金钥匙服务研讨会有 101 人参加，其中有 34 名金钥匙会员；在大连举办的第四届饭店金钥匙服务研讨会 120 人参加，其中有 68 名金钥匙。到今年，在长沙举办的第五届 2000 年饭店金钥匙年会也得到了各大饭店管理层的响应和总经理们的全力支持。

1997 年，中国申请加入国际饭店金钥匙组织，成为国际饭店金钥匙组织第 31 个成员。2000 年 1 月，在国家旅游局、中国旅游饭店业协会和广州市政府的高度重视和精心组织下，在广州市成功地举办了第 47 届国际饭店金钥匙组织年会。无论在组织、接待、服务等方面，此次年会再一次展现了中国饭店精致的服务魅力，获得了国际饭店金钥匙组织各成员主席最高的赞誉。此外，他还对国际饭店金钥匙服务理念在中国得到发扬光大寄予了厚望。随着时代的发展、社会的进步，在这新的历史时期，如果有人怀疑金钥匙在中国会不会发展成功？回答应该是：中国饭店金钥匙发展没有理由不成功，因为它拥有一个"满意加惊喜""在客人的惊喜中找到富有的人生"的崇高服务理念，得到了一切关心旅游饭店事业的各级政府和领导的支持，得到了广大饭店总经理的关爱和支持，得到了广大宾客的欢迎，每一个金钥匙都为实践金钥匙服务理念和精神而不断努力工作，创造了一个又一个美好的服务故事。两把交叉的金钥匙正在发出更加灿烂的光芒，广大追求服务创新的饭店员工为之奋斗着。

1998 年 12 月，在何光暐局长的亲切关怀下，中国饭店金钥匙组织被国家旅游局批准成立，划归中国旅游饭店业协会指导，并作为中国旅游饭店业协会下属的一个专业委员会，1998 年 8 月呈报中华人民共和国民政部审批。2000 年 1 月，民政部正式下文批准中国饭店金钥匙组织注册登记。2000 年 10 月，中国饭店金钥匙组织已注册、登记，正式办理了合法组织的全部手续。到今天，中国饭店金钥匙组织已发展到 50 个大中城市，150 家高星级酒店里共有 200 名金钥匙。这支逐渐成长的饭店服务群体正在创造着更新的服务奇迹。

5 年来，所有了解中国饭店金钥匙发展情况的朋友都知道，这一切来得是多么的不容易啊！饭店金钥匙服务在中国的发展凝聚着多少领导、朋友、老师、记者、家人和酒店同行的辛劳、勤奋、泪水、汗水、兴奋和鼓励，各地旅游局、饭店协会和各饭店的总经理及金钥匙会员积极地支持配合总部开展金钥匙培训工作。2000 年，我们共举办了 13 期培训，送教上门，有来自全国各地酒店 600 多名服务管理人员参加了培训，并获得了饭店金钥匙资格培训证书。中国饭店金钥匙组织的发展正一步一步地迈向成功，中国饭店业已到了一个新的发展阶段。20 多年来饭店发展经历告诉我们，中国饭店服务太需要个性化服务品牌了，服务业需要一种贴近服务人员生活的服务理念，这样才能从根本上提高服务水平。中国的饭店在硬件方面已经赶上了国际水平，我们的个性化服务也要达到或超过国际同行水平，这是时代赋予我们这一代酒店服务管理人员的历史使命。

面向新的世纪，中国饭店金钥匙组织正在积极地准备去完成这一光荣而又艰巨的任务。我们深深懂得国际饭店金钥匙组织这 70 年历史的服务品牌所蕴藏的内涵和价值。它将帮助我们的会员饭店快速地走向网络化、个性化、专业化和国际化的世界酒店新的发展格局。

为了以上的发展目的，在国家旅游局各级领导的帮助下，中国饭店金钥匙组织与有"中国旅游业的黄埔军校"之称的中国旅游管理干部学院合作，成立国际饭店金钥匙组织中国培训基地。深化金钥匙服务理念的推广和结合国情的发展。在全国服务业、旅游业、饭店业推广金钥匙的服务理念、管理理念、经营理念，为中国的服务业、旅游饭店业输送更多更好的服务管理人才，为金钥匙会员饭店培养一批备受客人欢迎的优秀金钥匙。

随着中国饭店金钥匙组织的发展，我们将不断完善中国饭店金钥匙组织总部服务功能，依照国际饭店金钥匙组织要求和中国饭店金钥匙组织章程，严格展开对会员的考核和发展工作。长期以来，我们强调的是重质量，不重数量。通过 5 年的实际工作经验总结，我们认识到"金钥匙"的质量首先体现在是否有一个客人信赖的金钥匙服务团队和酒店综合服务的管理上，而建立这样的团队就需要总经理的直接参与，这样金钥匙的质量才会上去，才能带动饭店的服务链重组，饭店的金钥匙服务品牌才有了根本的保证。所以，我们将发展饭店礼宾部拥有三位以上的金钥匙成员饭店，按照国际标准制定严格的评核制度，使其发展成为国际饭店金钥匙组织会员饭店。

中国饭店金钥匙组织还将加大宣传力度，由总部统一向高档的商务旅游客人宣传具备金钥匙服务的饭店，如办好 ZOOM CHINA 会刊、游客出行示意图、会员酒店名录等。我们还将扩大对会员及成员饭店的培训、信息交流、专题研讨和市场推广等服务范围，定期组织专业对口活动等。希望在金钥匙成员饭店的基础上逐步发展中国饭店金钥匙组织会员饭店，形成中国饭店业最大的服务连锁集团。

我们还将继续与所有支持金钥匙发展的公司合作。我们在这两年来一直不懈地努力尝试建立前所未有的中国旅游饭店服务协作网络，建立中国饭店金钥匙组织计算机服务与客源预订网络。此项工作意义重大，任重而道远，我们要有充分的耐心和远见，才能把我们组织的这个最具商业价值的品牌资源利用好。我们相信，金钥匙的明天会更好！

第三章　加入世贸组织与中国饭店金钥匙网络联动

（第六届，2001 年 12 月）

2001 年，在社会各界、各行业领导和各位总经理的大力支持下，在全体金钥匙会员的协作努力下，金钥匙组织不管是在人员素质上、服务理念贯彻上，还是在服务领域拓展方面都有了进一步的飞跃，部分地区的区域性组织建立和完善起来，一些饭店的金钥匙服务得到了非常全面的推广，感人的案例和事迹层出不穷，会员之间协作更加紧密，社会各界的认同度不断增加，金钥匙的品牌优势得到了有效的发挥。值此金钥匙组织年会召开之际，请允许我代表中国饭店金钥匙组织，对支持和帮助金钥匙组织发展的各位领导、专家、同行们表示衷心的感谢！在看到成绩的同时，我们也要清醒地认识到当前形势的严峻和任务的艰巨。2001 年，随着信息时代的来临，中国饭店加入 WTO 所面临的行业竞争，国外集团对国内市场的冲击，申奥成功所带来的市场契机等，都给饭店业带来了新的机遇和挑战。从这个意义上讲，2001 年的金钥匙年会是一次具有历史性意义的年会，需要我们各位行业领导、业内同行正确认识时代赋予我们的使命，在饭店业市场竞争日益加剧的今天，加强合作、促进交流，谋求共同发展！

一、中国饭店业当前面临的三大机遇

当前，中国饭店业所面临的机遇包括国际旅游、国内旅游和饭店三个主要市场所带来的历史性机遇。

其一，国际市场带来的新机遇。就国际市场而言，按照世界旅游组织的调查报告预测，到 2020 年，中国将成为世界第一大旅游目的地，年接待入境旅游者 1.37 亿人次。这意味着，今后 19 年中，中国入境旅游人数的年平均增长率将达到 8.4%，将比世界旅游业的整体增长速度快一倍；在出境旅游方面，预计届时中国出境旅游会成为世界第四。2010 年，旅游收入将达到国内生产总值的 8%，从而确立旅游支柱产业的地位。而现在这一比例还不到 5%，也就是说，今后十年旅游产业要翻两番，大体每年要保持 12% 的增长率，如果达不到 12% 的增长率，我们规划的目标就实现不了。作为旅游产业支柱行业的饭店业市场，在今后相当长的时期内必将有一个稳定的扩张时期，市场需求量也将随着旅游业的发展而不断扩大，将随着中国加入 WTO 之后形成的契机不断扩大。

其二，国内市场带来了新机遇。1999 年年底，中央提出西部地区大开发的战略决策，伴随着西部开发的升温，大批商务客人和旅游客人源源不断地涌入西部，进一步促进了饭店市场的供给和需求。由此可以预见，中国在 21 世纪初出现的西部开发热潮必会像 20 年前在中国东南部出现的对外开放热一样，给中国的国民经济和旅游饭店业带来新的生机，并将为中国饭店集团化发展提供历史性的机遇。

其三，饭店市场带来了新机遇。就饭店业市场本身而言，还拥有巨大的潜力：一大批隶属于各大党政机关或交通、民航、金融等系统的饭店被同时推向市场，并正在经历着其他饭店在改革开放初期经历过的巨大转变。

他们迫切地希望加入饭店集团，早日分享"规模效应"与"区域经济"带来的综合回报，早日融入世界一体化的经济大潮中，这也为中国饭店集团化发展提供了千载难逢的机遇。随着集团化管理的优势已被越来越多的业内人士所认同，中国旅游饭店业出现了自发的集团化需求。因此，饭店业市场潜力巨大，发展机遇前所未有。

二、中国饭店业面临的三大挑战

看到机遇的同时，我们应清醒地认识到：机遇能否把握？旅游饭店的市场空间能否被我们占有？这尚是一个疑问。

1. 国际饭店集团对中国市场的强烈冲击。从 1982 年半岛集团管理北京建国饭店开始，一批国际饭店集团相继登陆中国市场。国际饭店集团借助统一的国际知名品牌、统一的管理模式、统一的广告宣传和预订网络，几乎垄断了各大、中城市的高档客源市场。如今在国内管理多家饭店的就有万豪、香格里拉、希达屋、希尔顿、凯悦等 19 家国际饭店集团。在第一阶段的决战中，国外联合控制了绝大多数的商务市场，取得了阶段性的胜利，1998 年到 2001 年，世界前 20 位的酒店集团以每年平均 6.4% 的速度快速扩张，且呈愈演愈烈之势。随着市场需求发展的成熟，敏感的境外酒店管理集团已展开了国际品牌向中国市场的扩张，美国 Cendant（圣达得）旗下的 Days Inn（天天）、Howard Johnson（豪杰）、Ramada（华美达），英国 Bass（巴斯）旗下的 Holiday Inn Express（假日快运）、Accor（雅高）等集团已开始行动，使用其中档酒店品牌在国内中档酒店业抢滩市场。相比之下，国内一小部分高档饭店虽列在跨国饭店管理集团名下，但近些年的成绩却不甚理想。至于不少地方政府或行业主管部门牵头整合的酒店集团，更是由于酒店相对集中、品牌缺乏号召力和一致性，以及经营权和产权的划分等问题，很难形成一致的客源市场。这种松散的组织缺乏统一的品牌号召力和有力网络合作，最后往往被强大的外方集团所冲垮。单兵作战的饭店更是步履艰难，处于市场夹缝之中。

2. 知识经济的挑战。表现在两个方面：一是人才争夺战的影响。在高度现代化的知识经济社会里，人才将成为企业竞争的重点对象，也将成为国际饭店集团继品牌大战之后的又一战役，由此引发的世界性人才竞争必将对中国饭店业构成前所未有的挑战。目前，中国旅游饭店人才市场的现状是熟练技工型人才（如餐饮、客房服务等）供过于求，经验型管理人才（如部门主管、部门副职等）基本供求持平，而知识型的管理人才（如部门经理、副总经理等）则供不应求，严格意义上的职业经理人在国内饭店业严重匮乏。这种知识型管理人才供求失衡极大地影响了中国饭店的扩充发展速度，并将在不久的将来使中国饭店业在进入知识经济时代处于更加被动的局面。二是互联网络对饭店发展的影响。入世以后，将有更多的境外人员进入中国，而多数旅游者是通过各种网络进行饭店客房预订的。目前，连接全球200多个国家6万家饭店的全球最大饭店预订网络已经开通，而我国60多个从事相关业务的网站，由于过于分散没有形成规模和品牌，单体饭店之间的营销系统、人力资源系统等没有形成优势的局面，造成客源分布极不平衡。

3. 饭店业的发展趋势对国内饭店同行提出了更高的要求。在产品转化上，从统一化向多元化过渡，从标准化向个性化转变的特征越来越突出；在服务发展上，总体呈四个方面发展，由传统的从标准化、程序化、制度化、规范化到个性化、网络化、专业化、国际化；在营销上，整体表现为网络化、定制化、人性化、品牌化。这些发展趋势都给中国饭店提出了新的课题。

新经济、新饭店、新机遇、新挑战，面对千载难逢的历史机遇，在国外饭店集团咄咄逼人的攻势下，面对市场销售的各自为政、品牌名目的繁杂无序、复合型管理人才的严重匮乏、企业战略的模糊不清等现状，我们该如何解决？我们凭什么竞争？我们靠什么赢得入世后的挑战？无疑，铸造强强联合的战略联盟是唯一的可行途径。

三、建立金钥匙饭店联盟，打造中国饭店世界品牌

国外叫合并，中国叫集团化。时代发展的趋势必然是饭店越来越多，饭店群体越来越少。法国雅高集团亚大总裁 David Baffsky 最近指出，"合并是影响未来五年内酒店业市场的关键因素。"集团化是市场的需要，方式主要有四种：一是由地方政府整合在一起的酒店集团，其优势在于资产有政府作后盾，资金实力强，但缺点是经营灵活性不够，产品线过长，优良资产不多，跨区域发展难度太大；二是由一些联谊性质自发组织的饭店松散联盟，这种联盟短期内发展迅速，但缺乏统一的品牌支持和一致的市场客源，在实践中很难操作；三是国际通用连锁经营模式，通过全资拥有或输出管理建立统一品牌、统一营销网络，发展稳健，深受高档饭店欢迎，也是当前外方集团扩张的主要方式。但连锁经营的门槛很高，不易在短期内形成市场规模，而且由于深度介入饭店的经营管理，不但会赶走或替代原来的酒店管理者，且在与业主关系的处理方面，往往难度很大。因此，综合考虑，采用第四种形式，即特许加盟的形式，以金钥匙品牌为核心，建立中国金钥匙饭店是当前中国饭店集团化发展的较好途径。

特许加盟是以国际知名品牌为核心，迅速扩张，提供一致的服务和经营理念。特许加盟在国外的发展已有悠久的历史，特点是以市场规模达成规模效益，目前在国际上被广泛采用，如世界最大的饭店特许加盟公司 Cendant 在全球拥有 5200 多家加盟饭店。对于加盟饭店来说，特许加盟最大的好处是资产、经营管理权和人事权的高度自主，可以享用全国性甚至

全球性品牌和销售网络，并得到实力雄厚的外部支持，正好克服了中、高档饭店在品牌、销售网络、人才战略上的劣势。因此，理论界认为，这必将成为未来中国饭店集团化的主要趋势。下面，关于组建特许加盟性质的组织——金钥匙饭店联盟，我谈点发展思路。

（一）关于建立中国金钥匙饭店联盟的基本思路

在全国 200 余家拥有金钥匙的高星级饭店中，筛选出当地星级饭店中最好或最有特色的三星级以上的饭店，这些饭店必须有三名以上金钥匙会员，能较好地贯彻金钥匙理念和精神，并经中国金钥匙饭店联盟考核后可批准入会。具体步骤如下：

1. 为加强与国际接轨，创造中国金钥匙饭店联盟的国际影响，并得到国际金钥匙组织的支持，在中国各大有金钥匙饭店的总经理倡议下，注册世界金钥匙饭店联盟有限公司 (CKHW)。制定出金钥匙饭店的宗旨、目标、服务理念、经营理念、统一的服务标准等具体内容，对加盟饭店的申报、考核、入会、复查制定详细可行性方案，统一发放给会员饭店作为经营管理的参照，以金钥匙服务作为金钥匙饭店的服务窗口，拉动饭店服务水平的提高和管理链的重组。运作方案从 2002 年年初推行，试行三个月后正式投入使用，计划到 2003 年，在国内初具规模，并形成一定的影响力。

2. 中国饭店金钥匙饭店联盟成立理事会，由成员饭店组成，定期召开理事会议，商议发展与合作事宜，并对世界金钥匙饭店联盟有限公司提出要求和建议，监督公司工作，同时总部将给成员饭店以品牌、客源、人才、咨询、战略发展等方面的大力支持。世界金钥匙饭店联盟有限公司设立董事会和经理层，董事会行使公司重大问题的决策权，经理层则负责公司的日常事务管理。

3. 金钥匙饭店以国内为初期发展地，筛选当地最有特色或最好的三星级以上饭店组成，金钥匙饭店按星级组成以利于客源互补。原则上，每个城市同星级同类饭店选择一家作为金钥匙饭店组织成员。

4. 金钥匙饭店的加盟。由加盟饭店提出申请，世界金钥匙饭店联盟将派出饭店管理专家检查考核，对饭店的管理服务综合考评，严格按照有关章程，经总部审批后方考虑吸纳。组织实施进退自愿和组织淘汰相结合的原则。

5. 联盟建立后，统一品牌，统一标识，全面导入金钥匙饭店专业的 CI 系统，对加盟饭店深入贯彻统一的服务理念，饭店之间以品牌和网络为主要纽带组成联盟，加盟饭店现有的产权、经营权、人事权不变。此项工作与联盟的建立工作同步开展。

6. 世界金钥匙饭店联盟有限公司是具体运作金钥匙饭店的市场机构，它将建立起强大的网络预订系统，连接国际饭店金钥匙组织成员和加盟会员，形成客源丰富的预订系统，实现加盟饭店真正意义上的客源共享、市场互补、利益共享，力争成为中国服务最好的预订系统网络，为加盟饭店输送客源并促进饭店之间客源的良好流动。

（二）金钥匙成员饭店的责、权、利（略）

（三）金钥匙饭店联盟的具体运作步骤

依据以上三个方面的基本思路，围绕"为金钥匙饭店办实事、为金钥匙饭店造声势、为金钥匙饭店打市场"的指导思想，金钥匙饭店组织将分三个阶段开展工作。

第一阶段是品牌推广时期。对于所有金钥匙成员饭店进行统一的 CI 设计，统一会徽、会旗、会歌等，饭店高层管理者将统一着金钥匙服装、领带、衬衣，以统一的形象展示于社会；同时，金钥匙饭店联盟将印制统一的金钥匙饭店宣传名录，收录各成员酒店的名称、地址、联系电话、金钥匙成员等内容，以宣传品的形式放置于各成员饭店大堂、咖啡厅及商务楼层等处，扩大对成员饭店的宣传；在金钥匙网站的基础上，成员饭店之间将进行网络友情链接，初步建立起良好的互利合作关系。此项工作计划从 2002 年 1 月初开始，到年底基本完成。

第二阶段是市场整合阶段。利用前期的宣传优势、规模优势和电脑友情链接等有利条件，成员饭店之间形成良好的同规模合作，即本地三、四、五星级饭店与异地的同星级饭店进行跨地域合作，形成客源的合理流动，成员饭店之间初步建立起品牌共享、客源共享、利益共享的合作关系。在成员饭店达到一定规模的情况下，总部将考虑为金钥匙饭店建立统一的金钥匙饭店预订系统，定期为成员饭店输送客源，从而推动各饭店效益的提升。

第三阶段是与国际饭店接轨阶段。金钥匙饭店联盟将根据发展情况，结合国际饭店业具体情况，统一拟定详细的国际市场发展规划，并完成国内金钥匙饭店与国际饭店金钥匙之间的网络链接，拟定适合国际惯例的金钥匙饭店市场开发细则，做好跨国度的合作，以国内金钥匙饭店为基础，向国外发展，以强大的规模优势成为世界品牌，最终成为入世之后中国饭店业内最强大的联盟群体。

通过以上思路的具体实施，以金钥匙品牌为纽带，以金钥匙服务网络为基础，在金钥匙饭店之间、在成员饭店内部的管理和服务方面、在成员饭店与宾客之间形成良性的互动关系，从而充分发挥金钥匙的品牌优势、网络优势和人才资源整合优势，帮助联盟饭店在顾客的心目中建立起高认知度的统一的饭店品牌形象，建立有效的预定网络，并有效提升中国饭店的国际品牌，最终达到强强联合、赢得市场的目的。相信有了在座各位专家、各位总经理的大力支持，中国金钥匙饭店组织必将会有一个更为广阔的发展前景，必将以规模效益给成员饭店带来不可估量的市场优势和管理优势，进而成为中国最大、国际知名的一流品牌饭店联盟，并推动国内饭店市场的良性循环，带动成员饭店社会效益和经济效益的全面提高。

第四章　新观念、新思路、新局面下的中国金钥匙

（第七届，2002 年 12 月）

2002 年，中国金钥匙在国际饭店金钥匙组织的支持下，在国家旅游局和中国旅游饭店业协会的领导下，通过全国金钥匙会员的共同努力，至 2001 年年底，已基本实现了第一个发展规划（1999 ~ 2002 年）的目标，即设立总部、组织发展与国际金钥匙组织接轨、建立培训体系和网络宣传体系，以及其他各项主要工作目标。这标志着中国饭店金钥匙组织由此为界，成功地完成了从无到有的一个历史性阶段，同时为下一个阶段（2003 ~ 2005 年）的发展奠定了基础。

新世纪的前几年是中国金钥匙组织实行战略性调整、完善组织运行机制与提高服务水准和进一步加强与国际金钥匙组织接轨的关键时期，也是为实现从弱到强的第三阶段目标打基础的重要阶段：实施品牌战略，开发人力资源，全面提高金钥匙会员的质与量，推动中国饭店业的个性化服务水平和集团化品牌的发展，参与加入 WTO 后的国际竞争，为中国实现世界旅游强国的目标做出自己的贡献。现根据国际金钥匙组织第 49 届年会的决议以及中国旅游饭店业协会关于中国金钥匙发展的指示精神，做出以新的发展思路制定中国金钥匙组织发展规划的纲要(2002 ~ 2005 年)。本纲要共分三大部分：1. 中国饭店金钥匙的基本回顾；2. 中国饭店金钥匙发展的指导思想、基本目标和

工作原则；3.中国饭店金钥匙组织具体实施计划（2003 ~ 2005 年）。

一、中国饭店金钥匙的基本回顾

1.中国饭店金钥匙组织自 1995 年成立至今，走过了一段曲折不平的发展道路。1998 年，国家旅游局的星级评定第一次将"金钥匙"列入星评标准，对中国饭店标准化向个性化服务转变起到了极大的推动作用，同时也为中国金钥匙的发展起到了"催化剂"的作用。

2.2000 年在中国广州召开的国际金钥匙组织第 47 届年会作用巨大。这次大会不仅加强了国际金钥匙组织对中国金钥匙的了解，而且加强了行业各级领导对金钥匙的进一步认识，也基本解决了中国饭店金钥匙作为一个组织生存的起码条件，为今后的长远发展创造了更为有利的发展空间。

3.深入贯彻落实了中国饭店金钥匙组织第四届至第六届年会的决议，并通过几年的努力工作，中国金钥匙建立了教育培训体系、会员管理体系、财务管理体系、网络杂志宣传系统等，已初步在我国饭店行业中奠定了金钥匙服务品牌的地位。

4.中国饭店金钥匙组织经过数年的发展壮大，目前已遍布全国 80 座城市，成员酒店达 280 家，金钥匙会员达 449 名，会员总数在国际金钥匙组织中的排名已经上升到第四位。如今，中国金钥匙组织在国际组织中的地位已经举足轻重。

5.面对加入 WTO 之后中国饭店业的形势，中国饭店金钥匙的发展也面临一些亟待解决的问题。金钥匙会员发展布局不够均衡，金钥匙人员素质也参差不齐，网络化服务机制尚未健全，国内客人普遍对服务品牌的认知度不够，金钥匙服务创新不够，培训师资匮乏，组织经费困难，人员流动大，管理运作机制滞后等。这些问题将严重困扰中国金钥匙今后的顺利发展。

二、中国金钥匙发展的指导思想、基本目标和工作原则

（一）纲要的指导思想

中国饭店金钥匙的发展继续坚持重质量不求数量的组织原则，以友谊协作为宗旨，以国际金钥匙组织的 35 个成员（地区）为合作伙伴，以充分利用互联网为手段，坚持朝国际化、网络化、个性化、专业化品牌组织方向发展，旨在帮助中国饭店业进一步加强与国际饭店业及国内外各大酒店间的服务网络协作，营造出一个既有竞争又有合作的良性循环的市场环境，继续做一些有益于中国饭店业发展的探讨与实践。

（二）纲要的基本目标

通过提高金钥匙素质，实现金钥匙网络化服务，提高品牌化组织形象，以首都北京为中心，会员发展重点由沿海发达城市向中西部城市倾斜，达到组织确定的 2 ~ 3 年内全国达到 100 座城市、500 家饭店、800 名金钥匙会员的全国布局这一较为科学、合理的格局目标。

（三）纲要的工作原则

1. 坚持国家旅游局和中国旅游饭店业协会的领导。

2. 坚持与国际饭店金钥匙组织接轨。

3. 坚持组织发展以质量为基础的原则。

4. 坚持"满意加惊喜"的服务理念。

5. 坚持网络化、个性化、专业化、国际化的品牌服务创新的可持续发展道路。

三、中国饭店金钥匙组织具体实施计划（2002～2005 年）

1. 健全完善金钥匙培训体系，实施层次化的培训计划。组织有关专家编写新的培训教材，继续办好金钥匙资格培训班，编辑《金钥匙服务案例汇编》，使用国际统一的金钥匙证书，并分区组织金钥匙服务研讨会等。

2. 继续加强金钥匙网站的建设。金钥匙网络要逐步建立与全国 100 座城市的金钥匙的网上连接工作，以及达到与 35 个国际金钥匙组织成员金钥匙网站的链接目标。完善充实每个城市金钥匙服务信息资料库。

3. 实施立体、全方位的品牌宣传计划，扩大金钥匙在市场上的知名度和影响力。

（1）加强与国内外传媒，包括报纸、杂志的进一步合作，重点组织一批有分量的文章进行刊载。

（2）加强与旅游卫视的合作，利用电视这个家喻户晓的媒体，编辑脚本，拟定专题，如采用请金钥匙介绍食、住、行、游、购、娱一条龙服务的方式，来拓宽市场对金钥匙服务品牌的受众面和认知度。

（3）充分利用社会资源，联合会员的优势，准备通过《大都会旅游指南》《金钥匙消费指南》等刊物，让金钥匙服务品牌有计划、有步骤地覆盖我国主要大中商务和旅游城市的饭店以及其他领域。

4. 推动和实施金钥匙职业经理人计划，解决金钥匙流动性大的问题。

5. 计划与各有金钥匙会员的酒店加强营销合作，开拓新的预订渠道，旨在增强各城市有金钥匙的酒店对常客服务及营销的力度。

6. 为了进一步保证组织经费来源的稳定，经过征询各酒店意见后，提出会费交纳方式与国际接轨。

7. 组织管理方面，在国家旅游局、中国旅游饭店业协会的指导和监管下，按照组织章程进一步健全完善民主监督及管理机制。

8.在加强与国际交流方面，为争取在中国再申办一届国际饭店金钥匙组织年会打下良好的基础。

各位会员，中国金钥匙正迎来一个大发展的时期，让我们齐心协力，努力学习，不断提高我们的思想认识水平和业务素质。转变观念，找准思路，当组织的目标计划都清楚后，等待我们中国金钥匙的是：以饱满的热情，务实的精神，同心协力地把各项工作计划一步步落实。同时我们也要做好迎接困难、挫折、失败的思想准备。只要我们坚守誓言——"我自愿成为中国饭店金钥匙组织的会员，秉承国际饭店金钥匙组织服务宗旨，忠于祖国，忠于法律，忠于企业，忠于客人。严格遵守中国饭店金钥匙组织行为准则；热爱本职工作，通过友谊与协作服务于顾客，为中国金钥匙服务事业而奋斗"，相信我们一定会迎来中国金钥匙美好的明天。

第五章　走向品牌化、国际化的中国金钥匙

（第八届，2003 年 12 月）

中国金钥匙从 1995 年成立以来，已经发展到了第八个年头。回顾这八年的历程，每每令我心潮澎湃。中国金钥匙组织经历了由小到大、由弱到强、由单一的服务个体扩展为精干的服务团队、由一种服务称谓转变为一个服务品牌的发展过程，就像一棵小苗，在国家旅游局、中国旅游饭店业协会和国际金钥匙组织的关爱和指导下，在全体金钥匙的共同呵护下，它已经成长为一棵大树。这其中倾注了金钥匙品牌创业者们的大量心血。

我们应充分认识到中国饭店所处的特殊的历史时期，中国酒店市场已经开始进入品牌竞争阶段。从行业角度来说，我们进入了一个从企业到个人都需要品牌的时代，所以我们对金钥匙品牌发展要有新的认识。每一位佩戴着国际金钥匙品牌的会员在这个时期都要了解和掌握品牌的知识及相关管理技术，特别是对国际唯一的饭店服务品牌，其特性、品质标准、顾客认知、企业认知乃至品牌提升、品牌培训运作等，都应有清楚的了解和认知，因为这将影响我们这一代酒店人长远的发展。长期以来，中国之所以没有培育出像希尔顿、雅高、玛里奥特等这样的世界级饭店集团品牌，也没出现类似世界一流的酒店组织，除去中国饭店业的行业机制等客观原因，我看还有一个重要原因，就是在国内缺乏做品牌饭店事业的人，我把

这些人称为经理人。如果有这样一批比职业经理人的使命感和事业心更强的酒店经理人在行业打拼中国饭店品牌，那围绕着这样的品牌事业，将产生大量的由先进服务理念统一起来的职业经理人，他们的成功将使饭店行业迎来一次新的从业高潮。在为金钥匙品牌服务了八年后，我感到，我们中国的金钥匙就是一批这样的事业经理人。我看到许多第一批的老金钥匙们现在都在酒店的中高层管理岗位上发挥着重要作用，而且还延续着金钥匙"先利人，后利己，用心极致，满意加惊喜"的服务精神，更以在业内把更多的优秀服务管理人员培养成为金钥匙当成自己的神圣使命。我想这一代老金钥匙都从自己的发展经历中感悟到，创建和发展出一个行业共有的服务理念，对酒店从业人员今后职业的发展有着重要的意义，它将避免重复前人所走过的弯路，并树立酒店从业人员全新的价值观与人生观。它所带来的影响必将是深远而卓越的。

如果我们再从另一个行业市场的角度思考，饭店业能够培育出一个在服务领域被消费者高度认知和信赖的品牌，将为企业及个人在营销资源和职业发展方面带来更多更好的机会。

所以，中国金钥匙总部及执委会经过充分研讨，结合目前形势的要求，提出在服务职能和人员培养方面进一步与国际接轨，在品牌创新和管理上，进一步按市场化规律来运作，充分借助现代通信技术和传媒的力量，加大金钥匙品牌的市场宣传力度，给那些长期投入精力与资金培养金钥匙的酒店带来服务品牌营销的效应。在今后的几年里，我们具体要完成以下几方面工作：

1.通过与移动通信等有实力企业的合作，利用现代化便利的通讯方式，形成一个全国金钥匙内部服务通信网络。这一方面可以大大减少各金钥匙成员及所在酒店对客服务成本费用方面的支出，并加快信息交流速度，方便客人享受金钥匙服务所带来的便利与快捷；另一方面可以方便全国金钥匙的联络与沟通，最大限度地消除地域限制，实现服务的全程化和完整性。

2. 中国金钥匙与有实力的传媒合作，确立金钥匙品牌的事业经理人的发展方向，并通过系统与专业化的培训，加强金钥匙在服务及管理方面的专业化程度，为企业和行业培养更多的精英。

3. 加强金钥匙网站服务信息及资料交换平台的建设，以使中国金钥匙网站在国际金钥匙组织里，其功能在时效性、准确性和可操作性等方面达到最佳效果，给广大金钥匙会员的工作、学习、交流带来最大的便利。

4. 加强总部服务功能建设，充分发挥这个平台的作用，帮助新的会员迅速使用网络服务资源。

亲爱的会员们，在新的一年里，只要我们在国家旅游局、中国旅游饭店业协会的正确指引下，只要金钥匙们保持旺盛的服务激情，只要金钥匙们扎扎实实地做好本职的服务工作，随着中国市场经济体制改革的深入发展，中国金钥匙必将迎来一个美好的春天。

第六章　信念与追求，品牌与未来

（第十届，2005 年 12 月）

　　中国金钥匙在国际金钥匙组织的指导下，得到了国家旅游局和中国旅游饭店业协会的大力支持和关怀，经过各省、市旅游局和各大星级酒店总经理的积极推动和全体中国金钥匙会员的不懈努力，目前已发展到 27 个省、市、自治区，131 个城市，612 家高星级酒店，会员 1018 人，已初步形成一个庞大的个性化服务网络。

　　这一切是怎么开始的呢？第一代中国金钥匙满怀一种坚定的信念，开始了对金钥匙极致服务的追求。不管遇到什么困难，从无到有、从小到大、从单体到群体、从流程设置到网络建设、从金钥匙服务到酒店的金钥匙工程，中国金钥匙就是这样一步一个脚印，一边探索一边总结，一边发展一边感悟金钥匙"先利人，后利己；用心极致，满意加惊喜；在客人的惊喜中找到富有的人生"理念的真谛。在这日复一日、年复一年的不断追求中，我们给客人带来自信、欢喜和方便，也使自己得到了成长、壮大和提升；也正是在这种追求中，铸造了中国金钥匙忠诚的信誉。这种追求给中国酒店业带来了一大批忠诚于企业，服务于旅游事业的奋进者，如广州白天鹅宾馆、北京王府酒店、南京金陵饭店、大连富丽华饭店、长沙华天大酒店、厦门悦华酒店等。这些标志着中国金钥匙理念与追求之路的里程碑式的酒店，无一不是中国酒店优质服务的佼佼者。中国金钥匙的发展正是一大批中国优秀酒店的共同追求。正是在对理念与品牌的追求中，中国金钥匙服务品牌诞生了。

2000 年，国际金钥匙组织年会在中国成功召开，推动了中国金钥匙第二个发展阶段，使中国金钥匙服务走向了品牌化、国际化的发展道路。在这个时期，我们确曾感迷惘——会员发展重质量还是重数量？品牌培育是用协会模式还是用市场模式？中国金钥匙反复尝试，深入思考。为此，我还请国际金钥匙组织创始人的儿子 Jean Gillet 先生指点迷津。在国际金钥匙组织的 75 年发展历程中，从未有过类似中国金钥匙的发展情况与市场条件。记得有一次，Jean Gillet 先生对我说，通过中国金钥匙的发展，让他明白在中国什么事都可能发生。他鼓励我说："年轻人，只要遵守国际金钥匙友谊与服务的宗旨，它将会引导你在东方这片最古老的大地上培育出最美的服务品牌。因为在中国还没有一个服务品牌，这是机遇，也是最大的挑战。"

中国金钥匙的发展克服了许多困难，建立中国金钥匙总部，进行系统化的培训，不断完善自身的管理与运作水平，大胆变革。通过几年的时间，中国金钥匙终于走出一条既符合中国国情，又与国际接轨的品牌管理与运作模式，为品牌朝着个性化、网络化、专业化、国际化发展打下了坚实基础，也迎来了今天这个欢欣的时刻。

今年是中国金钥匙发展的第十年，我们又迎来了第三个发展的历史时期。中国金钥匙正面对着机遇与挑战。中国政治上的稳定给中国经济带来了巨大的发展前景。中国的服务业、旅游业、酒店业正进入个性化消费阶段。顾客对个性化服务品牌将更加重视。作为中国唯一的，也是最早引入的国际服务品牌，正面临着最大的发展机遇，而这个时候，中国金钥匙是否做好共享金钥匙服务品牌的准备呢？

首先，我们要清楚地意识到，不久的将来，优质顾客的消费需求将更多地转向个性化的特殊产品，更多地消费品牌所带来的优质与服务。而在这个过渡时期，中国金钥匙是否做好了准备？是否在观念上、在服务的系统上、在品牌的管理上做好了准备？是否给所服务的企业带来最具个性化特点的网络服务？这些就是我们中国金钥匙所面对的最大挑战。为了面对这个机遇与挑战，中国金钥匙总部组建了中国金钥匙发展委员会，肩负着中国金钥匙今后品牌发展的规划与保护的重任。中国金钥匙服务管理委员会由各城市金钥匙首席代表组成，负责金钥匙服务的开展及网络关系的建立，以使中国金钥匙做得更专、更精、更国际化。中国金钥匙会员管理委员会由各城市金钥匙秘书长组成，主要肩负会员的培训、考核及管理、宣传，以使中国金钥匙的管理更系统和更有秩序。同时，这些都为我们未来十年品牌化发展打下坚实的基础，实现品牌化发展的目标。

金钥匙品牌被广泛地认知；

金钥匙理念被广泛地推广；

金钥匙标准被广泛地接受；

金钥匙网络被广泛地使用；

金钥匙培训被广泛地欢迎。

为此，金钥匙总部将实现会员管理数据化，金钥匙培训体系化，金钥匙发展社会化，金钥匙服务网络全球化。

亲爱的会员朋友们，金钥匙是一种品牌，是一种信念，是一种文化，是一种力量，是一种希望。我们所希望的是，回顾我们一生的辛劳，最引以为豪的，很可能就是协助创建了一个以其价值观、方法论和目标对中国饭店服务业产生深远影响的品牌，留下了一个可以永续经营、持久发展并继续作为服务典范的组织。

第七章　品牌管理与发展，服务网络与创新

（第 11 届，2006 年 11 月）

今年是中国金钥匙发展的第 11 年，我们在庆祝十年辉煌创业的同时，骄傲地走入新的十年。现在，摆在我们面前的是新的重任和新的挑战——我们应该为中国金钥匙未来的发展做些什么？我们将为国际金钥匙品牌的发展贡献些什么？我们将为我们所服务的企业和客人带来些什么？我们要为热爱我们的朋友和客人奉献些什么？这些都需要我们共同去思考，共同去面对，共同去实践。

中国金钥匙经过十年发展，十年间我们经历了太多的风雨和磨炼，深知它的每一步都需要脚踏实地。今天的中国金钥匙已是一个网络规模巨大的服务组织，在行业内具有一定的影响与认可，其品牌效应已经上升到另外一个层面。而这个时候，如果我们仍停留在原来的管理方法与管理水平、管理理念与制度上，不去提高我们的意识和素质，那么我们的组织必将停滞不前，我们创造的优质服务品牌将被社会的竞争所淘汰，而我们这一代人之前所付出过的心血与精力将白白地失去。

金钥匙品牌是我们组织的核心和灵魂，品牌在则组织存，品牌强则组织强。金钥匙品牌不仅是我们组织为之奋斗的旗帜，也是我们全体会员的荣誉与信心。

中国金钥匙的起步顺应了中国酒店业极致服务、个性化时代发展的服务需要。金钥匙成为行业的个性化服务的代表，经历过行政体制与市场体制的选择，最终形成了市场化发展的服务品牌地位。中国金钥匙们在"先利人后利己；用心极致，满意加惊喜；在客人的惊喜中找到富有的人生"的理念引导下，一路向前，克服重重困难，过了一关又一关；以务实与进取的工作实践，赢得了国际金钥匙组织及行业的认可，令我们这一代酒店人感到无限的荣耀和自豪。

正当我们满怀信心，规划着未来十年的发展计划时，我的担忧也接踵而至。

首先，我们的会员和我们的地区负责人是否真正将服务理念及品牌质量上升到一定高度来理解？是否有足够的耐心规划我们的愿景？是否有各种人才来充实和丰富我们的服务内涵？是否充分掌握和应用网络技术工具？是否常常反思、不断地学习和进取？是否有完善的会员考核评估体系？是否建立了健全的管理制度？是否建设好宣传平台？是否能根据企业和客人的需求延伸我们的服务……

我们的会员如果不能通过实践，将理念与本职工作相结合，就不能调整好自己的心态，就不能去面对工作上的困难和社会生活等各方面的压力，就会做出一些不可理喻的事情……

孔子在《论语·述而》中论及国家在转型动荡时有四件事让他担忧。他说："德之不修，学之不讲，闻义不能徙，不善不能改，是吾忧也。"也就是说，人们不再讲品德的修养，也就是不积德，人人浮躁，不肯老老实实做学问，知道应该做的事情却不肯去做，知道自己的问题和毛病，却视若无睹，无法改正。古人的忧虑也适用于今天。

所以，我们应该静下来，认真地学习，审时度势，认真地研究品牌的维护和品牌管理，才能真正地去迎接挑战，才能开创我们的未来，进而达到创新与发展。

提到金钥匙服务创新与发展，其实就是我们品牌如何创新与发展。首先就要抓好品牌管理。品牌管理就是围绕着品牌的核心竞争力，通过品牌延伸、品牌创新、品牌策略、商标管理等内容来增强品牌的知名度和美誉度，实现品牌价值的保值和增值，从而让品牌释放出巨大的潜能，巩固和提升品牌的产品和服务的市场地位，并使其转化为可持续的社会和经济效益。

品牌管理是一个有限监管、控制品牌与消费者之间关系的全方位管理过程。它最终形成品牌的竞争优势使成员更忠于品牌核心价值与精神，从而实现品牌的长盛不衰。

金钥匙品牌的核心价值就是"在我们从事的行业中，会员不是无所不能，但是一定会竭尽所能"的承诺，所以我们要围绕着核心价值的实现来开展工作。

1. 不断加强对会员进行培训和教育，开展学习与总结，真正提高大家对品牌的认识和觉悟。

2. 不断完善和提高地区网络和网络技术的应用，建立网络化的服务及委托代办业务体系，最大限度地为客人延伸个性化服务。

3. 不断提高地区执委会的品牌管理能力和品牌宣传能力，即不单是金钥匙会员，还有地区执委会，都应制定切实可行的有利于企业、有利于客人、有利于品牌、有利于会员的工作计划，加强执行力，并定期进行总结与汇报。

在未来几年，中国金钥匙服务的创新与品牌的管理都将围绕着组织网站的升级换代展开。长期以来，总部人员多与各地区首席代表、秘书长联系沟通，而对会员及信息的管理效率太低，主要表现在信息准确度低、反馈及执行力低、市场影响力低。这一系列制约我们品牌管理及网络化服务创新的瓶颈问题都将随着系统的升级改造而逐步加以解决。当我们完成组织的信息化、网络化建设后，中国金钥匙的工作效能及资源整合力将大为提高。而且，顺应品牌在服务业的发展，网站将成为各地区服务资源整合点，成为各地区会员观摩学习交流的最好实体表现，也能最大限度地延伸我们的服务。我们从 2000 年以来提出的网络化的金钥匙服务的宏伟目标即将在这个平台实现。它将对每一个拥有金钥匙服务的酒店展开有效的宣传，更好地发挥品牌监督的效果，使顾客更直接地了解金钥匙服务，使金钥匙服务效率更高、资源更广、影响更大。

我想，也只有中国金钥匙这样的组织，在没有外来资金的帮助下，克服重重困难，一步一步地摸索学习，用五年时间去坚持完成一件我们认为难以完成的工作。五年，也许有的人认为太长了，也许对有的公司来说根本不用这么长的时间。但是，在这五年里，总部要一边解决大量组织建设、机制调整、资金困难、会员管理的问题，而且还要不迷失方向，坚持朝这个方向努力。这种坚持，就是金钥匙的精神——重承诺、排除万难，以高度的责任心和耐心去实现诺言。这是许多卓越的公司才有的品质，难道不值得我们骄傲吗？有了这个先进的平台，我们就具备了实现十周年提出的未来发展目标的基础条件，就可以与各服务协作企业的金钥匙对接，真正开创金钥匙第二个十年的辉煌。这样，我们的组织就能用一至三年时间为品牌实现未来十年目标打下基础，使金钥匙品牌为广大消费者认知和认同，而我们的组织也在这个过程进行着卓越品牌的修炼。"一个链条，最脆弱的一环决定其强度；一只木桶，最短的一块限定其容量；一个人，性格最差的一面影响其前程；一个品牌，最脆弱的环节遏制其生命。"我们现在最脆弱的环节就在品牌管理，这在去年年底我们就开始意识到了。通过一年的观察，总部更加确定，将把品牌管理作为今后的首要工作。虽然品牌管理有很大困难，但我们一定要攻克它，一年不行就两年，两年不行就三年。我相信，在全体会员的共同努力下，在酒店业的总经理们及行业领导的支持下，我们一定会取得成功。这个历史的重任和难关一定要承担和攻克，我们第一代中国金钥匙也必将以我们的激情和青春、我们的智慧与汗水去完成它。

亲爱的会员朋友们，我们是否已经真正了解了或者说透彻了解了我们的组织与品牌，我们是否真正了解了我们的事业和所处的时代？我们是否真正了解摆在我们组织与个人发展中的种种问题？让我们一起来学习品牌管理，让我们一起来爱护和发展我们的品牌，让我们一起来分享品牌带给我们这一代金钥匙的光荣与梦想。

第八章 迈向"更高、更快、更强"的中国金钥匙

服务质量更高、服务效率更快、服务网络更强

（第 12 届，2007 年 12 月）

本届大会是在 2008 年北京奥运会、2009 年国际金钥匙组织 80 周年以及第 56 届年会、2010 年上海世博会、2010 年广州亚运会的服务大背景下召开的。

这三年间，中国的服务业、旅游业将面临前所未有的挑战和机遇。这次年会就是为了中国金钥匙更好地迎接这次历史机遇和挑战召开的准备会议。

首先，我们从奥运精神中得到启发，中国金钥匙只有在广大消费者面前展示我们的服务水平更高、服务效率更快、服务网络更强，才能在这一历史时期，抓住这个历史性机遇，实现金钥匙品牌在市场中、在中外消费者心目中地位的历史性突破。

我们如何实现这个目标？总部已为此做出周密的规划和部署。在金钥匙服务理念的指引下，我们经过五年的努力，在相关软件公司、总部及地区会员的共同努力下，全国范围内有金钥匙会员酒店的联网服务使 1000 家高星级酒店的金钥匙实现了服务协作和预订。

我相信，这将是国际金钥匙历史上最具跨时代意义的一个事件，也是中国酒店人的一大创举。

在举国迎奥运的旗帜下，中国酒店金钥匙突破障碍，在管理层的支持下携手打造"奥运酒店服务绿色通道"，这既是奥运精神在饭店业闪光，也是金钥匙服务精神的延伸。

在距离奥运开幕还有 260 天的时候，中国金钥匙在这里举行各大城市酒店金钥匙服务知识竞赛。检阅我们的服务预订系统和网站，并对其功能和服务的完善进行研讨。同时，我们也开展品牌与人生的培训，通过学习援藏金钥匙事迹，坚定我们的服务信念，"在客人的惊喜中找到富有的人生"。

我还记得，10 年前魏小安先生说过，中国金钥匙是由一批有着强烈荣誉感、使命感的年轻人组成的，他们携起手来共同打造中国酒店业的服务声誉，让国际同行们认识中国酒店的服务，我们这一代金钥匙任重道远。

今天，相当多的中国金钥匙走向了酒店和各大服务企业的高层管理岗位，金钥匙的理念和标准在酒店和物业服务中广泛应用。随着一批又一批的年轻的优秀服务经理加入我们的组织，中国金钥匙的组织管理理念和会员服务预订系统进一步地完善，将更加强有力地支持各会员为酒店和企业提供更加专业化的服务。

特别是，一批酒店在金钥匙的旗帜下，结成金钥匙酒店联盟，极大地促进了中国酒店业的品牌化、集团化发展。因为在绝大多数中国酒店集团、国际化品牌管理集团、产权集团和酒店管理公司管理的大模式下，中国金钥匙敢于创品牌联盟，锲而不舍，为中国酒店闯出一条新的发展道路。

在这里，我们要特别感谢支持中国金钥匙的各级领导和总经理们，在他们的强有力的支持和帮助下，短短五年间，金钥匙酒店、金钥匙楼层、金尊会俱乐部、金钥匙服务假期、金钥匙服务预订系统、金钥匙酒店管理学院、金钥匙物业均已初具规模。总部基本实现了我们所提出的整合社会精英资源为金钥匙服务，金钥匙为客人服务，客人又为品牌广泛传播服务的思路。

同时，我们现在正着手实现金钥匙基金会的创立工作。这在去年只是执委会的讨论，但今年我们已经完成了法律咨询方面的工作。

中国金钥匙总部倡导通过基金会的运作，使中国金钥匙具备长远的发展规划和利益共享机制。基金会将按每年盈余的 10% 划拨慈善救助基金，40% 划拨教育培训基金，50% 划拨会员退休基金的思路来安排。总部此举的目的旨在不久的将来，能使中国金钥匙树立良好的社会责任形象，通过救助基金积极参与社会公益事业，履行社会责任、弘扬社会道德；通过教育基金帮助培养一批优秀金钥匙和行业管理人才，为长期支持我们发展的企业和个人提供人才帮助；而退休基金方面的安排是期望让一代中国金钥匙在艰苦奋斗一生后，当他们两鬓白发时，能共享我们组织发展的成果，是期望能够给予一贯遵守会员行为准则，长期为企业、为客人、为服务品牌做出贡献的退休会员一些回报。

以上就是中国金钥匙未来十年的发展思路。为此执委会通过了《国际金钥匙组织中国区未来 10 年发展规划纲要》。

同志们，也许你们要问现在要做什么？我要说：借 2008 年北京奥运会的强劲东风，高扬起我们年轻的中国金钥匙的理想风帆，披星戴月、风雨兼程，向着更高的服务质量、更快的服务效率、更强的服务联盟前进！向着金钥匙品牌的更大成功，向着金钥匙未来的光辉灿烂的前程，向着中华民族伟大复兴前进！

第九章 全球网络化的金钥匙服务

（第 56 届国际金钥匙组织年会主题报告）

（第 13 届，2008 年 11 月）

你们好！首先代表全体中国金钥匙热烈欢迎来自世界各地的金钥匙代表们。今天非常荣幸能有机会与来自 40 多个国家和地区的同行分享中国金钥匙发展的体会。

我今天演讲的题目是《全球网络化的金钥匙服务》，我想以介绍中国金钥匙发展情况来阐述我们的组织将如何实现全球网络化的金钥匙服务这一宏伟目标。

国际金钥匙组织创始人吉列特先生有一个好的品牌愿景——"全球金钥匙服务"。经过四代人的努力，目前我们已成为世界上唯一的有 80 年历史的网络化、个性化、专业化、国际化的品牌服务组织，这是一份令我等自豪而又珍惜的事业。

中国金钥匙在国际金钥匙组织、国家旅游局及社会各界朋友的大力支持和帮助下，经过 14 年的奋斗，形成在中国 168 个城市 1000 多家高星级酒店和物业公司，拥有 1680 名中国金钥匙会员的网络化、个性化、专业化、国际化的非营利性品牌服务组织。中国区总部设有三个委员会：发展委员会，负责推广金钥匙服务品牌和理念，推动品牌事业发展；会员管理委员会，负责会员品质培训、考核和发展；服务管理委员会，负责金钥匙服务网络资源和服务协作事务。总部与金钥匙联盟一起，合作出版了《金钥匙中国》会刊，合作开发了网站及服务系统，从而形成完整的组织会员管理、宣传、服务体系。

目前，中国区总部正在筹备中国金钥匙基金。其中的金钥匙慈善救助基金主要用于帮助那些有需要的会员，并且积极响应政府发出的号召，在困难时期帮助那些有需要的人们。另外，我们的金钥匙教育培训基金主要用于对中国各地区服务表现优异的会员的表彰和激励以及持续的培训教育，帮助并推动那些与中国金钥匙总部合作的职业院校教育的事业发展。我们还有金钥匙会员退休基金，主要用于会龄满 30 年，并一直缴纳品牌使用费的会员在 60 岁后的退休补助，目的是让金钥匙们能在退休后继续参加组织的年会和各项活动，享受会员的各项权益。我们希望通过中国金钥匙基金会的成功运作，牢牢地巩固中国金钥匙"友谊、服务、协作"的品牌事业基础，让中国金钥匙能为国际金钥匙组织继续做出贡献，使全世界的旅行者永远能感受这个东方文明古国的金钥匙服务魅力。

或许大家会问，是什么使中国金钥匙能够 14 年如一日地去拼搏进取，并不断努力实现这一组织目标。我想，是因为中国金钥匙拥有一个先进的服务理念，这就是金钥匙的"先利人，后利己"的价值观、"用心极致"的方法论、"满意加惊喜"的标准和"在客人的惊喜中找到富有人生"的追求。它是一种优秀的服务文化，能够使我们跨越不同的地域和领域，去培育出一个个优秀的服务企业和金钥匙。

中国区总部从 1999 年起，通过十年来举办的 69 期会员资格培训班，以金钥匙品牌服务理念为本，以委托代办服务的业务理念为根，认真培训每一个会员，认真帮助每一个企业去发展金钥匙服务，积极配合国家饭店星级标准的推广，使每一个中国的金钥匙会员都把成为一名金钥匙视为其服务生涯的最高荣誉和责任。因此，中国金钥匙拥有了政府支持、行业欢迎、顾客认可、会员拥护的品牌核心竞争力。正是这个核心竞争力，使中国金钥匙形成了高效的组织平台、高素质的培训平台、高品质的服务平台。中国金钥匙已成为客人在旅途中最可信赖的人。

　　展望未来10年，世界服务业的高端竞争将不再只是产品竞争，也不只是企业竞争，而是一个服务产业链的品牌竞争。酒店业也不例外。中国金钥匙总部清晰判断未来发展形势，确定了未来10年中国金钥匙实现"服务质量更好、服务效率更高、服务网络更强"的工作目标，全力打造数字化的"E-Concierge"的未来。通过10年的努力，我们成功开发了联系中国每一家有金钥匙服务的酒店网络服务系统，在全国金钥匙会员间形成了服务网络系统连接，让金钥匙委托代办服务有了标准化的工作平台，使会员们能够为客人提供更加有效和丰富的服务。同时，也让金钥匙们能及时掌握和更新最新的城市综合服务信息，提供更加细致周到的服务，开拓和发展更多的服务资源关系。金钥匙品牌将给酒店带来更多的服务效益和社会效益，酒店Concierge金钥匙将成为城市综合服务的终端总代理，金钥匙组织的服务网络将得到更大的延伸和发展，总部也将提高对会员质量管理和服务效率。

　　亲爱的来宾们、同事们、会员们、朋友们，我坚信，未来掌握信息技术的中国金钥匙将带给顾客更好的服务，将给其所服务的酒店带来更多的客人，将给服务合作伙伴带来更多的生意，将给自己带来更多的支持与激励，将给金钥匙组织带来更科学的会员考核、评估和管理；对金钥匙品牌而言，将带来更高的知名度和美誉度。最后，我希望全球网络化金钥匙服务能实现我们这个有 80 年历史的组织的创始人的愿望："无论在世界的哪个角落，金钥匙们都将倾尽全力，去延续我们肩负的使命：以真诚服务于我们的职业、我们的饭店，乃至整个服务业。"我相信，只要全世界金钥匙联合起来，通过友谊与协作，这个目标就一定能够实现。

第十章　走向辉煌的中国金钥匙

（第 14 届，2009 年 11 月）

今年，中国金钥匙已走过 14 个年头。总体来说，这是风雨兼程的 14 年，开创进取的 14 年，蓬勃发展的 14 年，硕果累累的 14 年。14 年来，我们完成了组织创建，形成了行业标准，获得了政府认可，打响了组织品牌。14 年中，我们在中国成功举办过两届大型国际金钥匙年会，我们首次在奥运会历史上展现了金钥匙风采，并首先在国际金钥匙组织的服务体系中提出网络化服务理念，并开始了数字化委托代办的金钥匙服务系统运作。

目前，在中国，金钥匙不仅仅是酒店业的服务品牌。在我们千名金钥匙会员的共同努力下，金钥匙服务理念和金钥匙品牌已被引入整个中国服务业。可以预见，在祖国跨越 60 年发展走向伟大复兴之日，我们中国金钥匙也必将迎来前所未有的大好形势和发展机遇。在这个时候，我们最需要什么？什么才是我们实现未来 15 年组织品牌发展规划的保障？我认为是"信念、荣誉、责任"。

在过去的 14 年发展历程中，我们从无到有、从小到大，凭的就是一个"先利人，后利己；用心极致，满意加惊喜；在客人的惊喜中找到富有的人生"的服务信念。这种服务理念获得越来越多的同行们的支持与帮助，受到越来越多的企业和顾客的喜爱，越来越多的年轻而优秀的服务管理者投身于金钥匙行列。正是这种信念，让我们与时俱进，把握机遇，成功打造金钥匙品牌，迎来大发展。金钥匙信念使我们的人生有了目标，工作有了准则，事业有了方向。使我们有更大的信心面对工作困难和人生挫折，使我们有了宽宏的心去包容世间一切，而拓展出截然不同的人生命运和人间未来。

在过去的 14 年发展历程中，在信念的明确指引下，我们视品牌为荣誉，像爱护自己的眼睛一样爱护它。到目前为止，国家旅游局及中国金钥匙总部从未接到客人有关金钥匙服务的投诉，这简直就是一个奇迹。没有荣誉感的民族是没有未来的，同样，没有荣誉感的个人和组织也是没有未来的。年轻的中国金钥匙为祖国增光，为品牌添彩。"满意加惊喜，为人民服务"，中国金钥匙 "不是无所不能，但一定竭尽所能"。我们要以坚定不移的服务精神，把金钥匙这个充满荣誉感的国际服务文化品牌发扬光大。

在过去的 14 年发展历程中，在信念指引和荣誉感的激励下，我们中国金钥匙会员努力履行着自己的品牌使命和责任。14 年来，很多当年的小伙子已成为中年人，并走向服务企业经营管理岗位。14 年来，在他们的身上始终不变的仍然是金钥匙的服务理念，仍然是"信念、荣誉、责任"！他们仍然忠诚于法律、忠诚于企业、忠诚于客人，严格遵守着金钥匙行为准则。他们成了业内品牌经理人，并为行业的年轻人树立了榜样，同时也为金钥匙之间广泛的合作成功打造了联盟平台，是企业、顾客、会员的利益形成统一。

总部为适应未来品牌经营管理的要求，修改章程并广泛征求了会员意见，正式推出了中国金钥匙基金章程，进一步明确了金钥匙的任务与宗旨，为组织未来的更大发展巩固了基础。

今年，国际金钥匙组织中国区总部与中端酒店管理学院合作，开设了国际金钥匙学院，计划对总经理会员、经理人会员、管家和礼宾司会员进行培训，正式建立完整的金钥匙职业生涯培训通道，为进一步统一理念、宣传推广、开拓发展、培养人才打下坚实的教育基础。

今年，国际金钥匙组织中国区总部正式推出金钥匙服务联盟，以利于充分发挥 E-Concierge 服务预订系统的平台效应，把每个金钥匙、每个地区的金钥匙服务资源加以整合，最大限度地发挥金钥匙网络化服务效果，巩固各地区的金钥匙与服务伙伴的良好合作关系，搭建好长期的友谊、协助、服务共赢平台，不断提升金钥匙服务水平，真正实现组织提出的"服务质量更高，服务效果更快，服务网络更强"的目标。

亲爱的会员朋友们，未来强大的中国服务业需要一批有激情、有理想、有能力的金钥匙！我希望大家坚持信念、保持荣誉、承担责任，有良知、有智慧，继续为中国金钥匙的发展壮大而努力奋斗。

我们坚信，始终坚持金钥匙服务理念，坚定不移地为"信念、荣誉、责任"而战的中国金钥匙，不仅有辉煌的过去，也一定会有更伟大的未来。

第十一章　中国金钥匙品牌的经营、管理、服务

（第 15 届，2010 年 12 月）

　　今天，第 15 届国际金钥匙组织中国区年会隆重召开，这是中国金钥匙历史性跨越的一次年会。我们将向一直以来秉持金钥匙服务精神，弘扬金钥匙服务品牌的企业隆重颁发金钥匙钻石服务奖，并对在地区管理和服务工作中表现杰出的金钥匙给予表彰。我们还将通过金钥匙的理念演讲比赛和金钥匙服务的研讨，再一次向世人展示"信念、荣誉、责任、友谊、协作、服务"的品牌内涵。

　　中国金钥匙发展的 15 年是励精图治的 15 年，是继往开来的 15 年。中国金钥匙继承了国际金钥匙"友谊和服务"的理念，在中国大地上发扬光大，并将理念提升到"先利人，后利己；用心极致，满意加惊喜；在客人的惊喜中找到富有人生"的哲学高度，并通过 15 年的努力，将金钥匙服务发展到全国 190 多个主流商务城市 1200 多间高级酒店，海内外有 200 多家联盟成员、2000 多名中国金钥匙会员，并将品牌延展到房地产业、航空业、商业、银行等大服务业中的多个行业。金钥匙服务已经成为中国高端服务业中的领先服务品牌。金钥匙服务跟随着中国改革开放 30 年的步伐，不断创新进取。

　　让我们回顾一下金钥匙中国区发展的历程：

第一阶段是金钥匙中国区的创立阶段（1995～2000年），主要在四个城市发展和建立金钥匙组织。这个阶段什么都缺，我们的重点工作是如何将国际金钥匙服务理念落地，结合中国当时的酒店业实际情况，建立有中国特色的金钥匙理念，并在高级酒店建立服务网络。

第二个阶段是中国金钥匙的成长阶段（2000～2005年）。在国家旅游局和旅游饭店业协会的领导下，中国金钥匙探索和实践中国金钥匙的发展体制和管理模式，特别是在行政体制和市场机制中对中国金钥匙的未来发展做出正确的选择。经过五年的实践和论证，中国金钥匙选择了走品牌发展的道路，依靠信念、市场、人才、机制去发展金钥匙和金钥匙品牌，坚持实行市场化、公司化、品牌化、国际化的总部管理和会员协作的模式去体现金钥匙的品牌价值。

第三个阶段是中国金钥匙的发展阶段（2005～2010年）。这个阶段主要是建立品牌经营和管理的基础，让行业、企业、会员和品牌在激烈的市场竞争中取得共赢。五年来，我们创造性地将金钥匙品牌延伸到了酒店、物业管理和大服务业，并在海外发展了金钥匙国际联盟成员。2009年，推出针对个人的国际会员和国内会员的品牌管理模式；同时，精心打造了品质控制、教育培训、宣传推广、E-Concierge预订系统、会员服务五大平台；形成完整的品牌经营、管理、服务体系，更重要的是培养新一代有信念和职业化的总部管理团队。

金钥匙未来15年的发展，在战略上将在以下三方面得到体现：

（一）让金钥匙持续保有"服务业皇冠上的钻石"地位

在原有的基础上，根据21世纪客人需求的变化，调整和提升金钥匙服务的水平和效率。为此，首先必须提升会员的素质，完善会员管理机制，推出会员职业生涯规划；其次是引入"标杆学习"和"最佳实践"，将中国金钥匙打造成一个学习型组织；三是建立培养人才的教育培训体系，为服务业大量培养高端服务人才；真正落实金钥匙品牌"服务质量更好、服务效率更高、服务网络更强"的目标。这些问题的解决需要金钥匙地区执委会及会员们与总部的共识和通力协作。

（二）完善金钥匙服务标准，发展金钥匙品牌的核心竞争力

品牌是金钥匙未来生存和发展的最核心问题，属于战略层级的事情。金钥匙组织是国际上有 80 多年历史的服务组织，具有优良的传统和理念的传承。作为金钥匙一员，我们需要真正明白什么是服务人生。服务就是为别人把事情做好。各个地区的金钥匙会员不管是在什么职位上，都可以在各自的岗位上实践服务之道——"金钥匙理念"，这将使各个地区的客人、企业、合作伙伴看到一系列金钥匙个性化优质服务效果，让他们感受到金钥匙给客人方便、给客人信心、给客人惊喜的意义和价值。这种价值本身我们也是需要的。面对新时代的挑战，我们必须坚持金钥匙的服务传统和信念，为客人带来更多的价值，这是不会改变的原则和铁律。金钥匙品牌未来的核心竞争力体现在服务产品的标准化和规范化上，以保证各地区服务水平的一致性。这是保证顾客满意度的重要手段，也是金钥匙发展适应未来时代要求最重要的变革。

（三）打造最强大的服务网络

强大的服务网络是金钥匙会员实施服务最有力的后盾。我们必须通过IT 手段，发挥 2000 多名金钥匙的智慧和创造力，共同打造一个服务业最大、最完善的服务平台。让每个金钥匙会员，甚至我们的客人能够使用这个平台。

这个平台是一个开放的信息海洋，是一个互动式的协作平台。金钥匙的协作精神和友谊之桥将用 21 世纪全新的方式搭建，这也是未来金钥匙服务网络管理和提升服务效率的重要保证。

今年中国金钥匙年会的主题是"中国金钥匙品牌经营、管理、服务"。未来 15 年，中国金钥匙的发展是否能令大家满意，就在于总部与各地区执委会的领导力和金钥匙各类会员的共同努力。目前，总部在中国金钥匙执委会的同事共同努力下，已经完成了未来 15 年的品牌战略布局。总部形成了公司化、市场化、职业化、平台化、国际化的运营体系，也培养了一支在中国金钥匙秘书长领导下的有职业道德、有专业技能、有金钥匙信念的运营团队，并为下一个 15 年做了必要的机制与人才的调整和准备。如果通过今年年会的召开，大家达成共识，各地区快速行动起来，真正建立地区金钥匙的影响力，那么金钥匙品牌又将上一个新的台阶。

金钥匙服务在每个地区的发展都有三个阶段。第一阶段是友谊、协作、服务；第二阶段是信念、荣誉、责任；第三阶段是经营、管理、服务。每一个阶段都必不可少。如果前一个阶段的基础没有打好，下一个阶段就开展不了，甚至会出现倒退。现在发展比较好的地区已进入到第三阶段。我相信，许多发展比较好的地区的老会员会有同感。我建议这次来开会的、有志于发展地区金钥匙品牌事业的会员，可以与一些做得比较好和发展时间比较长的地区负责人进行交流。

亲爱的会员们，每一个金钥匙应该都是得道之人，这个道就是服务之道。"我们的未来是一个充满友谊与合作的服务新世界"这句话是什么意思？服务将是人类自身的救赎。人生下来即受人服务，长大了为人服务，到老了还是受人的服务。服务贯穿我们一生，也是我们人类的天然使命。每个人都想活得有尊严。生命诞生是因，生命的衰亡是果，生命的过程就是缘。

就像我们说大自然就是指天和地，但是不要忘了人才是天地间的缘。人的作为可以感天动地，也可以使天崩地裂。如果大家能悟到我说的意思，就会明白这个缘在你生命中非常重要。幸运的是，我们大家都是金钥匙。金钥匙理念教导我们要广结善缘。给别人满意加惊喜就是人世间最大的善缘。既然我们大家已经因金钥匙而结缘，那么我们就应该善始善终，在金钥匙的理念指引下共同去实现我们富有的人生。

第十二章　中国金钥匙品牌管理与服务

（第 16 届，2011 年 11 月）

　　中国金钥匙迎来了发展的第 16 个年头。我们的第一批金钥匙许多已经走向了企业的领导岗位，有些也开始开创自己的事业，而更多的是我们有一批越来越成熟的金钥匙会员和地区负责人。随着时间的推移，我们在改变、我们的企业在改变、我们的行业在改变，我们的金钥匙组织也要学着改变。

　　因为目前整个世界都处在一个新的历史发展时期。近 30 年来，我们的企业用了相当长的时间学习和实践西方成熟的经营、管理、理念。但是，最近西方社会爆发的经济危机说明了什么呢？资本服务的企业经营发展道路已经走到了一个历史的转折点，必须认真思考企业的性质问题，那就是我们的企业到底服务谁？我们金钥匙到底在为谁服务？美国的金融企业为了利润而过分进行金融开发，因此华尔街摧毁了百年建立起来的金融信誉。其实它折射出企业不断追求资本利益最大化，最终伤害的是我们自己的结果。

　　所以，中国金钥匙永远要警惕只认钱的服务思想。我认为，只知道为钱服务的 concierge 永远不会实现真正的金钥匙人生，因为利人利己是大自然告诉我们的服务之道。只有觉悟到"在客人的惊喜中找到富有的人生"

的金钥匙，才能帮助自己进入人生的更高境界，"不是无所不能，但一定竭尽所能"的金钥匙服务精神才能不断发扬光大。

目前西方社会出现的社会经济危机将严重影响未来的企业和社会发展的路径。根据有关发达国家的经济数据研究，以及对未来国际形势发展的情况进行分析，未来五年，世界经济将进入一个非常不确定的调整期，而旅游和服务业将是受影响非常大的领域。

因此，中国金钥匙要居安思危。中国金钥匙 15 年的发展虽然也是困难重重，历经艰难，但因为当时总的社会经济发展大趋势是好的，所以这 15 年我们也就把握住机遇发展起来了。中国金钥匙率先在国际金钥匙组织里提出了许多服务新概念并加以实践，例如网络化金钥匙服务、E-Concierge 数字化金钥匙服务、24 小时金钥匙服务中心、金钥匙楼层、金钥匙大管家服务、金钥匙假期、金钥匙联盟等。目前，许多国际金钥匙成员也在开展网络化的服务创新。近五年来，中国金钥匙总部、各地区执委会以及会员们紧紧围绕着如何实现金钥匙服务"质量更好、效率更高、网络更强"的品牌发展目标，开展了许多扎实有效的工作，也取得一些成绩和进展。但是，目前也面临着许多地区会员管理、培训、考核和品牌实际应用与发展的问题。

这次年会就是在这样的背景下召开的。我们在未来旅游与服务业经营可能面临困难的情况下，在思想上应该坚持金钥匙服务信念，在行动上坚持友谊与协作的组织文化，在发展上坚持走网络化、个性化、专业化、国际化的具有中国特色的品牌发展道路。具体工作思路如下：

一、品牌管理思路

不断进行组织管理创新，进行技术化改造，降低管理成本。总部计划充分利用互联网技术，从对会员的申请到批准，再到管理，全部实现无纸化办公的网络在线管理。总部将在今后五年内进行组织管理体系创新，加强总部与各地区执委会的执行力，以确保在复杂和困难的情况下，加强对品牌和会员的保护与服务。

二、会员发展思路

走品质化发展的道路。根据金钥匙的章程规定，主要在四星级以上的酒店发展金钥匙会员，另外将在能提供酒店式服务的高档物业发展金钥匙会员、在高端的服务企业发展金钥匙会员，确保金钥匙的能力与素质达到品牌所要求的水平，确保金钥匙服务的网络和领域不断延伸和发展。

三、教育培训思路

我们将加强地区金钥匙执委会开展的会员业务培训和考核，开展金钥匙服务案例学习，对评选出的开展这些工作成效显著的地区加以表彰和奖励。另外，由总部牵头，在各大地区举办金钥匙服务研讨会，加强金钥匙之间的交流与沟通，贯彻金钥匙友谊与协作的文化传统，加强金钥匙思想培训质量和会员资格培训班的组织工作。与联盟合作建立以培训班为基础的金钥匙会员职业发展提升的培训体系。

四、宣传推广思路

我们要加强组织网站的建设，这需要全体会员的积极参与。同时，要求各会员坚持充分应用金钥匙服务中心网络预订系统，利用网络和内部杂志，对金钥匙会员的发展事迹进行宣传。加强会员间的服务协作，向整个服务业宣传金钥匙服务理念和推广金钥匙网络化服务建设的宏伟蓝图。

五、联盟发展思路

到明年，我们创建的金钥匙酒店联盟就已经发展 10 年了。金钥匙联盟目前已经发展出一个具有独立品牌价值的金钥匙国际联盟商业模式，这是我们中国金钥匙的成功，也是我们对世界酒店业，乃至服务业品牌化发展的贡献。但是我们必须清醒地认识到，如果联盟要取得真正的成功，就必须使联盟的运营团队职业化、管理专业化、营销市场化、品牌国际化。通过联盟的发展，进一步推动金钥匙服务理念和网络在酒店和服务业的应用。只有联盟成功，才能说中国特色的金钥匙发展道路有了经济基础和人才储备。

亲爱的会员们、朋友们，中国金钥匙品牌的成功一定不是某个人或某些人的成功，它是我们 30 年中国酒店人共同奋斗的结果。我们不要忘记霍英东、杨小鹏、袁宗棠、魏小安、周鸿猷等一大批官员、学者、总经理对金钥匙的培养和支持。正因为有了他们的帮助，才使我们走到今天。回顾 15 年的发展历程，我更加坚信金钥匙品牌一定会在中国发展得更加成功，一定会对世界酒店历史产生深远的影响。因为我们有优秀的服务理念、宏伟的品牌蓝图，只要有充分的耐心和高素质的人才，我们一定会看到中国金钥匙为中国实现服务强国所做出的伟大贡献。金钥匙们，让我们一起为这个目标而努力，去实现我们的富有人生！谢谢大家！

第十三章　中国服务·品牌文化

（第 17 届，2012 年 11 月）

众所周知，中国目前已经是制造业大国，也是旅游大国、酒店业大国。在当前全球经济结构急剧调整的大局下，服务业在未来的市场将具有比较大的发展潜力。我本人认为，中国必将成为服务大国，更有可能成为服务强国。所以，我们金钥匙应该发挥自身潜能寻找机会挖掘更多的旅游服务经济市场。"十一"黄金周暴露出的"中国服务"的景象，再一次告诉我们：中国服务急需提高！

中国服务市场经济将有多大？如何提高？如何拓展？答案就是，应进一步提升我们的服务文化。

首先，我们要清楚文化的定义。我认为文化就是"人的改变与创造"。当我们谈文化的时候，一定要注意谈什么文化。文化的前提是什么？是教育文化，还是科技文化？是政治文化，还是军事文化？是商业文化，还是娱乐文化？不同的前提确立了不同的领域和文化。

今天，我们要谈的是服务文化里的金钥匙品牌文化。我们金钥匙 17 年的发展历史向各位展示了金钥匙品牌改变了中国的服务文化，同时帮助提升了金钥匙品牌。通过引入国际金钥匙的服务品牌，我们建立了服务的信念；通过品牌，我们建立了服务的荣誉感；更重要的是，通过品牌，我们树立了服务的责任感。在这样的前提下，我们视服务为生命，不断根据市场和顾客需求的发展趋势，与时俱进地发展我们的联盟和网络。许多人可能不知道，国际金钥匙组织里的联合会员类别在中国金钥匙的文化里就是金钥匙联盟，国际金钥匙组织里的服务协作关系在中国金钥匙的文化里就是金钥匙网站与服务预订网络。通过我本人和我们第一批中国金钥匙的实践，我们明白了，在中国，以品牌合作为核心的联盟成员远比以利益和关系为核心的联合会员更强大和实际。在中国，建立以金钥匙网站为核心和以互联网技术为手段的网络关系比个人建立的服务关系更强大。所以，中国金钥匙的改变和创造也提升了我们的品牌生命力和服务力量。

中国金钥匙是国际金钥匙组织服务历史上首次被奥运会组委会邀请的奥运村的服务团队；是亚洲唯一举办过两次国际金钥匙组织年会的成员；也是国际金钥匙组织里唯一从会员资格培训和会员申请到会员考核，到会员授徽都基本实现系统化和程序化的组织管理体系的成员。事实胜于雄辩。我们以大量的中国金钥匙品牌服务发展成果和事例告诉国际金钥匙组织同行中国金钥匙与时俱进的品牌文化。

但是，这些成绩都已经成为历史。目前，中国金钥匙要着重在即将展开的中国服务国家战略的大好形势下，加强中国金钥匙品牌文化未来十年的发展，以适应中国服务这个大的战略目标为前提。有了大方向，我们要做的是积极面对发展中的问题和困难。我们还能不能在下一个十年再次成为国际金钥匙组织最强大的成员之一？为此，我们要向国际金钥匙同行们学习的东西还很多，在完善金钥匙管理体系和服务平台、教育平台等方面，我们的路还很长。

所以，各位代表今天在宜宾一起讨论和规划中国金钥匙品牌文化的未来。总部将根据大家的意见和建议，在 2013 年年会时拿出 2015 ~ 2025 年十年的中国金钥匙组织发展规划。

在此，我们首先要明白什么是国际金钥匙组织的品牌定义。"国际金钥匙组织是世界上唯一的拥有 83 年历史的网络化、个性化、专业化、国际化的品牌服务组织"，国际金钥匙组织的宗旨"不能有政治、宗教、商业色彩"。国际金钥匙组织是追求实现创始人费迪南德·吉列特先生所倡导的"无论在世界的哪一个角落，金钥匙都会去延续我们肩上的使命，以真诚服务于我们的顾客、我们的酒店，乃至我们的服务业"的使命。它完全不像我们有些人理解的那么狭隘和浅薄——只是由一些在酒店礼宾柜台提供服务的赚取小费的人组成的。恰恰相反，国际金钥匙组织的核心优秀成员都是由一批具有高尚人格的，穷极一生追求极致服务的，为人们排忧解难，在人间传播友谊和关爱的人组成的。大家想想，如果国际金钥匙组织是一帮唯利是图的人，它能发展 83 年吗？如果我们中国金钥匙的核心团队是一群目光短浅、只知道赚钱的人，能有 17 年的坚持和发展，能有今天的成就吗？答案是显而易见的。所以，在即将攀登我们下一个品牌高峰之前，大家都要认真学习我们的品牌组织文化。只有真正了解我们的品牌服务理念和文化内涵，才能坚定服务信心，开启服务智慧去迎接我们即将面临的机遇和挑战。优秀的品牌文化才是我们的品牌的核心竞争力。

现在，我谈谈中国金钥匙品牌组织的三大文化。

一、中国金钥匙的教育文化

中国金钥匙的教育文化发展一定是根据金钥匙的价值观发展起来的；金钥匙品牌教育一定是以如何有利于被教育者的发展，也就是为金钥匙个人更好的发展作为其根本出发点；一定是围绕着怎么保障我们的行业，如何保证我们品牌的品质去发展的。我们坚持从一开始就要求每一位会员了解品牌的核心理念，组织的传统和历史，以及品牌对其成员的行为约定。这就是为什么在成为会员前一定要参加会员资格培训班，起码要完全了解金钥匙是什么，以及在干什么，再决定是否申请加入。我们坚持每一个成员必须接受组织文化的熏陶，把理念的种子植入心中。这样，当他在服务时用到的是理念服务，当他做管理人员时用到的是理念管理，当他做总经理时用到的是理念经营，这是自然而然形成的理念教育体系。通过对会员的两三次培训，基本符合一个服务从业人员从服务人到品牌服务人，再到品牌职业人的发展路径。当金钥匙培养了一批优秀的服务人才和经营管理人才时，金钥匙的品牌教育将实现向整个服务业的发展和延伸。到那时，我们谈金钥匙教育文化可能就是在谈金钥匙学院的教学思路了。

总之，金钥匙教育文化就是如何在教育中贯彻"先利人，后利己；用心极致，满意加惊喜；在客人的惊喜中找到富有的人生"的理念，使之在服务经营管理中得到体现。作为一个品牌来说，品牌的理念教育永远是核心。许多的方法在其他学校或许也可以学到，但是金钥匙培训班的教育实际上是给每个学员安了一颗服务之心，使每个学员的工作生活都有了方向，受用终生。

考虑到中国服务业的市场规模，金钥匙品牌教育已经是一个事业了。理念是要靠传播的，所以一定不是几个人能做到的。我们规划，未来由总部的中国金钥匙发展委员会负责发展金钥匙的教育事业。

二、中国金钥匙的管理文化

管理是要靠制度去实现的，所以中国金钥匙总部专门成立了管理委员会，由中国区秘书长及各地区秘书长组成，建立了一整套从会员申请到会员考核，到会员批准，到会员授徽的制度和工作流程。制度也应适应中国的人情文化，在不影响制度的情况下，尽量给予会员便利。例如，按中国区的制度，新会员必须是在组织的年会或地区的重大活动中由总部派人授徽。但是，总部也会根据会员企业的情况和要求，尽量派员到酒店去授徽。这样做既授了徽，又建立了与酒店管理层的沟通渠道，加强了与酒店和行业的交流，增进总部与成员企业的关系；既体现对会员的重视，又带动了金钥匙品牌在当地的宣传。所以，每年总部工作人员的一项主要工作就是安排时间到成员酒店授徽，了解企业对我们品牌的要求和意见。另外，根据地区会员的特点和区域情况，建立相应的小组进行管理，了解地区执委会成员的情况，及时沟通会员管理的经验，通过总部网站收集会员的服务案例，编辑金钥匙会刊，组织执委会成员对新金钥匙进行考核，每年对会员的缴费和表现进行评估，对已经不符合条件的会员进行劝退处理。总之，对会员的管理主要侧重在素质方面。通过执委会委员每月的会员主题活动，帮助大家建立友谊、分享经验和信息，围绕建立平等的人格、自由的思想、铁的纪律的组织文化进行管理，以营造和谐的会员关系为目的。

三、中国金钥匙的服务文化

围绕如何体现中国金钥匙"不是无所不能，但一定竭尽所能"的服务精神，打造服务更好、效率更高、网络更强的品牌服务效果，展开一系列的服务关系建立和服务知识及技能的培训。通过金钥匙服务业务的培训和开展金钥匙服务协作，训练一支高素质的服务精英团队。定期组织相应的业务学习和服务新产品考察，让酒店金钥匙和物业金钥匙会员保持对城市服务资源的相互了解。另外，对跨地区的金钥匙服务协作给予帮助和指导，让新的金钥匙会员能更快熟悉和使用组织网络。

最后，概括我对中国服务的理解："理念是灵魂，服务是生命，创新是血液，和谐是力量"。希望中国金钥匙们能够珍惜我们的服务之缘，珍惜我们的品牌之缘，珍惜祖国目前的大好形势，为实现中国服务目标而强化金钥匙的品牌文化优势，加强与各国和各地金钥匙的学习和交流，一起努力、一起奋斗，去实现我们"在客人的惊喜中找到富有的人生"的追求！

第十四章　金钥匙让世界充满爱

（第 18 届，2013 年 12 月）

　　我想大家可能会问，为什么从今年开始总部提出"金钥匙让世界充满爱"这个主题？中国金钥匙 18 年的发展和成长历程让我们从内心明白了一个道理：最可持续发展的服务事业一定与我们的服务初心有关，我们金钥匙内心里的那一份真挚的爱才是我们事业永不枯竭的源泉。"先利人，后利己；用心极致，满意加惊喜；在客人的惊喜中找到富有的人生"很好地阐述了我们金钥匙爱祖国、爱集体、爱朋友、爱家庭、爱自己的赤诚之心，形成了我们服务的指导思想。18 年来，我们在中国的酒店业和服务业培训了近万名金钥匙学员。他们回到自己的工作岗位后，也践行着这个理念，宣传着这个理念，为中国服务业贡献了自己的力量，同时也进一步宣传了金钥匙品牌和联盟，为实现中国最大的 O2O 个性化网络打下了坚实的基础。

　　虽然我们这 18 年取得了巨大的成绩，获得了国际金钥匙组织总部及亚洲各金钥匙成员的尊敬和高度评价，但今天我还是要说，我们做得还很不够。中国金钥匙不能止步不前，我们根本没有骄傲自满的本钱。国际金钥匙组织发展了 85 年，欧洲金钥匙几十年来对礼宾服务的坚守和专一永远值得我们学习。我们要认真总结 18 年的品牌服务和管理工作的经验教训。我们曾经浮躁，我们也曾经有过不切实际的想法，也走了许多的弯路。感谢许多领导和专家及时给我们提出宝贵的意见，也感谢国际金钥匙组织荣誉主席 Mr. Aldo Giacomello 及历任主席、秘书长、副主席给中国金钥匙的充分理解和信任，使我们能够不断克服困难、不断改进服务，摸索出一条符合中国国情的金钥匙发展道路，并形成了中国金钥匙的服务文化和组织文化。

目前，中国金钥匙总部和地区金钥匙的任务是：聚精会神抓服务、专心一意做品牌。我们已经有了中国金钥匙地区执委会的工作指引和考核标准，以及中国金钥匙服务项目标准；我们已经基本健全总部和地区的会员信息及档案管理系统，实现了会员网上申请和地区执委会与总部共享会员数据库，为地区执委会进一步实现自主管理创造了基本条件，使总部尽可能节约人手用于 E-Concierge 的打造，为进一步发展服务联盟做好充分的准备。

另外，我也希望我们的会员和地区执委会关注一个新的市场——老年人关怀市场。这是一个我们一定要去面对的市场，而金钥匙的委托代办服务模式对 65 ~ 75 岁的老人需求来说是非常适合的。我提请今年中国金钥匙会员大会做两个专题——《金钥匙在中国老龄化社会可以发挥什么作用》和《金钥匙如何充分使用移动互联技术提高我们的服务》的研讨。我在此抛砖引玉，建议我们应该发展金钥匙爱心大使，帮助或组织会员参与老年人的关怀事业，这实际上是在为我们自己的未来建立一个服务体系。我建议我们应该发展金钥匙服务大使，尽可能根据我们的服务项目标准建立特约服务商，形成金钥匙服务的联盟，为建成中国服务业前所未有的综合服务网络倾注我们的青春和热情。只有这样，我们才能让我们的"爱"的誓言得到实现，为客人服务的网络才能真正得到落实，帮助我们所服务的企业抓住移动互联网络营销时代的机遇，也就实现了国际金钥匙组织创始人 Mr. Ferdinand Gillet 先生的愿景："无论在世界的哪个角落，金钥匙们都将履行自己的使命，以真诚服务于我们的酒店及整个服务业。"

亲爱的会员朋友们，我们能成为金钥匙，是因为我们有一颗愿意去利人之心。当我们带给别人一份关爱、一份自信、一份方便时，也等于给自己带来这一系列的因缘果报。

我们也许会有职位的变迁，我们也许会肩负许多的家庭和社会责任，但是如果你还认为自己是金钥匙的话，请你记住：诸恶莫做，众善奉行；不忘初心。还是那句话：一个人做一件好事不难，难就难在一辈子做好一件事。坐而论道不如起而力行，充分发挥团队作用，充分利用好我们已建设了 18 年的和国际金钥匙组织已建立了 85 年的服务网络平台。在做好自己本职工作的情况下，我请大家认真讨论金钥匙服务的未来，把握当下，为实现"金钥匙让世界充满爱"的中国梦而奋力拼搏吧！

第十五章　网络时代，中国服务

（第 19 届，2014 年 12 月）

　　朋友们、同事们，就这个主题我想与大家分享一下这一年来我的思考。网络时代是科学发展从机器时代到电子时代达到的一个新的历史高度，主要表现为电子信息技术在人们生活中的普遍应用。其实，科学发展的本质就是把人的外在感官和行动功能进行外延，其最终将代替人们的工作。现在的事实，是人们在网络时代已经可以通过网络看得更远，看得更多，也能处理更多的事情。从一个数据就可以知道，PC 时代人们花费在网络上的时间平均达 2.8 小时；在移动智能手机时代，平均时间达到了 16 个小时（数据来源：《互联网思维》）。随着互联网信息技术的发展，一网打尽天下这一目标，我相信不但可以实现，应该说已经离我们不远了。再加上从国际政治与经济发展的角度思考，在网络时代，世界一定会发生一个全面的社会结构的调整，许多行业和模式必将遭到颠覆和淘汰，许多新的生活方式将要诞生和发展，这就是我们对网络时代到来必须要有的清晰认识。

　　怎么面对这个节奏越来越快的时代？我的思考是，科学发展只能是代表人类进步的一半，另一半就是人类的身心灵的健康发展靠什么来体现？我认为，服务才是人类自我的救赎。"人生下来就被人服务，长大成人后为大众服务，到老了也还是被人服务。服务贯穿了我们人类的一生。无论你在东方还是西方，在什么国度，是什么民族都一样。"在人类的历史上，科学发展的目的应该是为人类提供更方便和快捷的各类服务。我认为，这就是人类社会发展的精神与科学的内在关系和自然规律。只有这样，人类的科学发展才有方向。在任何时候，科学都是为人类的服务而存在和发展的。每个人都要清醒地认识到精神作用对人类社会发展的责任和作用，这样我们就不会在网络时代迷失和浮躁。

我查了一下资料，"中国服务"最早是段强先生倡导的，经过国家语言资源与研究中心等机构专家审定，该词入选"2010年新词语"，并收录到《中国语言生活状况报告》中，其释义是指：自主创新，具有中国品牌的特色服务。"中国服务"应该成为未来中国国家战略，并且要与"中国制造"一起成为产业振兴和中国腾飞的两个翅膀。我还记得2000年中国金钥匙第一次成功承办国际金钥匙组织在中国的年会，当我给国际金钥匙组织主席和秘书长汇报中国金钥匙的"先利人，后利己"的价值观，"用心极致，满意加惊喜"的方法论，以及"在客人的惊喜中找到富有的人生"的终极追求服务理念时，国际金钥匙组织秘书长德蒙特先生兴奋地说："John，你提出的其实是一个服务的哲学。"我听后吓一跳，急忙解释那只是服务理念。"不，John。"他老人家肯定地说："你认为这只是中国金钥匙的服务理念，但在我看来，这是一个金钥匙服务哲学，能推广到全世界去。"我当时只当这是他对我们工作的一些鼓励之辞，而且还要忙着年会事务，所以也就没有太放在心上。

经过19年不懈的对中国金钥匙会员的培训和品牌发展工作的实践体会，特别是目睹中国经济从"中国制造"延伸到"中国服务"的国家战略的发展，我突然意识到当年国际金钥匙组织秘书长德蒙特先生的智慧和远见。"中国制造"只代表世界对中国在物质层面的发展认可，"中国服务"才是世界对中国在精神层面的发展的认可。我们这一代任重道远啊!

我也意识到,中国服务的内涵一定是要有优秀的服务哲学、服务教育、服务标准、服务榜样、服务网络。我们金钥匙这 19 年不就是在做这些事和准备吗? 现在不谈国外金钥匙,就拿我们中国金钥匙来说,以首席代表詹骅先生为代表的一大批优秀的中国金钥匙会员和地区负责人,他们每一天都在实践金钥匙服务哲学的过程中演绎着一幕幕懂生活、热爱生活、享受生活的情景。而这一切都与我们长期坚持倡导的金钥匙服务理念高端契合,也帮助了一大批国内外消费者体验了什么是生活品位。同时,中国金钥匙在服务中对网络时代信息技术的应用让个性化服务插上了翅膀,也给中国金钥匙的服务哲学做了最好的阐释,给国内外的服务同行做了榜样。

2014 年,每个人都希望有更多机遇降临。我认为,最大的和最好的机遇已经降临在全体中国金钥匙面前,那就是网络时代的到来。这对所有人说都是一次大机遇,尤其中国服务时代的到来对中国企业和个人更是一个更大的机遇。对金钥匙而言,这两大机遇我们都拥有了战略先机,关键是我们大家能否快速行动起来,把握和充分发挥金钥匙品牌的优势和组织优势。如果大家把我们的智慧和激情都投入进去,可以说,网络时代、中国服务的时代也就是中国金钥匙的时代。中国金钥匙的未来服务蓝图一定是辉煌而又灿烂的,我为能在这个时代与大家同行感到骄傲与自豪!

第十六章　金钥匙＋互联网走进服务大联盟时代

（第 20 届，2015 年 11 月）

走进 2015 年的人都应该记得年初时李克强总理所做报告中提到的：中国经济整体上进入换挡转型期（制造业减缓而服务业提速）GDP 将保持 7% 左右的中高速增长，以及他提出的"互联网＋"这个词。它应该已经成为本年度使用的最频繁的词之一。各行各业都在围绕着这个词做出自己的理解和实践。

五个月前的今天，我代表中国金钥匙总部，对这个词的理解和应用，阐述了我们的观点。经过半年对中国经济形势的观察和分析，中国金钥匙及联盟对中国经济和服务业的发展充满信心。中国在国际层面的"一带一路"倡议和亚投行的筹备，体现了中国经济走出去的战略思路已经完全确定，我们又将面对一个崭新服务时代的到来。思路决定出路，中国服务企业和服务人员都应该确立自强、自立与自信的心态和行动力。无论何时何地，服务都是我们这个行业永恒的主题和使命。

"互联网＋"是宏观层面的考虑。微观层面"什么＋互联网"才是企业执行者值得深思的问题。同样地，思路决定出路。我们认为，这个时候中国的服务行业更需要一个可以指导持续健康发展的商业哲学或者服务思想作为基础，再加上互联网技术的广泛应用，带动中国更多和更大范围的企业跨界联盟发展。这将有机会使中国的服务企业整体走在世界的前列。

金钥匙（委托代办）＋互联网＋联盟的应用模式将使中国金钥匙和其所服务的企业一起走进一个服务大联盟的时代。为此，中国金钥匙已经做了20年的准备，进行了13年的金钥匙跨界联盟的实践。中国金钥匙准备再用未来10年的时间去实现这个中国服务大联盟目标。

下面，我归纳一下中国服务大联盟的五大特点：

1. 服务哲学和人生信念的坚持

如果人们已经认识到现在我们进入了一个互联网文化竞争的时代，就要同时知道，有文化必有哲学。哲学的特色在于进行"完整而根本的"思考。比如，"我为人人，人人为我"显然应该是现代人的服务人生信念。而服务哲学的任务在于如何实现这个服务信念。金钥匙提出这个服务哲学并带头在20年间实践着、坚持着、引导着。服务就是人生的本质。只要有人类存在，其价值和意义也应该是永恒的、不变的。这就是易经中的不易，而易经中的变易在于以下几个方面：

2. 服务方法与网络工具应用的创新

30年前，欧洲人将BB机挂在牛头上放牧，让牛在特定时间回栏；20年前，我在欧洲第一次看到一个酒店的行李员上衣袋装着BB机，时不时看上面的信息：要到哪一层楼、哪一间房去拿几件行李。那时，他们的效率是我们的几倍。当时我就明白了未来的服务方法一定要与信息技术结合。目前，关键是我们如何创新应用互联网工具。其基本原理还是信息的传递。现在人们已经用手机加预订各类服务，其本质还是对服务方法和网络工具应用的创新。

3. 传统企业与现代企业的结合

我认为没有过去就不会孕育出现代，没有现代也就没有将来。在一定的时间条件下，现代的会变成传统的，未来的会变成现代的。认识到这个本质，我们也就能坦然面对了，大可不必行业大腕说什么，我们就跟什么。不要一窝蜂似的，搞得什么都出现产能过剩。每个人都有各自时代的各种活法，都可以活得很好和很精彩。

4. 企业开放与跨界合作的态度

这是我们需要提倡的。金钥匙创始人提出广泛的合作比个人奋斗更有成效。我的理解是，广泛的企业合作比单个企业的奋斗更有成效。因为再优秀的个人都不可能是全面的，再优秀的企业资源也不是无限的。如何用有限的资源去满足顾客无限的服务需求，那就是开放和跨界合作的视野和态度。越是开放并跨界到五大洲，你的心态就越好，你的商机就越多。这样才是真正懂得易经里变易的规律。中国改革开放三十年历史已经证明了这一点。

5. 委托代办与互联网结合的现代商业模式

看看如今现实生活中和网络上有多少商家在为顾客代办、定制、运输、收费等，委托代办业务理念已经被越来越多的企业和个人应用。随着网络信息技术的发展趋势，互联互通的委托代办一定会越做越大，一定会成功，"我为人人，人人为我"的服务信念也就可以实现。金钥匙委托代办＋互联网就是很简单的商业模式，也符合《易经》中"大道至简"的规律。同时它能对应金钥匙服务哲学这个"不易"的初心。所以，中国金钥匙倡导的中国服务大联盟的明天大有前途。

互联网建立了一个信息高速公路，可以产生超大流量的交易量。但是要知道，它本身不生产产品。而委托代办服务直接生产定制化产品和顾客个性化服务体验。两者的结合将给我们大家带来一个崭新的事业。这个事业的实现需要我们有战略思维、战略眼光，也需要我们有改革精神、改革的毅力，脚踏实地，创新克难。这是一个激情燃烧的事业，是一个可持续发展几代人的事业，是一个可以实现互联互通的全球化服务发展的事业。

今年，中国金钥匙总部运营团队和各地执委会做了大量卓有成效的工作。总部服务平台和网络化运营得到了进一步的完善和发展。特别值得一提的是，地区执委会的执行力和发挥的主观能动性，地区金钥匙榜样作用越来越显现出来。地区负责人和执委们发挥团队精神，围绕组织"友谊、协作、服务"的宗旨，开展了各类形式丰富的活动，宣传了品牌，传播了理念，巩固了友谊，发展了组织。这些都是我发自内心感到喜悦和成就感的。一代人、一个组织、一个人的成功都不算什么。"不谋万世者，不足谋一世。不谋全局者，不足谋一域。"这就是为什么中国金钥匙总部公司名称叫金世德（金钥匙，世代传，德为本）的原意。各地区执委会和广大会员的精彩服务案例也同样激励着我和总部运营团队，为金钥匙会员服务，为金钥匙联盟服务，为广大喜爱金钥匙品牌的消费者服务，尽早实现中国服务大联盟的目标。

"金钥匙＋互联网"的时代即将到来。这是一个人人都可以做委托代办服务的时代，谁都可以是金钥匙服务联盟的一员。金钥匙"先利人，后利己；用心极致，满意加惊喜；在客人的惊喜中找到富有人生"的服务哲学，将指引我们实现中国服务大联盟的目标。

第十七章　不忘初心，继续前行

（第 21 届，2016 年 9 月）

一、中国金钥匙未来趋势——为中国服务强国而奋斗

中国金钥匙在国家旅游局、各地旅游主管部门及旅游饭店业协会的支持和帮助下，经过 20 年的发展，已经形成了符合中国国情的发展模式和经营管理服务平台优势，正在走向国际化和网络化的金钥匙发展的全新阶段。中国在互联网大潮的影响下，酒店业和服务业早已进行了广泛的跨界发展和资源整合。顺应中国大服务业发展形势，拥抱互联网技术，充分使用金钥匙礼宾服务系统（E-Concierge）整合全球服务资源，以中国成为服务强国作为中国金钥匙组织的最高战略目标。这是中国金钥匙当前发展的大趋势。

二、中国金钥匙当前的最大机遇

众所周知，中国目前正在进行产业结构调整，各行各业都出现严重的产能过剩，所以政府提出供给侧改革的思路，以及"一带一路"倡议。中国已形成中产消费人群接近 2 亿人的市场，老年人服务接近 4 亿人的市场，加上物联网和人联网的逐步成熟，中国服务业即将迎来前所未有的发展大机遇。中国金钥匙 20 年磨一剑，等的就是这十年的发展机遇。中国金钥匙已经用

了三年时间，成功研发了非常接地气的金钥匙礼宾服务系统（E-Concierge），目前 3.0 版已经全面上线试运营，系统用户越来越多，取得了非常好的效果。

对该系统的金钥匙用户而言，该系统十个方面的特点（规范、方便、实时、高效、精准、免费、开放、分享、互动、人性）充分体现了金钥匙网络化、个性化、专业化、国际化的服务品质，大大提升了金钥匙会员对客人的服务能力。

对使用该系统的服务企业而言，有助于积累消费者需求数据，积累企业服务大数据；提升企业品牌服务标准，提升企业个性化服务产品的升级换代速度；提升企业对内外部服务资源的整合；并最终实现提升企业网络营销服务的收益。

对城市服务合作商而言，这是一个实现长期稳定的、准确的城市综合服务资源信息平台；实现与合作方长期稳定的服务预订和服务合作的平台；实现为宾客提供实时个性化服务信息，为城市服务运营商提供服务培训的平台化工具。

对使用该系统的客人而言，可靠、方便、快捷地在系统终端操作，可使中国金钥匙成为他们在生活和旅途中最可信赖的人。

对金钥匙总部和地区执委会而言，我们将实现对会员的实时管理，大大节约品牌管理成本和人力资源；方便会员和总部以及执委会的沟通；可以实时反馈会员的服务情况以及客人对金钥匙会员的服务评价；可以开展更多更好的金钥匙会员服务的企业间服务协作。

综上所述，发展中国金钥匙服务系统平台将是我们未来十年最大的市场机遇和挑战，以此系统平台强化中国金钥匙品牌也是我们最主要的工作任务之一。中国金钥匙将排除万难，实现金钥匙礼宾服务系统（E-Concierge）品牌经营和管理目标！

三、2016～2026 年中国金钥匙发展目标和规划

◆ 金钥匙品牌将会成为全世界中高端消费者最广泛认知和最可信赖的品牌

◆ 金钥匙平台将会成为世界上最大的服务交易平台，最广泛的协作服务体系

◆ 金钥匙精英俱乐部将会拥有广泛、跨界并高度忠诚的精英会员

◆ 金钥匙假期将成为最受客人喜爱的休闲度假品牌产品

◆ 金钥匙的品牌教育将会为中国服务企业培训出更多更优秀的品牌服务人

◆ 金钥匙的品牌产业链运营管理将使所有加盟成员成为高品质企业的象征

◆ 金钥匙用心极致的服务团队将把"满意加惊喜"的客户体验遍布世界每一个角落

◆ 国际金钥匙组织在海内外的发展将使"中国服务"走向世界

◆ 金钥匙国际联盟将发展成为世界上最大的跨界和互联互通的服务联盟

……

最后，我想告诉各位代表中国金钥匙发展的心路历程。一开始我们认为是企业要求给高端客人提供金钥匙服务，所以我们尽力去按企业领导要求，做好金钥匙品牌服务。但是，按金钥匙品牌服务标准要求做了一段时间后，我们知道此委托代办服务给客人提供了极大的便利，并从客人脸上"满意加惊喜"的笑容中，开始体会到什么是金钥匙极致服务体验的价值。再做 3～5 年后，我们从内心意识到，做好金钥匙服务也是有利于自己职业的发展，我们服务的主动性和积极性更高了。随着参加中国金钥匙每一

年的年会和培训，看到中国金钥匙组织的网络和规模蓬勃发展，看到许许多多金钥匙优秀服务伙伴的案例，我们体会到金钥匙这个品牌对服务行业从业人员的思想觉悟提升的巨大作用。它引领了中国高素质服务人员共同的事业追求。特别是在今年，中国金钥匙认识到随着移动网络数字化时代，成功不是在起跑线上，而是在每一个转折点上。随着中国"一带一路"倡议的提出，已经实现系统化和网络化的中国金钥匙服务迎来了国际化的发展机会。

2016 年，我们回归初心，继续前行。我们拥有完整的独立自主的品牌权利，拥有品牌理论的自信，拥有品牌法律保护的自信，拥有正确发展道路的自信，拥有商业模式的自信，拥有服务网络系统的自信，拥有品牌经营管理经验的自信。最重要的是，我们对伟大祖国的未来充满信心。金钥匙服务事业的发展有利于企业，有利于客人，有利于会员，有利于行业，有利于中国服务。中国金钥匙必将为中国服务走向世界贡献力量。这是我们这个时代中国金钥匙的使命和任务，也是我们这几代中国金钥匙会员的历史责任，更是每一个中国金钥匙会员的光荣与梦想。

未来十年，我们将把金钥匙打造成一个服务品牌命运共同体。我们分享艰辛，我们分享欢乐，我们分享一切。我们的初心始终如一，我们将一路同行。

第十八章 中国服务・品牌教育・世家传承

（第 22 届，2017 年夏季年会）

今年五月，我与金钥匙总顾问魏小安先生、一批联盟成员总经理及总部人员赴瑞士考察，体验金钥匙国际联盟欧洲区为中国金钥匙打造的金钥匙假期。此假期计划在中国各联盟成员中进行推广，将陆续推出意大利、法国等高端、专属定制化的金钥匙假期，并推向中国市场。

此假期的线路并不同于常态线路。我原本不喜欢吃西餐，但是在这次旅程中的每一顿西餐，居然感觉都很好。原来，这次旅程的所有餐食安排都是为了迎合中国消费者的口味，由米其林厨师特别精心制作的。这是假期设计者——国际金钥匙组织荣誉主席奥兰多・杰克美罗先生告诉我的。坦率地说，这是我第一次感受老外提供的"中国服务"。当然，还有行程的时间安排和交通安排等，每一个细节都让我重新认识了欧洲人对中国人的服务关怀。

"一带一路"高峰论坛刚刚结束，它与中国服务有着怎样的关系呢？我认为，如果说大唐盛世的丝绸之路是华夏民族为世界人民服务的一个起点，而现在的"一带一路"倡议更是崛起的中国服务为世界人民服务的历史延续。在这次金钥匙假期欧洲之旅的考察中，我发现西方发达国家也开始着手研究中国服务，为迎接高素质的中国消费者，体验历史悠久的欧洲文化和传统做好准备，让中国消费者能在优雅的环境中感受精致的生活品质。我似乎感觉中国的"一带一路"倡议与中国服务有种内在联系。行业内一直流传着一句话：中国服务水平看中国旅游业服务水平，中国旅游业服务水平看中国饭店业服务水平，中国饭店业服务水平看中国金钥匙服务水平。我也感觉中国服务与金钥匙服务发展有着某种天然的联系。

中国金钥匙自从 1995 年引入欧洲金钥匙服务模式开始，基本上是学习、模仿、吸收。刚开始的时候，说是全盘照搬也不为过。因为当时中国酒店硬件很硬，软件很软，总认为服务跟不上西方人的消费习惯喜好和档次，于是我们不断出去学习和追赶。这个阶段大概有 20 年。在这个过程中我们也开始感觉到，随着中国经济的发展和消费者的思想成熟，许多西方的服务模式并不适合中国国情。进入 21 世纪后，我们开始探索符合中国市场和未来发展的中国金钥匙服务模式，提炼出中国金钥匙的服务价值观、方法论、标准、精神和目标，并建立了一套完善的品牌职业教育和培养体系，创建基于互联网思维的服务系统和大数据服务，并且以中国服务强国作为中国金钥匙组织成员的共同使命。我们已经拥有中国金钥匙服务的理论自信、品牌制度自信、品牌文化自信、品牌发展模式的自信。中国金钥匙从去年开始开展"中国服务论坛"，与中国最优秀的服务企业一起探讨"中国服务如何为'一带一路'服务"，交流中国服务的心得和经验。这必将带来更多机会，创造更好的条件。中国金钥匙必将为中国服务走向世界贡献力量。

为此目标，中国金钥匙执委会历经几年的研究，在今年正式提交全体会员代表大会讨论：建立新的中国金钥匙品牌教育模式。我们将中国金钥匙成功的品牌职业教育模式与中国高校展开合作，通过国际金钥匙学院的平台，建立第一个中国服务职业教育和品牌服务人才培育机制；通过各地金钥匙实训酒店的实战培训、地区金钥匙执委会的能力评估以及总部最终的合成训练考核相结合的模式，打造一支业务知识全面、实践经验丰富、思想作风过硬的品牌服务人才。中国金钥匙将为全服务行业发展金钥匙做好人才培养的准备。同时，我们起草了《中国金钥匙品牌教育改革方案》。今年，总部特别邀请各大院校负责人和中国金钥匙各地区负责人一起参与研究方案如何建立和实施方法。

除此之外，这次欧洲考察之旅也带给我们一些新的思考。通过对话欧洲酒店业主和经理人，魏小安先生总结出何谓"世家精神"：强调传承，培养参与感和分享体验，以及守业、敬业、职业和精业。例如，金钥匙国际联盟在欧洲的第一家酒店是一家有着 154 年家族管理历史的酒店，历经了四代人的努力，现在由第五代掌舵，而酒店经营非常好。另外，一位从 11 岁就发誓要管理一家拥有 160 年历史的酒店的男孩和一位 8 岁就开始组织开展酒店小客人活动的女孩，他们最终真的成为 160 年历史悠久酒店的联席总经理，共同管理酒店。在生活中，他们是夫妇；在事业上，他们是伙伴。他们带着儿时的梦想，一直坚持和努力。这些故事让我们得到一些启发：信念的坚持和世家传承的魅力是服务行业必不可少的。我立刻联想到许多参加中国金钥匙培训班的经理或总经理经常跟我说，当一名金钥匙是他们进入酒店业的梦想。中国金钥匙夫妇并不少见，而孩子的服务意识与理念也在潜移默化的氛围中成长。杭州湾大酒店也是一家传承两代人的酒店，这家酒店培养出的第一位金钥匙一直都是这家酒店的金钥匙。我认为这些也是中国金钥匙的世家传承。中国金钥匙的事业走过多年，从当初的 60 后，到现在许多 90 后金钥匙也开始加入进来。金钥匙国际联盟的跨界平台的发展更为中国高端服务业引入了更多的品牌服务人才，品牌服务事业也是现在年轻人的时尚和潮流。

亲爱的朋友们，一个事业、一个行业、一个职业都是需要一些值得坚守的意义。我认为每一个中国金钥匙都如同一个职业、一个行业、一个事业的灯塔,给那些刚刚进入社会,还在迷茫的年轻人一个信心、一个目标、一个榜样。中国金钥匙把服务作为人生的信念并自觉担当服务行业的榜样,引领着新一代的年轻人进入这个激情燃烧的服务业。让我们一起为中国成为服务强国共同努力,把金钥匙世家传承的品牌文化一代代发扬光大下去!

第十九章 创新发展的中国金钥匙

（第 23 届，2018 年冬季年会）

大家好，今天非常荣幸能有这个机会给大家报告中国金钥匙品牌一路走来的创新与发展的实践和品牌愿景。

23 年来，我有幸成为中国金钥匙第一批会员，并与我的同事们一起创建了中国金钥匙品牌。下面，我给大家报告一下这个服务品牌成长的三部曲。

第一，初心与使命（1995 ~ 2005 年）。在这个时期，我们完成了中国金钥匙的理念创新，立足中国传统文化，确立了中国金钥匙的品牌价值观和方法论，以及服务精神、人生目标，让中国金钥匙会员成为一个有使命感和理想的团队。在第一个十年，我们从引入、学习、模仿、比较、探索、实践、思考、成熟、选择中，建立了中国金钥匙品牌服务人修炼的品牌职业发展路径。

第二，服务与品牌（2005 ~ 2015 年）。在这个时期我们建立了中国高端服务品牌模式与跨界发展道路，借 2008 年奥运金钥匙的东风，迅速将金钥匙服务导入中国高端房地产物业，建立了品牌的 5C 品质标准和 6S 管理创新标准；让个性化和高端服务可以进入中国高端服务业；同时，结合互联网技术应用和开发，大大提升了企业对客服务效率及质量的稳定。在服务业用品牌引导顾客找到可以信赖的员工和企业，用品牌服务提升员工的觉悟，确立服务人生的信念，树立"在客人惊喜中找到富有的人生"的服务工匠精神的榜样。我们已经发展了一批从礼宾司、管家金钥匙会员到企业服务总管高级金钥匙，再到负责企业顾客体验与关系的资深金钥匙会员，形成了第二个十年品牌经理人的职业修炼，形成了品牌事业经理人的发展路径。

第三，创新与发展（2015～2025年）。任何创新都有一个规律，那就是思想观念的创新带来组织与模式的创新，组织与模式的创新带来技术与技能创新，技术与技能的创新带来市场与品牌的创新。中国金钥匙坚持按中国国情，发展自己的金钥匙品牌事业，形成了中国特色的金钥匙服务思想，创新了品牌管理体系，形成了品牌利益共享的联盟发展平台，形成了独具中国特色的持续创新文化。例如，在2019年的金钥匙会员资格培训基础上，创新发展了国际金钥匙学院以金钥匙讲师为基础的品牌教育体系；在地区执委会会员考核基础上，创新发展了以执委会金钥匙训导师为基础的各行业金钥匙服务技能训练班；在总部会员审批的基础上，创新发展了总部季度会员认证考试和年度会员素质评估制度。

在金钥匙礼宾服务系统的基础上，形成了对客个性化服务大数据、精准服务信息、全行程服务体验定制的创新发展，并推出可用于机场、高铁站、景区及酒店行李管理的新技术和新产品，为未来真正实现全域旅游打下坚实的服务基础。

在金钥匙国际联盟质量评估和培训顾问、品牌宣传和个性化网络服务的运营基础上，创新发展出以金钥匙品牌假期为纽带的服务联盟共享平台模式，全面提升服务企业在网络化和品牌化社会的生存和市场发展空间。例如，中国金钥匙通过打造粤港澳大湾区中国服务示范区，将品牌总部放在大湾区，与各省市旅游饭店协会合作成立专业委员会，与愿意引入金钥匙品牌服务的行业协会、企业合作，打造金钥匙全域服务，以中国制造、中国市场为基础的中国服务品牌。沿着中国新时期"一带一路"倡议的指引，从中国走向亚洲，走向世界，以"我为人人，人人为我"的品牌初心，实现金钥匙服务的百年品牌之梦，实践人类命运共同体的服务使命和目标。让我们大家一起努力吧！

第二十章　更开放　更变革　更跨界

（第 24 届，2019 年年会）

大家好，非常荣幸今天有机会为大家分享第 24 届中国金钥匙年会的主题报告，我的题目是：更开放、更变革、更跨界。同时，发布中国服务金钥匙宣言。

在此次年会之前，我与总部同事在反复研究，在中国金钥匙即将成立 25 年的节点上，我们应该怎样进一步确立中国服务与金钥匙的关系，以及我们的品牌发展思路和发展方向。

结合当前国际、国内的形势，我发现一个优秀品牌的发展必定是在毫不动摇品牌初心的道路上，保持开放、持续变革、不断突破自身，才能根深叶茂、开枝散叶。我们必须清楚知道，一个组织经历了初级发展阶段之后，往往会遇到平台期。这种平台的出现有来源于外面的，也有组织发展后内部积淀下来的。中国金钥匙在现阶段也遇到了这种情况。面对来自内外的平台障碍，我们要拿出更大勇气和更大智慧，跨越平台，登上新的台阶。如果不能保持更加开放和更加变革的心态，就不能吐故纳新，不能强化和提高自己，也就无法走出固有的平台，无法实现真正的跨界融合。没有跨界融合，就无法在中国服务前进的大潮中勇立潮头，就很难在网络化、信息化时代为中国服务做出应有的贡献。

中国金钥匙经过 24 年的发展，已经初步形成由理念、标准、品牌、系统、模式组成的一个完整体系。以人联网为基础，实现与互联网、物联网的对接，特别是，当前正处在 5G 时代即将到来之际，我们首先要以自身的完善和努力作为出发点，继而引发品牌识别的时代适应性，乃至先进性，这样才能真正地让金钥匙这个优秀的品牌与中国服务进行融合发展，让金钥匙成为中国服务吹响冲锋号的一个思想武器。

众所周知，中国金钥匙从创立之初起，就保持开放、变革和跨界的心态和思路。每隔五年，品牌发展都有一次质的飞跃。一开始，从金钥匙礼宾柜台走向金钥匙酒店、金钥匙物业、金钥匙景区，进而上升到服务系统、教育平台、商业合作平台，以及未来更多的合作平台。以酒店金钥匙服务的核心理念为"根"和"魂"，作为服务业的唯一国际性品牌，开枝散叶并发展到服务业的诸多领域。

前不久在上海召开了第二届中国国际进口博览会，世界上第一个以进口为主题的国家级展会，是国际贸易发展史上的一大创举。习近平总书记在会上提出共建"开放合作、开放创新和开放共享"的世界经济，指出"中国对外开放是全方位、全领域的，正在加快推动形成全面开放新格局"，中国将张开双臂，为各国提供更多市场机遇、投资机遇、增长机遇。这也为中国经济和中国服务提供了机遇与挑战。面对这种大发展、大变革、大调整，如果金钥匙不能够以"更开放、更变革、更跨界"的勇气和精神面对，我们如何担起中国服务先行者和代表者的重担？未来中国金钥匙面临的不是一个小池塘，而是要置身于中国服务和全球服务的大海中。大海不只有风平浪静，还有狂风骤雨之时。中国金钥匙只有以更开放的心胸打造服务全球的平台，以全新的哲学理念变革旧有的知识骨架，完成脱胎换骨的升级，以更跨界的影响打造国际服务联盟的巨型航母，我们的认知体系、知识体系、操作体系才能上一个新的台阶，我们才可能在新的历史机遇和变革中，经历住风狂雨骤，才能持续挺立在中国服务和全球服务之巅。

未来，我们要拿出更大勇气，以中国服务的先行者和重要推动者的自我认知和担当，更加广泛跨界搭建中国服务平台，成为中国服务变革的探索者和贡献者！

在这里，我也提出我对中国金钥匙、对中国服务的理解，那就是"利人利己、用心极致、满意惊喜、富有人生"。利人利己，是体现中国传统文化精华中"义利合一"的价值观；用心极致，包含着中国服务修炼的方法论和竭尽所能的服务精神；满意惊喜，是中国服务要达到的标准和效果；富有人生，是在中国服务实践中的人生目标。

2019 年的第 24 届中国金钥匙年会是一个立足历史和发展新格局的重要会议。希望通过嘉宾的精彩发言以及各代表们的认真讨论，帮助金钥匙品牌在 25 周年的开始之际，完成金钥匙与中国服务融合的品牌规划，进而助力整个中国服务产业的升级与发展。

我相信，我们每一个中国金钥匙都已经做好了思想准备。我们希望通过这次年会，让金钥匙组织能够真正升级跨界，真正让金钥匙品牌的魅力在中国服务业产生巨大的连锁反应，让中国服务成为中华文明向世界展示的一个最好窗口。

第二十一章　更高　更快　更强

——金钥匙奥运崇礼再出发

（2020 年 10 月，25 周年品牌服务北方年会）

　　今天我想和大家谈谈什么是中国金钥匙的新时代？ 90 年前我们从一个酒店礼宾工作岗位名称，发展到一个以金钥匙标志的酒店个性化服务职业管理人员名称。在中国，25 年前我们开始从一个金钥匙标志的酒店礼宾服务管理工作，发展到现在一个以金钥匙品牌跨界的全域文旅产业布局，将迎来历史上的发展新局面。

　　这次新冠肺炎疫情的全球爆发，是对全球产业运行品质和质量的一次大考。全社会尤其是文旅产业，都在做最深刻的反思和反省。不管他们的结论和方向是什么，作为投资型、粗放型和规模型的主流节奏应该都会告一段落。品质、精细、个性化和互联互通将成为下一个阶段的产业主流。

　　我们再来看一下金钥匙品牌内涵：它与生俱来的高品质、专业化、定制化基因、与人人互联的概念代表着未来人类服务的方向。随着物联网和人工智能的全面应用，金钥匙必将成为未来文旅产业间各项功能互联互通服务的有效手段和核心纽带。

　　随着中国产业的转型，产业链的延伸和一带一路带来的全球化，中国金钥匙品牌将在后疫情时代商业模式的全新变革的大潮下，迎来品牌价值提升的高潮，为此，我们要完成以下三大任务：

一、理念赋能——更高

作为一个来自西方酒店礼宾的服务概念经过西方65年的发展，来到中国这个改革创新的土壤，在中华民族上下五千年的智慧孕育中，培育出了一个具有鲜明中国特色金钥匙品牌服务在中国酒店、物业、景区等中国高端服务行业的基本雏形。

它的特点是横跨文旅各个产业和企业，在投资、金融、物业、康养、小镇、度假区的全产业链、全链条的金钥匙岗位互联互通。这是经过25年中国金钥匙不断实践所证实的。这个代表中国服务的极致品牌将不断得到延伸和发展，为文旅产业打通上下游和全产业链，搭建平台方面，提供实实在在的岗位上的互联互通支持。我们不再只是一个服务岗位，而将从理念上和实践上，为我们服务的文旅企业提供各种商业模式转换的可能性。

为此，金钥匙理念赋能教育将成为中国金钥匙总部和各地区执委会最基础的任务。

首先，如何让传统服务业和从业人员更新对金钥匙品牌在文旅产业互联互通的价值内涵和未来发展的认识，如何培养年青一代认识品牌服务的价值与他们在现代服务业中应有的创新与发展的关系及其带来的深远影响？这是一个从个人到企业都需要从理念上变革的时代。最重要的是这个工作要成为中国金钥匙总部及各地区执委会必须深刻理解和去执行的任务，为此，组织会员学习和研究品牌服务哲学和金钥匙中国服务宣言，品牌业务概念及优秀案例，进而在各自行业领域创新研发服务延伸和新价值创造，结合对存量客人的锁定和新商业模式和整合业态的把握，以及对未来品牌服务内涵和理念的教育愈发显得越来越重要。培养越来越多的金钥匙服务师，金钥匙客户代理师，金钥匙产业规划师，也成为金钥匙理念教育急需人才提升战略和急迫任务。各地的金钥匙学院需要各地区执委会提供这样的适合强化文旅产业运营品质效率和互联互通教育培训的支持和资源。为此，各地区执委会必须围绕这个基础任务，变革进取，完成时代发展赋予我们的任务。同时，这个任务也是总部和各地区执委会为金钥匙会员提供的发展机会。金钥匙会员将从一个服务岗位变成一个服务序列，或者服务产业的规划者，或牵头人。一个品牌人力资源升级迭代的计划，机会永远属于有准备的人。

二、管理赋能——更快

我一直认为，管理就是竞争力，好的管理就是让客户觉得产品好、服务好。作为一个最早网络化管理和服务的金钥匙组织，发展到现在与现代互联网技术同步发展的中国金钥匙品牌服务机构，如何通过总部资源进行管理服务，为服务的企业赋能，一直是总部和地区执委会最关键的任务。品牌宣传、会员联系、服务支持、合作关系等各方面，要围绕品质和互联互通、搭建平台，通过网络技术和信息技术平台的应用，为服务的企业提供更多的选择商业模式的便利。通过把一个人联网上升到与物联网结合，实现服务企业的产业联网，是中国金钥匙一直努力的方向。目前，随着网络信息技术及 5G 技术成熟，品牌联盟企业的增加、品牌联盟的宣传、品牌组织的活动都要进行彻底的创新。特别是将为金钥匙企业、金钥匙会员、金钥匙客人的服务实现互动、互联、互通，为创建新的客户关系而有效整合总部管理资源，为服务企业和客户赋能的管理模式已经成为我们的新课题。

总部技术平台已经搭建，系统将越来越完善，E-CON 服务系统是金钥匙为企业提供平台服务的有效工具，每个地区执委会要研究如何带动会员、成员企业与被服务者建立相互信任，相互支持的新型服务关系，从而整合出新的商业模式和盈利模式，为服务企业和客人带来最大的利益。

围绕着打造"金钥匙，您生活和旅途中最可信赖的人"的品牌目标。总部和地区将组织会员学习中国金钥匙在现代服务业整合背景下的品牌价值，并通过相关地区品牌管理研讨会，加强会员对新时期品牌内涵的理解和对总部资源的高效利用，形成会员、客人，企业、品牌多赢的局面。营造品牌组织健康持续稳步发展长期态势，为品牌经营打下坚实基础。

三、经营赋能——更强

经济基础决定上层建筑，品牌是市场经济的产物，要做好品牌，使品牌给品牌参与者带来社会效益或者经济效益。我国改革开放以来，经过四十多年的拼搏发展，形成了现在的实力和地位，每一个中国人出国都感受到作为一个中国人的自豪和骄傲，特别是这次新冠肺炎疫情，国人已经感受到祖国经济的强大基础和实力。在党的统一领导下使中国以最平稳的状态恢复过来。

相信大家对品牌经营的中心任务重要性已经理解了。现在中国乃至世界的高端服务企业都需要一个可以跨界互联互通的顾客服务协作共享平台，中国服务市场是世界最大的市场，是可以培育出世界级服务品牌的，这个时候更需要中国金钥匙要有更开放的心态，更跨界的勇气，更变革的决心，将已经打造 25 年的品牌服务与全世界分享合作，融合进化发展出新的服务生态文明。一带一路、全球化共享客户资源与服务资源。未来的旅游度假、文化交流、商业服务都需要一个让人信赖的品牌服务为纽带，一个以友谊与协作为纽带的品牌服务产业链。如果总部和各地区执委会通过发展联盟企业形成全域服务产业链，在各地实践成功，那么我可以说，中国金钥匙就不仅仅是一个服务岗位，更是一个参与管理客户、管理服务企业和管理项目的经营者。组织将帮助每一位金钥匙能力最大化，发挥你们在服务企业当中的作用和地位。你们将成为现代服务业转型和后疫情时代文旅行业中的先行者和最大获益者。

此时此刻，我想起了百年前梁启超对中国的祝福。当时，他曾期望着中国能够重拾伟大复兴的盛景。让我们共同吟诵这些让人热血沸腾的话语吧："红日初升，其道大光。河出伏流，一泻汪洋。潜龙腾渊，鳞爪飞扬。乳虎啸谷，百兽震惶。"

相信大家已经明白中国金钥匙处在什么样的新时期。担负着什么样的新任务。我以自己与各位一同生活在这个波澜壮阔时代而感到无比自豪。一个强大的祖国，一幅宏伟民族复兴的蓝图，几代充满激情年轻金钥匙的奋斗，让我们为了品牌光荣与梦想前进吧！

第二十二章　中国服务的品牌、品质、品位

（2020 年 12 月，中国金钥匙二十五周年品牌服务大会）

亲爱的朋友们，同事们，今天我们共同庆祝中国金钥匙二十五周岁。

在这特殊的时刻，回顾金钥匙品牌发展的历史，我作为全程经历者，代表当年的老同事与现在的同事来介绍，更希望与将来的同事分享这段不平凡的二十五年经历和展望品牌未来。

品牌

首先，我们给大家介绍金钥匙是怎么成为一个品牌的。众所周知，金钥匙服务诞生在欧洲酒店业。一群瑞士人在法国开始了欧洲酒店金钥匙服务的建立。二次世界大战后，借助航空业对全球旅游和酒店业的推动，金钥匙服务也开始在世界其它地方传播和发展。在 20 世纪 90 年代，金钥匙服务来到了中国这个改革开放的热土。

在中国酒店业改革开放的旗帜白天鹅宾馆缔造者霍英东先生倡导下，在宾馆杨小鹏总经理大力支持下，中国酒店金钥匙服务诞生了。在宾馆领导的支持下，1995 年我和宾馆的同事一起成功组织了第一届中国金钥匙年会，中国金钥匙诞生了。后来在人民日报社记者鄂平玲的大力报道下，在原国家旅游局魏小安先生等领导的积极推动下，在中国旅游饭店业协会袁

宗堂先生的帮助下，2000 年中国旅游饭店业金钥匙专业委员会成立了，中国金钥匙服务成为国家星级饭店标准之一，开始在全国高星级酒店推广国家星级标准饭店金钥匙服务。在当时的国家旅游局及中国旅游饭店协会领导下，我作为金钥匙专业委员会主任具体负责金钥匙服务推广培训工作，同时研究金钥匙服务联盟平台在中国发展的可行性。

2005 年，一个历史性时刻到来，原国家旅游局领导及协会领导，前瞻性地意识到协会只是架起企业和政府的桥梁作用，只有品牌才是架起企业与顾客和市场的桥梁作用，中国的旅游饭店业不缺协会，缺品牌，因此国家旅游局决定，中国旅游饭店业协会金钥匙专业委员会在全国率先改制，把协会变成品牌公司。我又荣幸地承担起这个改革试点的任务。坚定走品牌发展道路，这一年，金钥匙品牌诞生了。

在全国各级政府及协会和酒店总经理的大力支持和帮助下，2008 年，北京奥运会正式邀请中国金钥匙组建品牌服务团队进到奥运村和媒体村服务，开创了金钥匙服务奥运会的先河。从 2010 年起金钥匙这个品牌服务全面进入到中国房地产物业服务中，同时也开始了进军中国高端服务业的进程。

品质

金钥匙联盟品质如何代表中国服务业高端水平，如何全面跨界发展，成为我们的重点工作。经过十年联盟的 5C 品质标准落地打磨，试错，检讨，完善，创新，大家今年可以看到，金钥匙联盟标杆酒店诞生，金钥匙标杆物业诞生，金钥匙标杆景区诞生。近 50 个城市金钥匙学院诞生，金钥匙品牌形成高端客源、高端人力资源、高端服务资源的产业链，金钥匙服务系统形成以金钥匙教育、金钥匙管理、金钥匙联盟为闭环的全环节保障的品质链支持体系。

品位

　　未来已来，5G 时代，服务经济时代已经给金钥匙品牌的腾飞插上翅膀，国际大变局也为中国金钥匙蓄势待发做好铺垫，中国金钥匙永远不忘初心，牢记自己中国品牌服务使命。在 25 年的品牌发展基础上，以更大的格局去与中国各优秀企业合作，坚持以更高的品位，更好的状态完成北京冬季奥运会金钥匙服务团队组建任务，为祖国增光，为冬季奥运服务添彩，为中国品牌服务走向世界不懈努力。

　　希望各界朋友，继续大力支持我们，亲爱的金钥匙伙伴们，加强友谊与协作，高举中国服务伟大旗帜，以中国文化为核心，完善和充实中国服务的品位，让中国服务为中国梦增光添彩。

后　记

　　这本书是筹划多年的研究成果。期间，中国金钥匙总顾问魏小安先生给予了大力支持，中国金钥匙主席孙东先生倾注了很大的心血，许鲁海先生也分享了多年积累的宝贵思想。韩华先生、黄玉娇小姐、宋欣女士等给予了及时的帮助。在此，表示衷心的感谢。

　　在中国金钥匙总部的帮助下，我们拿到了中国金钥匙所有历史发展文献和资料。结合对中国金钥匙十几年的跟踪和研究，出版了这本《中国金钥匙服务哲学》，希望能为中国服务提供一个研究样本，为未来中国服务的发展提供理论体系的支撑。我们认为，中国服务需要服务哲学的思想去引导，广大的服务人员、服务企业才不会迷失方向，才不会沉溺于花哨的服务之术而忘记应该行走的服务之道。只有这样，中国服务才不会走上歧途，中国服务文化才能迅速成长壮大，广泛传播于世界，龙行天下。

　　本书的前言、第一部分由张斌负责撰写，第二部分由王伟负责撰写，全书由张斌统稿。欢迎大家一起与我们讨论中国金钥匙和中国服务。欢迎各位读者提出宝贵意见。

　　联系邮箱：13811683116@163.com

编　者

2016 年 11 月 3 日于北京初稿

2023 年 11 月 3 日于深圳修订

参考文献

1. 张斌，王伟 . 金钥匙服务哲学［M］. 北京：旅游教育出版社，2018.

2. 吴伟，孙东 . 中国饭店金钥匙服务［M］. 广州：广东旅游出版社，1999.

3. ［美］霍利·斯蒂尔，琳·艾文斯 . 金钥匙服务学［M］. 王向宁等译 . 北京：旅游教育出版社，2012.

4. ［美］亚力克 . 福奇 . 工匠精神［M］. 陈劲译 . 杭州：浙江人民出版社，2014.

5. ［美］马斯洛 . 自我实现的人［M］. 许金声、刘峰等译 . 北京：生活 . 读书 . 新知三联书店，1987.

6. ［美］马斯洛 . 马斯洛的智慧［M］. 刘烨编译 . 北京：中国电影出版社，2005.

7. ［美］马斯洛 . 动机与人格［M］. 许金声等译 . 北京：中国人民大学出版社，2007.

8. ［美］马斯洛 . 人的潜能和价值［M］. 许金声等译 . 北京：华夏出版社，1987.

9. ［日］石原直 . 服务的细节：好的服务是设计出来的［M］. 姜瑛译 . 北京：东方出版社，2017.

10. ［日］镰田洋 . 迪士尼最卓越的服务课1："清扫之神"的教诲［M］. 李俊瑶译 . 北京：机械工业出版社，2015.

11. ［日］镰田洋 . 迪士尼最卓越的服务课2："服务之神"的教诲［M］. 李

俊瑶译 . 北京：机械工业出版社，2015.

12.［日］镰田洋 . 迪士尼最卓越的服务课 4："招待之神"的教诲［M］. 李
俊瑶译 . 北京：机械工业出版社，2015.

13.［日］志贺内泰弘 . 服务就要做到极致［M］. 潘小多译 . 北京：中信出
版社，2015.

14 ［澳］贾依・坎达姆普利 . 服务管理：酒店管理的新模式［M］. 程尽能，
韩鸽译 . 北京：旅游教育出版社，2006.

15.［英］肯・布兰佳，凯西・卡夫，维基・哈尔西 . 极致服务［M］. 王 霆
译 . 北京：中国人民大学出版社，2015.

16.［美］Steve Curtin. 卓越服务［M］. 王玉婷译 . 北京：企业管理出版社，
2014.

17.［日］富山芳雄 . 服务的品质是什么［M］. 包永花，方 木森译 . 北京：
东方出版社，2011.

18.［日］稻盛和夫 . 利他的经营哲学［M］. 曹岫云译 . 北京：机械工业出
版社，2017.

19.［美］桑布恩 . 邮差弗雷德［M］. 康国莉译 . 北京：中信出版社，2010.

20.《马克思恩格斯选集》第 2 版［M］. 第 1 卷，北京：人民出版社，1995.

21.《马克思恩格斯文集》第 1 卷，北京：人民出版社，2009.

22.［德］马克思，恩格斯 . 德意志意识形态［M］. 中央编译局译 . 北京：
人民出版社，2003.

23.［德］马克思 .1844 经济学 – 哲学手稿［M］. 刘丕坤译 . 北京：人民出版社，
1979.

24.［美］米哈里・契克森米哈赖 . 心流：最优体验心理学［M］, 北京：中
信出版社，2018.

25. 刘建军. 服务为王［M］. 广州：广东经济出版社，2004.

26. 王伟. 服务通论［M］. 北京：中国旅游出版社，1993.

27. 陈觉. 服务产品设计［M］. 沈阳：辽宁科技出版社，2003.

28. 刘爱珍. 现代服务学概论［M］. 上海：上海财经大学出版社，2008.

29. 张钦，刘治国. 胜在服务赢在细节［M］. 北京：企业管理出版社，2018.

30. 胡平. 100 个理由：给日本也给中国［M］. 武汉：长江文艺出版社，2005.

31. 李连科. 价值哲学引论［M］. 北京：商务印书馆，1999.

32. 胡海波等. 哲学导论［M］. 长春：吉林文史出版社，2005.

33. 倪梁康. 面对实事本身——现象学经典文选［M］. 北京：东方出版社，2000.

34. 倪梁康. 胡塞尔现象学概念通释［M］. 北京：生活. 读书. 新 知三联书店，2007.

35. 孙正聿. 哲学通论［M］. 沈阳：辽宁人民出版社，1998.

36. 胡伟希，陈盈盈. 追求生命的超越与融通——儒道禅与休闲［M］. 昆明：云南人民出版社，2004.

37. 刘红星. 先秦与古希腊：中西文化之源［M］. 上海：上海古籍出版社，1999.

38. 刘海春. 生命休闲教育［M］. 北京：人民出版社，2008.

39. 林剑. 人的自由的哲学思索［M］. 北京：中国人民大学出版社，1996.

40. 彭平一. 从新民、新人到人的全面发展——马克思主义"人的全面发展"理论中国化进程［M］. 长沙：中南大学出版社，2007.

41. 潘知常. 生命美学论稿——在阐释中理解当代生命美学［M］. 郑州：郑州大学出版社，2002.

42.［法］阿尔努．科学与哲学的对话［M］．卞晓平等译．北京：三联书店，2001.

43.［美］埃利希·弗洛姆．占有还是生存［M］．关山译．北京：三联书店，1988.

44.［美］大卫·里斯曼．孤独的人群［M］．王蟊等译．南京：南京大学出版社，2002.

45.［美］瑟夫·E斯蒂格利茨．经济学［M］．姚开建等译．北京：中国人民大学出版社，1997.

46.［德］胡塞尔．现象学的方法——二十世纪西方哲学译丛［M］．倪梁康译，上海译文出版社，2005.

47.海尔．服务力［M］．北京：机械工业出版社，2015.

48.杨秀龙，崔立新．中国服务理论体系［M］．北京：北京理工大学出版社，2017.

49.谢秀华．工业社会休闲异化批判［J］．吉林大学博士学位论文，2008：l–155.

50.［德］沃尔夫冈·谢弗，J·P·库尔文．品牌思维［M］，苏州：古吴轩出版社，2017.

图书在版编目（CIP）数据

中国金钥匙服务哲学 / 张斌 , 王伟编著 . -- 3 版 .

-- 北京 : 五洲传播出版社 , 2024.1

ISBN 978-7-5085-5136-4

Ⅰ . ①中… Ⅱ . ①张… ②王… Ⅲ . ①饭店—行业协

会—概况—中国 Ⅳ . ① F719.2-262

中国国家版本馆 CIP 数据核字 (2023) 第 216137 号

中国金钥匙服务哲学（第 3 版）

编　　著：	张　斌　王　伟
出 版 人：	关　宏
责任编辑：	梁　媛　侯琴雅
装帧设计：	红方众文　龚　爽
出版发行：	五洲传播出版社
地　　址：	北京市海淀区北三环中路 31 号生产力大楼 B 座 6 层
邮　　编：	100088
发行电话：	010-82005927，010-82007837
网　　址：	http://www.cicc.org.cn，http://www.thatsbooks.com
印　　刷：	北京市房山腾龙印刷厂
版　　次：	2024 年 1 月第 3 版第 1 次
开　　本：	770 毫米 ×980 毫米　1/16
印　　张：	19.625
字　　数：	210 千字
定　　价：	56.00 元